本书系国家社科基金重大项目政府和社会资本合作立法研究（15ZDB174）阶段性成果

加入WTO政府采购协定背景下中国政府采购法律改革问题研究

Ius est ars boni et aequi

曹富国——著

法律出版社 LAW PRESS · CHINA
——北京——

图书在版编目(CIP)数据

加入 WTO 政府采购协定背景下中国政府采购法律改革问题研究 / 曹富国著. -- 北京 : 法律出版社, 2022
ISBN 978 -7 -5197 -7158 -4

Ⅰ. ①加… Ⅱ. ①曹… Ⅲ. ①政府采购法－改革－研究－中国 Ⅳ. ①D922.204

中国版本图书馆 CIP 数据核字(2022)第 184777 号

加入 WTO 政府采购协定背景下中国政府采购法律改革问题研究
JIARU WTO ZHENGFU CAIGOU XIEDING BEIJING XIA ZHONGGUO ZHENGFU CAIGOU FALÜ GAIGE WENTI YANJIU

曹富国 著

策划编辑 似 玉
责任编辑 似 玉
装帧设计 汪奇峰

出版发行 法律出版社
编辑统筹 法律应用出版分社
责任校对 杨锦华
责任印制 刘晓伟
经　　销 新华书店

开本 710 毫米×1000 毫米 1/16
印张 21.75 **字数** 291 千
版本 2022 年 10 月第 1 版
印次 2022 年 10 月第 1 次印刷
印刷 北京建宏印刷有限公司

地址:北京市丰台区莲花池西里 7 号(100073)
网址:www.lawpress.com.cn
投稿邮箱:info@lawpress.com.cn
举报盗版邮箱:jbwq@lawpress.com.cn
销售电话:010－83938349
客服电话:010－83938350
咨询电话:010－63939796

书号:ISBN 978 -7 -5197 -7158 -4
定价:86.00 元
凡购买本社图书,如有印装错误,我社负责退换。电话:010－83938349

前　言

中国自 2007 年 12 月 28 日正式启动加入 WTO《政府采购协定》(Government Procurement Agreement,GPA)的进程,提交了首次出价,并履行了 2001 年加入 WTO 时做出的“尽快”启动加入 GPA 谈判的承诺。此后的十多年间,我国分别于2010 年7 月、2011 年11 月、2012 年11 月、2013 年12 月、2014 年12 月、2019 年10 月提交了6 次修改出价。

GPA 参加方在正式加入 GPA 时应当确保其政府采购法律制度符合 GPA 规则的要求。因此参加方在加入 GPA 过程中有可能需要对自身政府采购法律制度进行相应的调整。在中国加入 GPA 和深化我国政府采购制度改革的双重背景下,我们有必要研究是否需要对我国政府采购法律规则进行调整,以及若有需要则应如何调整。

本书研究的问题主要聚焦以下几个方面:第一,加入 GPA 法律磋商的依据和形式、GPA 法律磋商与 GPA 范围谈判的关系、法律磋商与法律调整的关系等基本问题。第二,GPA 法律磋商的关注议题及 GPA 修订对法律调整的影响。第三,GPA 核心价值目标与我国政府采购法律目标之间的比较。这部分的分析揭示了 GPA 的核心价值目标与国家政府采购法律主要目标和发展政策目标之间冲突与协调的关系。第四,GPA 涵盖的范围与中国政府采购法适用范围之间的比较。该部分主要研究 GPA 规制范围的特征及中国加入 GPA 背景下我国政府采购法律在适用范围调整方面所面临的新问题。第五,我国政府采购程序与 GPA 要求之间的符合性、适应性。这部分主要从政府采购方法的选择与适用,采购合同机会发布,资格条件,供应商资格审查,技术规格,招标文件的制订、发布、澄清和修改,期限设置,谈判,电子拍卖,投标书的处理,合同授予,采购合同信息透明度,有限招标的程序性要求,合同金额的评估等方面阐释了 GPA 的基本要求,并在此基础上研究了我国相关采购法律规则的符合性、适应性。第六,我国政府采购审查制度与 GPA 要求之间的适应性。该部分主要研究了 GPA 对成员方国内审查制度的要求,我国政府采购质疑投诉制度以及供应商救济措施与 GPA 要求之间的适应性。第七,我国政府采购促进可持续发展政策目标的相关制度及其与 GPA 要求之间的适应性。该部分的主要研究内容为 GPA 与政府采购可持续发展政策目标之间的兼容性,以及对我国有关利用政府采购促进发展政策功能的制度现状的分析,并在此基础上阐明了我国可持续政府采购政策与 GPA 之适应性。

在最后部分,本书总结了在加入 GPA 背景下对我国政府采购法律调整和改革的建议。

目录

1. 中国加入 WTO—GPA 法律改革的背景

1.1 加入 GPA 背景下法律改革之必要

在关税等重要贸易壁垒领域达成基本共识后,主要发达国家仍然希望将自由贸易扩展至政府采购领域,因而其开始围绕这一领域的对外开放展开谈判。有关开放政府采购市场、制定政府采购国际规则的谈判,最早是在经济合作与发展组织(Organization for Economic Cooperation and Development,OECD)框架之下进行的。此后,该议题被带到了《关税与贸易总协定》(General Agreement on Tariffs and Trade, GATT)项下的1973年至1979年东京回合谈判中。经过东京回合谈判,主要发达国家于1979年签署了首个政府采购协定——《东京回合政府采购守则》(Tokyo Round Code on Government Procurement)。在1986年启动的乌拉圭回合贸易谈判中,《东京回合政府采购守则》参加方希望能够扩大守则的适用范围。最终于1994年4月15日,有关参加方在马拉喀什签署了 GPA。[1] 在 1994 年版本的 GPA 文本(以下简称 1994GPA)实施 2 年后,GPA 参加方又启动了关于修订协定的再谈判,并于 2012 年 3 月颁布了 GPA 的修订版本(以下简称 2012GPA)。[2]

GPA 的基本目标是相互开放参加方之间的政府采购市场。据统计,现有 GPA 参加方之间每年开放国际竞争的政府采购市场规模约为 1.7 万亿美元。[3]

GPA 由两个部分组成:GPA 文本以及 GPA 各参加方的"市场准入承诺表"(parties' market access schedules of commitments)。前者构成 GPA 下的采购法律规则,后者则构成 GPA 涵盖的采购活动之范围。

GPA 是 WTO 下的一个诸边协定,即 WTO 参加方可选择性参加的协定。到目前为止,GPA 拥有 21 个参加方(由 48 个 WTO 成员组成)。[4] 此外,还有 35 个 WTO 成员或观察员同样是 GPA 委员会的观察员,[5]其中 11 个 GPA 委员会的观察员已正式递交了加入 GPA 的申请。[6]

中国自 2007 年 12 月 28 日正式启动加入 GPA 进程,提交了首次出价,并履行了 2001 年加入 WTO 时做出的"尽快"启动加入 GPA 谈判的承诺。此后的十多年间,中国分别于 2010 年 7 月、2011 年 11 月、2012 年 11 月、2013 年 12 月、2014 年 12 月、2019 年 10 月提交了 6 次修改出价。

---

〔1〕 1994GPA 文本于 1996 年 1 月 1 日正式生效。

〔2〕 2012GPA 文本于 2014 年 4 月 6 日正式生效。

〔3〕 参见世界贸易组织官方网(https://www.wto.org/english/tratop_e/gproc_e/gp_gpa_e.htm,2022 年 9 月 1 日访问)给出的数据。

〔4〕 GPA 主要参加方为亚美尼亚、澳大利亚、加拿大、欧盟及其 27 个成员方和英国(英国在正式脱欧后以独立参加方身份加入 GPA)、中国香港、爱尔兰、以色列、日本、韩国、列支敦士登、摩尔多瓦、黑山、荷属阿鲁巴、新西兰、挪威、新加坡、瑞士、中国台北、乌克兰、美国。

〔5〕 只有 WTO 成员才有资格加入 GPA。但是非 WTO 成员,可以同时作为 WTO 观察员和 GPA 委员会的观察员。尚未正式递交加入申请的 24 个 GPA 观察员为阿富汗、阿根廷、巴林、白俄罗斯、喀麦隆、智利、哥伦比亚、哥斯达黎加、科特迪瓦、厄瓜多尔、印度、印度尼西亚、马来西亚、蒙古、巴拿马、巴基斯坦、巴拉圭、菲律宾、沙特阿拉伯、塞舌尔、斯里兰卡、泰国、土耳其、越南。

〔6〕 11 个已经启动了加入 GPA 程序的 WTO 成员是:阿尔巴尼亚、巴西、中国、约旦、格鲁吉亚、哈萨克斯坦、吉尔吉斯斯坦、阿曼、俄罗斯、塔吉克斯坦、北马其顿。

GPA 参加方在正式加入 GPA 时应当确保其国内政府采购法律制度符合 GPA 规则的要求。GPA 第 22 条第 4 款要求参加方保证,在不迟于 GPA 对其生效之前,使其法律、法规、行政程序及其采购实体适用的规则、程序和惯例符合 GPA 的规定,因为 GPA 适用于有关"所涵盖采购"的任何措施。需要注意的是,这里的"措施"是指与所涵盖采购有关的任何法律、法规、程序、行政指南、惯例,或与"GPA 所涵盖采购"有关的采购实体的任何一个行为。换言之,GPA 参加方有义务确保以下内容:(1)其国内采购制度中规制"GPA 所涵盖采购"有关的法律、法规、程序、行政指南、惯例符合 GPA 规则;(2)"GPA 所涵盖采购"所涉及的采购主体的任何一个行为所适用的规则、程序和惯例都符合 GPA 规则。

因此,GPA 参加方在加入 GPA 的过程中有可能需要对国内政府采购法律制度进行相应调整。在中国加入 GPA 和国内政府采购制度深化改革的双重背景下,同样有必要研究是否需要对我国政府采购法律规则进行调整,以及若有需要则应如何调整。为此,需要对中国政府采购法律制度与 GPA 的符合性进行评估,并在我国加入 GPA 的背景下对我国政府采购法律制度进行相应的改革。

本书主要侧重于从主要目标、适用范围、程序规则、救济制度以及政府采购促进发展政策目标的相关制度等方面分析中国政府采购法律制度与 GPA 符合性的问题,并在此背景下对中国政府采购法律的调整提出建议。

1.2 《核查清单》与国内法律调整:几个基本问题

1.2.1 《核查清单》概述

GPA 参加方为确定申请方适用于 GPA 涵盖采购的国内采购规则是否与 GPA 要求相一致,会与申请方围绕《核查清单》展开有关政府采购法律制度的磋商。[1]

WTO 政府采购委员会在历史上一共颁布过两个版本的《核查清单》,分别为 2000 年版《核查清单》和 2015 年版《核查清单》。[2] 在具体的制定上,前版《核查清单》以 1994GPA 文本为基础,后版《核查清单》则以 2012GPA 文本为基础,并已取代前者。

《核查清单》围绕 GPA 所关切的申请加入方的政府采购制度而设计,其涵盖了政府采购制度的基本情况介绍、法律框架、适用范围、非歧视、避免利益冲突与防止腐败行为、采购程序、信息公开、国内审查程序等政府采购制度的基本方面。除政府采购制度的基本情况介绍与法律框架之外,其余的每个问题也都与 GPA 文本中的条款息息相关并具体表现在以下几个方面:

(1)法律框架。《核查清单》要求说明一国政府采购的法律框架,包含法律、行政法规、地方性法规、规章、规范性文件等内容。另一个受到关注的问题则是 GPA 文本如何在申请加入方中实施。

(2)适用范围。《核查清单》首先应立足于了解申请加入方的政府机构设置情况。具体而言,申请方需要列举开展政府采购活动的实体范围,并进一步介绍这些实体受政府采购法律规制的情况及可以豁免适用政府采购法律的例外情形。此外,申请方还需要介绍政府采购的市场规模。

首先,从《核查清单》的关注点可以看出,该清单与 GPA 处理不同采

---

〔1〕 也有将这种围绕法律文本的磋商称为"法律谈判"的说法。但是本书倾向于使用"磋商"一词。因为研究显示,GPA 参加方仅能围绕《核查清单》针对申请方政府采购制度,依据 GPA 文本进行提问或评论,无权要求参加方制订何种以及如何制订采购法律。围绕法律文本的符合性,只有符合与不符合两个方面,并不存在讨价还价的空间。

〔2〕 GPA/35(Committee on Government Procurement-Checklist of Issues for Provision of Information Relating to Accession to the Agreement on Government Procurement, 21/06/2000)和 GPA/132(Committee on Government Procurement-Checklist of issues for provision of information relating to accession to the Revised Agreement on Government Procurement, 14/10/2015),可在 WTO 网查阅:https://docsonline.wto.org/dol2fe/Pages/FE_Browse/FE_B_009.aspx? TopLevel = 3971。

购实体时存在逻辑上的关联。第一,只要中央政府实体和次中央政府实体从事了政府采购活动,《核查清单》就要求对所有此类实体进行列举。这点对应了 GPA 在这类实体上的开放逻辑:从事采购活动的中央实体和次中央实体,在理论上都应当尽可能地无条件纳入开放范围,申请加入方谈判的空间比较小。第二,对于政府拥有的或控制的企业而言,《核查清单》只要求列举那些采购活动受到政府采购法律规制的实体,这点也对应了 GPA 在这类实体上的开放逻辑:对于受政府控制或影响的企业而言,其是否受到国内政府采购法规制是判断能否将其纳入开放范围的重要标准,也是这类实体开放与否的重要谈判依据。第三,对于政府拥有或控制的其他实体而言,《核查清单》仅要求说明从事采购活动的这些实体或者类型。这点仍对应了 GPA 在这类实体上的开放逻辑:对于受政府控制或影响的其他实体而言,可能具体较为特殊的情况,需根据个案区别对待,适合利用对等原则进行谈判。

其次,从事采购活动的政府机构并不都受到统一立法的规制。并非所有实体都受中央政府层面政府采购立法(如果有的话)规制,有些实体可能受中央层面上其他立法的规制,有些实体具有自治权则可以独立于中央政府法律的管辖。因此,如何确保中央或联邦政府以下级别的采购实体实施 GPA 规则,以及如何确保不受主要采购法管理而属于 GPA 所涵盖范围的采购适用 GPA 规则,也是《核查清单》关注的重要问题。

最后,政府采购的市场规模是 GPA 谈判的基础和筹码,因为 GPA 下的开放是"一美元对一美元"的谈判。政府采购的市场规模不仅取决于采购实体的数量,还取决于采购合同的数量和金额。因此,纳入 GPA 的政府采购规模是否相当也可以作为谈判的战略选择。

(3)非歧视。非歧视是 GPA 的最核心原则,因此与《核查清单》相关的问题在于识别申请加入方国内政府采购法律可能包含的歧视性待遇条款,其主要包括以下几个方面:第一,非国民待遇条款。给予本国货物、服务和供应商相较于外国货物、服务和供应商优惠待遇的条款。第二,非最惠国待遇条款。给予任何国家的货物、服务或供应商相较于任何其他国家的货物、服务或供应商优惠待遇的条款。第三，歧视本地设立供应商的条款。允许以本地设立的供应商的外国附属程度、外国所有权或货物和服务来源地而进行歧视的条款。第四，给予任何经济部门、区域或者特定类型的供应商及货物或服务优惠待遇的条款。第五，补偿或者具备相同效果的其他措施。

GPA 对待不同类型的非歧视条款具有不同态度。对于违反国民待遇和最惠国待遇的条款，其原则上是禁止的，但出于对发展需求的考虑，GPA 允许对发展中国家和不发达国家在一定程度上豁免适用国民待遇原则。此外，GPA 还允许发达国家出于国内经济发展的需要将部分采购活动排除在 GPA 所涵盖采购范围之外。该内容本质上涉及促进国家经济、发展需求的政策与 GPA 规则之间的兼容性等问题。最终可以保留哪些歧视性的条款，或者说在多大程度上允许保留歧视性条款，则取决于 GPA 谈判的结果。

（4）避免利益冲突及防止腐败行为。《核查清单》要求申请加入方指出其国内政府采购制度采取了哪些措施来确保采购实体以透明公正且避免利益冲突、防止腐败的方式来实施 GPA 所涵盖的采购。这些措施不仅包括政府采购法律中的内容，也包括其他相关法律中的内容。

通过 GPA 规则的实施来避免利益冲突及防止腐败行为，不仅是发展中国家的期望，也是发达国家之所需。前者希望通过国际规则的实施这一外来压力反对腐败，后者希望通过减少腐败行为创造一个利于发达国家供应商进入的政府采购市场。

（5）采购程序。GPA 仅规制了有可能违反非歧视原则的采购程序要素。《核查清单》中的相关问题也是对 GPA 条款的回应，包括采购方法及其适用、供应商资格审查、常用供应商名单、技术规格、谈判、期限、评标标准和合同授予等。

（6）信息公开。透明度是实现采购公平和竞争的基本保障，因此为了回应 GPA 条款的要求，《核查清单》试图通过相关提问让 GPA 成员方更加了解申请加入方的相关规制情况。

(7)国内审查程序。及时、有效、透明和非歧视的国内审查制度是保障外国供应商参与公共采购市场的基本保障。《核查清单》的相关提问有助于成员方在了解申请加入方国内审查程序的基础上,检查其与 GPA 规则之间的符合性。

(8)电子化采购。电子化采购在 GPA 成员方之间是正在进行的改革。考虑到发展中国家政务电子化的程度不一,GPA 并未要求成员方实施电子化采购,但其文本中给予实施了电子化采购活动一些特殊考量,例如可以适当缩短对于最短时限的要求。电子化采购可能引起的普及性、维护机制等问题,也在 GPA 文本中被给予了适当规制。因此,申请加入方如果已经推广电子化采购,那么其有关电子采购的规则也应当符合 GPA 的相关要求。申请加入方针对《核查清单》的答复向成员方提供了其有关电子化采购的基本信息。

1.2.2 《核查清单》与法律调整的关系

GPA 文本所提出的要求是申请方进行法律调整的基本标准。围绕《核查清单》所展开的磋商活动,有助于申请加入方"检测"和发现其政府采购制度在哪些方面需要进行法律调整,以下为对这些方面的具体阐述。

1.2.2.1 围绕《核查清单》的答复、磋商与中国在 GPA 项下出价的关系

围绕《核查清单》所展开的答复与磋商的实质性内容指向了申请加入成员方的政府采购法律制度,其所产生的效果则体现为向 GPA 现有成员方解释其政府采购法律制度,并检测其与 GPA 的符合性。申请加入方在 GPA 项下的出价则主要涉及 GPA 涵盖采购的范围,这与国内政府采购制度的适用范围息息相关。

围绕《核查清单》的答复、磋商与中国在 GPA 项下出价之间是相通的。围绕《核查清单》所进行的解释用于理解成员方在 GPA 项下的出价。例如,中国在答复清单的过程中介绍了中央政府的组成之后,GPA

成员方就将其与中国在 GPA 项下附件 1 中的出价进行对比,并要求中国解释其差异性。再如,GPA 成员方要求中国解释集中采购目录与出价中提及的政府采购产品和服务目录之间的区别和联系。

因此,围绕《核查清单》的答复和磋商不仅是对政府采购制度的简单介绍和解释,其还在很大程度上已经成了一种"证据",对于表述不一致的行为,相关国家有必要进行解释和澄清。

1.2.2.2 围绕《核查清单》的答复、磋商与 GPA 符合性研究之间的关系

就《核查清单》本身而言,其没有也不可能提供符合性判断的基础和标准。在整个法律谈判中,《核查清单》的主要功能乃提供信息,并为法律磋商提供一个可行的基础。从根本上来看,关于 GPA 符合性的标准在于 GPA 文本,应在 GPA 的整体上寻找符合性的标准,并参照成员方加入 GPA 过程中调整其国内法的经验。

但这并不意味着《核查清单》仅具有提供信息的价值,相反,其设定的每一个问题都是涉及 GPA 符合性的根本性问题。对这些问题的深刻理解和把握,是对 GPA 逻辑、价值观、标准把握的基础,同时,只有对其进行完整把握,才能更好地理解 GPA 规则。

1.2.2.3 法律调整磋商的范围、法律调整目标以及法律调整标准

法律调整磋商的范围应当限于一国的国家政府采购制度,但该国政府采购制度的范围则由其国内法律具体规定,因为 GPA 并未制定界定"政府采购"的强制性标准,也并未规定强制性适用 GPA 规则的采购活动范围。

法律调整的目标为,一方面使国家政府采购制度符合 GPA 的强制性要求,另一方面则应当满足促进国内政府采购良好实践发展的要求。GPA 作为国际法的根本特征在于寻求市场准入,其异于国家政府采购法促进采购效率或者促进物有所值的目标,GPA 与国家政府采购法的优先采购国货政策目标尤其冲突。在法律调整的过程中应当注意这些不同层次法律所追求目标间的冲突,但其并非不可调和。因此这也意味着,

在加入 GPA 的过程中国家政府采购法律的调整对这两类目标都应加以兼顾。

法律调整的标准取决于 GPA 文本。GPA 侧重于规制市场准入和透明度,其在这方面规定了严格的要求和标准。但是 GPA 在采购程序等方面则提供了足够的包容性和高度原则性的标准。因此,加入 GPA 过程中的国内法律调整应当符合 GPA 强制性的硬性规则,但同时又应当考虑其他国内采购规则与 GPA 灵活性要求之间的适应性。

此外,还需注意申请加入方的法律调整应当与其在加入 GPA 过程中的谈判(含涵盖范围谈判和围绕《核查清单》的磋商)相协调。对于谈判过程中将哪些实体纳入 GPA 规制,应考虑国内政府采购法律的现状,以及国内政府采购法律未来改革的趋势。国内法律改革或调整的结果应当符合 GPA 谈判所产生的结果。有关豁免适用 GPA 规则的实体、采购活动,允许保留的歧视性条款等方面,也需要国内法律调整与 GPA 谈判保持协调。

1.3 我国围绕《核查清单》所进行的磋商

我国政府于 2008 年 9 月 15 日正式向 WTO 政府采购委员会提交了《中国政府采购国情报告》,也即对《核查清单》所列问题的回答(GPA/ACC/CHN/8)。之后,日本(GPA/ACC/CHN/11)、加拿大(GPA/ACC/CHN/12)、美国(GPA/ACC/CHN/15)先后针对中国提交的《中国政府采购国情报告》进行了提问,我国政府也针对这些国家的提问先后进行了回答(GPA/ACC/CHN/13,GPA/ACC/CHN/14 和 GPA/ACC/CHN/21)。本书在研究过程中收集到了这 7 份围绕《核查清单》展开澄清的文件,并主要基于这 7 份文件分析了目前我国加入 GPA 过程中围绕《核查清单》所展开的答复和澄清情况。[1]

值得注意的是，从 WTO 官网检索到的文件目录来看，在我国与日本之间又进行了第二轮磋商（GPA/ACC/CHN/39 和 GPA/ACC/CHN/43）。我国与韩国之间也围绕《核查清单》进行了一轮磋商（GPA/ACC/CHN/35 和 GPA/ACC/CHN/42）。基于保密性等方面的限制，目前尚未收集到这些文件。

另外，2020 年 5 月 29 日，根据最新调整的《核查清单》以及国内政府采购法律制度的改革进展，我国政府再次向 WTO 提交了《中国政府采购国情报告》（2020 年更新版）。

1.3.1 围绕中国政府采购基本制度和法律框架的答复与澄清

鉴于我国在答复《核查清单》时只能简单介绍国内政府采购制度与法律框架的基本情况，GPA 成员方并不能据此完全了解复杂、特殊的中国政府采购制度与法律规制体系，大量澄清行为都围绕此问题展开，并主要涉及以下几个方面：

（1）政府采购法律规则的清单。在中央层面，政府采购法律不仅包括《政府采购法》系列，也包括《招标投标法》系列。我国的答复主要集中于国务院发布的行政法规、财政部发布的部门规章和规范性文件，而基本没有提及《招标投标法》系列的规范性文件。商务部所发布的关于机电产品采购的规则也使 GPA 成员方无法厘清其与政府采购法律的关系，因此，GPA 成员方要求我国提供与政府采购相关的所有中央和地方发布的法律法规清单。从我国对此的再次回复情况来看，我国并未提供详细清单，而是提供了可以找到相关法规的网址，例如中国政府采购网（www. ccgp. gov. cn）。但是按照 2015 年《核查清单》的最新要求，我国必须以 WTO 官方语言之一，提交一份有关“国家采购立法”（national

---

〔1〕 这些文件目前尚不能公开获取。作者感谢有关人士基于本研究目的所提供的文件。有关磋商文件的目录可以在 WTO 网查阅：https://docsonline. wto. org/dol2fe/Pages/FE_Browse/FE_B_009. aspx? TopLevel = 3971。

procurement legislation)的复印件。这也意味着我国必须将适用于政府采购活动的，在全国范围内具备法律效力的法律、行政法规、部门规章和其他规范性文件，提交给 WTO 政府采购委员会。

(2)政府采购法律的法律效力等级。现行中国政府采购法律体系的特色之一是《政府采购法》与《招标投标法》所规定的内容都十分简单、抽象，用以指导采购实践的规则大多通过大量的“管理办法”“办法”“实施意见”“实施细则”“暂行办法”等方式发布。这也造成了 GPA 现有成员方无法完全理解这些规则的效力等级以及区别。

(3)《政府采购法》与《招标投标法》的关系。部分 GPA 成员方提出了一些疑问，包括“两法”关系，尤其是涉及工程采购的规制时适用何种法律；为何《政府采购法》不适用于工程采购的规制；“两法”在采购程序方面有何区别。

(4)政府采购主体的分类及其清单。现有 GPA 成员方对于什么是“国家机关”“事业单位”“团体组织”不能理解，可能会质疑我国《政府采购法》上关于政府采购实体的规定不明确。按照我国的理解，“事业单位”和“团体组织”应当被归类为 GPA 下的“其他实体”，但是在这一点上，GPA 成员方需要进一步了解。此外，相关 GPA 成员方希望能够获取地方政府层面的“事业单位”和“团体组织”清单，但我国并未对此提供。

(5)政府采购法律的适用范围。除了政府采购主体之外，GPA 现有成员方还围绕“集中采购目录”、“采购限额标准”以及“财政性资金”进行了提问。我国的再次回复有助于 GPA 成员方理解“集中采购目录”的内容及其制定程序，以及“采购限额标准”确定的考量要素与更新情况。由于 GPA 成员方对使用“财政性资金”的某些方面仍然感到疑惑，其所提出的问题主要围绕这些方面。例如，事业单位除了可以获得财政性资金支持以外，还可以获得营业收入，那么其是否还存在其他类型的收入来源？事业单位部分运用财政性资金进行采购的行为是否受到《政府采购法》的规制？是否存在事业单位通过混淆资金来源的方式而规避《政府采购法》规制的可能性？

(6)非公开招标方式的适用条件及程序。虽然我国在答复中表明，公开招标方式是主要的采购方式，但 GPA 成员方仍希望进一步了解邀请招标、竞争性谈判以及询价等非公开招标方式的适用情形及实施程序等详细信息。

(7)政府采购活动的组织实施。我国政府采购活动可以分为集中采购和分散采购。但对于如何集中、如何分散，以及如何定义采购代理机构等问题，GPA 成员方希望进一步了解。

(8)政府采购活动的监督和管理。政府采购活动的监督和管理机构为何？涉及工程招标采购的监督和管理机构又为何？

1.3.2 围绕 GPA 涵盖采购的答复与澄清

1.3.2.1 答复《核查清单》时所持的基本立场

在我国，《政府采购法》与《招标投标法》两法关系问题一直是争议的焦点。中国有关《核查清单》的答复虽基于《政府采购法》与《招标投标法》，但以前者为主，只是将后者作为适用于工程采购的一项程序性法律(含采购方式、采购程序及审查程序)。因此，我国在回答本国政府采购法律的适用范围时主要是基于《政府采购法》。

1.3.2.2 国有企业采购的规制问题

在围绕 GPA 涵盖采购所展开的谈判过程中，GPA 成员方对中国的国有企业进行了要价。中国在答复《核查清单》时，已经指出中国的国有企业不属于《政府采购法》的规制范畴。但在对《核查清单》的澄清过程中，GPA 成员方多次提问：国有企业或政府投资的企业是否受到政府采购法律规制？或者国有企业是否需要实施政府经济和社会发展政策？中央政府与中央企业之间的关系是什么？地方政府与地方国企之间的关系又是什么？对此，我国在再次回复中重申了以下几层意思：(1)《政府采购法》不规制国有企业或者国家投资的企业；(2)中国的国有企业是独立的市场主体，中国政府并不干涉国有企业的日常运营活动；(3)GPA 成员方关于国企是否实施国家经济和社会发展政策的问题，与政府采购无关,因此不予回答。可以观察到,我国仅围绕中国政府采购制度来答复成员方提问,对不相关的提问则不进行回答。

但是我国在第五次修改出价中却列出了几个国有企业,这似乎与《中国政府采购国情报告》中所阐述的立场有所不同。

1.3.2.3 公用事业部门实体采购的规制问题

GPA 成员方在 GPA 附件 3 中的出价一般都涉及公用事业部门的采购实体,例如欧盟及其成员方。因此 GPA 成员方希望中国列出其从事公用事业活动的实体清单,例如从事邮政和公共交通运输活动的采购实体。但中国对此的答复是:中国不存在对从事公用事业活动的公共实体的法律定义,因此无法提供有关这些实体类型划分的信息。

实际上,国有企业采购规制问题与公用事业部门实体采购规制问题能够成为围绕《核查清单》进行澄清的重点问题与 GPA 的规制目标密切相关。GPA 的主要规制目标在于消除将政府采购作为阻碍国际自由贸易壁垒的可能性,开放国际公共采购市场。在现有成员方内部,部分国有企业与公用事业实体的采购活动在某种程度上可能受到政府的控制或影响,或者以实现政府目的为目标,因而可能会歧视国外供应商及其提供的产品和服务。此外,我国的国有企业数量众多、所涉领域广泛,某些公用事业领域也并未实现充分竞争。因此,中国的国有企业与公用事业实体的公共采购规制问题关系中国在 GPA 下开放的政府采购市场规模大小,该问题也受到了某些成员方的密切关注。

1.3.2.4 军事采购/国防采购的规制问题

GPA 成员方对国防采购的出价一般遵循以下原则:若为国防通用物资,可以被纳入 GPA 规制;若是涉及国家安全、国防目的所必需的采购,则可以通过例外进行排除适用。我国在《核查清单》中对国防采购规制的回应如下:《政府采购法》第 86 条规定,军事采购法规由中央军事委员会另行制定。GPA 成员方对此回答并不满意,于是追问国防部的采购适用何种法律,其与适用于其他采购实体的统一采购法律有何不同?对此,我国回应道:国防部的采购应当遵守由中央军事委员会制定的规制军事采购的法律和法规。面对 GPA 成员方的继续追问,我国也只是技术性地应答,并未提供关于国防部采购所适用的法律、法规的具体信息。但无论是在 GPA 涵盖采购范围的谈判过程中,还是在围绕《核查清单》的澄清过程中,对国防通用物资采购规制问题的决策都无法回避。

1.3.2.5 中央政府采购实体与次中央政府采购实体

在中央政府采购实体层面,中国列明了 48 个中央政府采购实体。在次中央政府采购层面,中国指出,“中国省级政府的采购实体包括国家机关、事业单位和团体组织”。[1]

针对中国的答复,成员方的提问(或评论)主要集中在以下几个方面:

(1)中国针对《核查清单》的答复与我国在“市场准入承诺表”中出价的一致性。中国在答复《核查清单》中提供的信息,是成员方理解中国出价的基础,也是成员方向中国要价的依据之一。由于中国在答复《核查清单》过程中列明的中央政府采购实体清单与在出价中所列明的实体不一致,成员方希望了解其中的缘由。

(2)提供一份完整的次中央政府实体的清单。按照《核查清单》的要求,无论是否受到政府采购法律的规制,我国都需要指出所有开展采购活动的次中央政府实体(州级政府、省级政府、市级政府等)。《核查清单》并未要求以清单的形式完全列举从事采购活动的次中央实体,我国可以以列举采购实体类型的方式进行说明,因此我国在答复过程中并未提供一项完整清单,但是成员方仍要求我国提供一份完整的次中央政府采购实体清单。如上所述,我国可以以列举实体类型的方式进行说明,也可以选择以清单方式进行说明;可见,成员方的这一要求并无《核查清单》上的依据,而我国在答复《核查清单》的过程中也并未完全提供清单

---

[1] GPA/ACC/CHN/8 (Committee on Government Procurement-Checklist of Issues for Provision of Information Relating to Accession to the Agreement on Government Procurement-Communication from the People's Republic of China, 16/09/2008), https://docsonline.wto.org/dol2fe/Pages/FE_Browse/FE_B_009.aspx? TopLevel = 3971.

要求的所有信息,仅提及了省级政府采购实体,却没有提及省级以下的地方政府采购实体信息。此外,中国无法提供针对“团体组织”这类采购实体的法律定义(如下所述),因此对于成员方而言,“省级政府采购实体”的范围也是不明确的。

(3)中国政府采购实体类型及其划分标准。我国在答复“次中央实体”的范围时,使用了“国家机关”、“事业单位”和“团体组织”这三个术语。针对这三类实体范围的界定,从本质上影响到受 GPA 规制的次中央采购实体的范围。因此,成员方希望中国能够澄清这三类实体的法律定义及界定标准。在澄清的过程中,我国指出中国法律中并无针对“团体组织”的界定。成员方可能会质疑我国政府采购法上关于政府采购实体的规定并不明确。因此,有可能会在之后的磋商过程中要求中国提供一份有关“团体组织”的完整清单。鉴于我国无法提供关于团体组织的法律定义,这种要求提供完全清单的请求也具有合理性。

1.3.3 围绕中国政府采购制度中歧视性政策和行为的磋商

GPA 规则的核心在于非歧视待遇,因此 GPA 成员方将致力于寻找申请加入方国内采购法律中规定了歧视待遇的条款。基于我国加入 GPA 过程中围绕《核查清单》的磋商所披露的信息,可以针对非歧视问题做如下些基本推断。

1.3.3.1 歧视性政策

我国国家层面的立法中包含以下几个方面:第一,要求优先采购本国产品、工程和服务的规定;第二,给予不发达地区和少数民族地区优惠措施的规定;第三,促进中小企业发展的优惠措施;第四,促进节能产品采购和环境友好产品采购的优惠措施。尽管有些政策的目的原本不是为了给予本国供应商以优惠,[1]但这些规定在实质上仍会导致给予本国

---

〔1〕 例如,通过政府采购促进不发达地区发展的政策本身是为了当地发展的需要,本意不在给予外国供应商歧视性待遇,但是客观上可能产生这种结果。

供应商、产品或服务更加优惠的待遇。

GPA 规则并不完全排斥这些歧视性的政策，或者也可以说，其实 GPA 规则对所有的歧视性政策的都并不排斥。因此，在研究这些歧视性政策与 GPA 规则的符合性问题时，应当区别对待不同的歧视性政策。对于歧视性政策，有些针对 GPA 涵盖的采购活动不能适用，有些在加入 GPA 谈判的过程中可以争取保留，有些则本身在 GPA 成员方已经得到了普遍认可，如在不得以阻碍国际贸易的方式实施前提下的优先采购节能产品和环境友好产品的政策。

1.3.3.2 补偿措施与 GPA 的符合性

从我国的答复来看，中国在自主创新产品采购和进口产品采购方面规定了补偿措施。这些补偿措施是否符合 GPA 的要求？根据 GPA 的规定，补偿措施属于发展中国家的特殊待遇，并且只能经过 GPA 谈判才能获取。那么我国能否有资格实施这些补偿措施？这些补偿措施又是否符合 GPA 的规定？我国在再答复中指出，会针对国内政府采购规则中所包含的不符合 GPA 有关补偿(offsets)规则之处进行修订。补偿措施与 GPA 的符合性问题，以及相关法律修订的政策建议，也将是后续研究的重点问题。

1.3.4 围绕中国政府采购程序规则的磋商

针对采购程序规则在透明度、公平、竞争等方面提出最低要求是 GPA 规则的主要内容，因而 GPA 成员方也会致力于寻求了解采购程序的信息，以评估申请加入方的国内采购程序与 GPA 规则之间的符合性。

1.3.4.1 采购方法及其运用

非公开招标方式的适用条件及运用程序是此次磋商过程中的重点问题。虽然我国在答复中表明，公开招标方式是主要的采购方式，但是 GPA 成员方仍希望进一步了解邀请招标、竞争性谈判以及询价等非公开招标方式的适用情形及实施程序等详细信息，其依据为非公开招标的方式更有可能对供应商参与采购的机会进行不合理的限制。

我国政府采购制度中所包含的采购方法及其运用是否符合 GPA 文

本的要求,还有待进一步的研究。首先,需要研究 2012GPA 文本中关于采购方法的规则。其次,需要研究我国采购制度中规制的所有采购方法是否满足 GPA 文本的要求。需要注意的是,除了我国在首次答复清单时所提及的采购方式之外,还应当考察竞争性磋商、协议供货、批量采购等采购方式。最后,应当考察这些采购方法在实践中的运用情况。例如,是否存在滥用单一来源方式以限制竞争的可能性。

1.3.4.2 供应商资格审查

2012GPA 文本针对供应商资格审查有多个条款的规定。对我国的供应商资格审查制度是否满足这些要求的审视不能仅仅停留在《政府采购法》第 22 条与第 23 条的规定,还应当将研究范围拓展至所有类型的政府采购规则。尤其需要注意到的是,GPA 文本所适用的"供应商资格审查"一词以及"常用供应商名单"一词,可能涵盖中国多样化的政府采购实践。GPA 规则的符合性要求不仅停留在规则层面,还扩展至了每个与政府采购相关的行为。因此,不能仅依据中国采购法律上没有"多用供应商名单"这一术语就认为不需要进行符合性判断。后续研究将以 GPA 文本的要求为标准,立足于各类政府采购规则与多种政府采购实践,研究我国的供应商资格审查制度与 GPA 的符合性。

1.3.4.3 通过技术规格促进自然资源保护和环境保护

2012GPA 文本允许通过设置技术规格促进采购更加有利于保护自然资源和环境的产品、服务。但是,中国目前所实施的节能产品采购和环境标志产品采购却大多以政府制定的节能产品清单和环境标志产品清单为基础。中国绿色采购的规制、实施现状与 GPA 规则之间的符合性还有待进一步研究。

1.3.4.4 期限

中国《政府采购法》和《招标投标法》[1]关于最短投标期限的规定要

---

〔1〕《政府采购法》第 35 条规定,货物和服务项目实行招标方式采购的,自招标文件开始发出之日起至投标人提交投标文件截止之日止,不得少于 20 日。《招标投标法》第 24 条规定……依法必须进行招标的项目,自招标文件开始发出之日起至投标人提交投标文件截止之日止,最短不得少于 20 日。

短于GPA文本的相关要求[1]。对此，我国在进行法律调整的过程中应当予以修订。但是GPA文本关于最短投标期限的要求也考虑到了可以缩短最短投标期限的不同情形，如是否事先公布计划采购通知等。因此，在后续研究中需要在进一步探究的基础上针对如何进行相关法律调整提供政策建议。

1.3.4.5 投标书的提交、接收和开标的程序保证

我国针对《核查清单》的答复仅提及了《政府采购货物和服务招标投标管理办法》中的相关规定。单就目前所掌握的信息而言，还不足以判断其与GPA要求之间的符合性，该内容仍有待进一步研究。

1.3.4.6 技术规格

在技术规格领域，目前国内法律均要求招标文件、采购文件中规定的各项技术标准应当符合国家强制性标准。在中国加入GPA后，必然面临如何处理中国国家标准与其他国家的标准间关系的问题。有关技术规格的符合性及如何做出法律调整，也是后续研究中的重要议题之一。

1.3.4.7 评标标准和合同授予

该议题也有待在后续研究中判断其符合性，并进而讨论法律调整问题。

1.3.5 围绕中国政府采购信息公开规则的磋商

围绕《核查清单》的磋商情况，结合我国近几年政府采购法律发展和实践，可以初步判断目前信息公开领域较为符合GPA规则的要求。然而，仍需要注意以下几个方面的问题：

（1）《核查清单》磋商过程中需要提供的有关国内采购法律的信息。在磋商过程中，GPA成员方要求中国提供与政府采购相关的所有中央和地方发布的法律法规清单。从我国相关澄清情况来看，我国并未提供详

---

[1] 参见2012GPA第11条。

细清单,而是提供了可以找到相关法规的网址,如中国政府采购网(www. ccgp. gov. cn)。但按照 2015 年《核查清单》的最新要求,中国必须以 WTO 官方语言之一,提交一份有关"国家采购立法"(national procurement legislation)的复印件。这也意味着,中国必须将适用于政府采购活动的,在全国范围内具备法律效力的法律、行政法规、部门规章以及其他规范性文件,提交给 WTO 政府采购委员会。

(2)采购制度信息公开的集中性以及广泛性。2012GPA 文本要求有关采购制度的信息应当在唯一且排他的官方制定的电子或纸质媒体上公布[1]。"采购制度信息"的范围包括:任何法律、法规、司法判决、普遍适用的行政裁决,经法律或法规要求并在公告或招标文件中提及的标准合同条款,涵盖采购有关的程序,以及以上各项信息的任何修改[2]。中国的政府采购制度信息公开是否能够满足上述要求中提及的集中公开性以及内容的广泛性,还有待进一步研究。

(3)告知未中标理由。据 GPA 要求,应任何其他成员方的请求,成员方应当迅速提供确定某一采购是否公平公正,且是否依照 GPA 进行所必需包含的任何信息(含中标投标书的特点及比较优势的信息)[3]。虽然 GPA 并未要求,应供应商的请求成员方应当告知未中标理由的有关信息,不过申请提供信息的成员方在获得相关信息之后,只要不会损害未来投标中的竞争状况,其可以向其国内供应商披露该信息。但还需注意的是,GPA 的要求是否会在一定程度上构成对国内供应商的不公平对待?因此,有必要研究国内采购法是否允许告知未中标理由,以及何种规制能够既符合 GPA 要求,又不会影响竞争状况,也不会造成对国内供应商的不公平待遇。

---

[1] 参见 2012GPA 第 6 条第 1 款。

[2] 参见 2012GPA 第 6 条第 1 款。

[3] 参见 2012GPA 第 17 条第 1 款。

1.3.6 围绕中国国内审查程序的磋商

围绕该议题并未展开涉及实质性问题的磋商。该议题也有待在后续研究中判断其符合性,并进而讨论法律调整问题。

1.3.7 答复与澄清的时效性

值得注意的是,我国对《核查清单》的答复产生于2008年9月,后来与日本、加拿大、美国及韩国之间进行的对答复的澄清产生于2009年至2013年。本研究所分析的资料则集中在2009年至2010年,并不涉及2010年至2013年关于清单的澄清。距离中国提交关于《核查清单》的答复已经过去十多年。在这十多年间,我国新制定或者修订了许多与政府采购相关的法律、法规,同时也废除了一些法律法规。因此,我们应当注意,要以发展的目光审视我国政府采购制度对《核查清单》答复与澄清的时效性的影响。

1.4 我国政府采购法律发展与法律调整

1.4.1 中国政府采购制度的发展

自中国提交第一份《核查清单》的答复起,我国政府采购制度已有显著发展,同时政府采购法律框架也在日益完善,其主要体现在以下几个层面:

(1)法律的修订以及行政法规得以制定。2014年《政府采购法》进行了第一次修订。[1] 国务院先后于2011年和2015年分别制定了《招标

---

〔1〕 本次修订根据2014年8月31日第十二届全国人民代表大会常务委员会第十次会议《关于修改〈中华人民共和国保险法〉等五部法律的决定》。

投标法实施条例》(中华人民共和国国务院令第 613 号)、[1]《政府采购法实施条例》(中华人民共和国国务院令第 658 号)。[2]

(2)财政部先后颁布了一系列实施《政府采购法》与《政府采购法实施条例》的部门规章。2010 年 10 月 26 日,财政部发布修订版的《政府采购代理机构资格认定办法》(中华人民共和国财政部令第 61 号)[3]。2013 年 12 月 19 日,财政部颁布《政府采购非招标采购方式管理办法》(中华人民共和国财政部令第 74 号)。2017 年 7 月 11 日,财政部颁布修订版的《政府采购货物和服务招标投标管理办法》(中华人民共和国财政部令第 87 号)。2017 年 12 月 26 日,财政部颁布《政府采购质疑和投诉办法》(中华人民共和国财政部令第 94 号)。2019 年 11 月 27 日,财政部颁布《政府采购信息发布管理办法》(中华人民共和国财政部令第 101 号)。[4] 2020 年 1 月 3 日,财政部颁布《政府购买服务管理办法》(中华人民共和国财政部令第 102 号)。[5]

(3)财政部有关部门先后颁布了一系列规范政府采购活动的规范性文件。这些规范性文件主要包括:《财政部关于停止执行〈自主创新产品政府采购预算管理办法〉等三个文件的通知》(财库〔2011〕85 号);《政府采购促进中小企业发展暂行办法》(财库〔2011〕181 号,已失效);《中央预算单位变更政府采购方式审批管理办法》(财库〔2015〕36 号);《中

[1] 《招标投标法实施条例》(中华人民共和国国务院令第 613 号)已经 2011 年 11 月 30 日国务院第 183 次常务会议通过,2011 年 12 月 20 日公布,2012 年 2 月 1 日起施行。

[2] 《政府采购法实施条例》(中华人民共和国国务院令第 658 号)已经 2014 年 12 月 31 日国务院第 75 次常务会议通过,2015 年 1 月 30 日公布,2015 年 3 月 1 日起施行。

[3] 《政府采购代理机构资格认定办法》(中华人民共和国财政部令第 61 号)已在 2015 年被废止,详见《财政部关于废止部分规章和规范性文件的决定(2015)》(中华人民共和国财政部令第 77 号)。

[4] 《政府采购信息发布管理办法》(中华人民共和国财政部令第 101 号)自 2020 年 3 月 1 日起施行,财政部 2004 年 9 月 11 日颁布实施的《政府采购信息公告管理办法》(中华人民共和国财政部令第 19 号)同时废止。

[5] 《政府购买服务管理办法》(中华人民共和国财政部令第 102 号)自 2020 年 3 月 1 日起施行,财政部、民政部、工商总局 2014 年 12 月 15 日颁布的《政府购买服务管理办法(暂行)》(财综〔2014〕96 号)同时废止。

央预算单位批量集中采购管理暂行办法》(财库〔2013〕109号);《政府采购品目分类目录》(财库〔2013〕189号);《政府采购竞争性磋商采购方式管理暂行办法》(财库〔2014〕214号);《政府和社会资本合作项目政府采购管理办法》(财库〔2014〕215号);《关于规范政府采购行政处罚有关问题的通知》(财库〔2015〕150号);《财政部关于完善中央单位政府采购预算管理和中央高校、科研院所科研仪器设备采购管理有关事项的通知》(财库〔2016〕194号);《政府采购评审专家管理办法》(财库〔2016〕198号);《关于进一步加强政府采购需求和履约验收管理的指导意见》(财库〔2016〕205号);《政府和社会资本合作(PPP)咨询机构库管理暂行办法》(财金〔2017〕8号);《财政部关于进一步做好政府采购信息公开工作有关事项的通知》(财库〔2017〕86号);《政务信息系统政府采购管理暂行办法》(财库〔2017〕210号);《政府采购代理机构管理暂行办法》(财库〔2018〕2号);《国有金融企业集中采购管理暂行规定》(财金〔2018〕9号);《关于运用政府采购政策支持脱贫攻坚的通知》(财库〔2019〕27号)(已失效);《关于促进政府采购公平竞争优化营商环境的通知》(财库〔2019〕38号);《政府采购贫困地区农副产品实施方案》(财库〔2019〕44号);《关于疫情防控期间开展政府采购活动有关事项的通知》(财办库〔2020〕29号);《关于开展政府采购意向公开工作的通知》(财库〔2020〕10号);《关于印发〈商品包装政府采购需求标准(试行)〉〈快递包装政府采购需求标准(试行)〉的通知》(财办库〔2020〕123号);《关于政府采购支持绿色建材促进建筑品质提升试点工作的通知》(财库〔2020〕31号)。

(4)新兴政府采购形态得到发展。最近几年中国政府采购领域的一个重要进展是政府购买服务和政府和社会资本合作(PPP)等新兴政府采购形式的实践及有关法律政策的发展。目前司法部正在牵头起草《基础设施和公共服务领域政府和社会资本合作条例》。

尽管政府购买服务有其特殊的改革背景和使命,并由此决定了其法律政策特征与传统政府采购存在差异性,但是基于政府购买服务所发生的采购无疑仍受到《政府采购法》的规制。当然,未来《政府采购法》的改革,要充分考虑到某些类型的政府购买服务的特殊要求。这一领域的发展与 GPA 的兼容性问题,是一个复杂的、需要进行深入研究的问题。

这几年中国政府采购领域的另一项重大进展为广泛的 PPP 实践和有关法律政策的发展。PPP 作为一种相对于传统政府采购而言的采购创新,是政府采购的高级形态。同时,确定无疑的是,部分 PPP 合同受到 GPA 管辖,如政府付费型的 PPP。然而关于特许经营或者使用者付费类型的 PPP 是否需要适用 PPP 规则这一问题,目前还没有形成广泛共识。但 GPA 参加方无疑对 PPP 合同具有浓厚兴趣,并且 PPP 合同已经成为 GPA 未来谈判的一个重要议题。

1.4.2 政府采购法律发展对加入 GPA 谈判和磋商的影响

中国政府采购法律发展的整体趋势可以总结为以下几个方面:(1)促进政府采购全过程的信息公开;(2)简化供应商参加政府采购活动的负担,例如规范保证金收取及退还,简化所需提交的资格审查材料;(3)从程序管理到以结果为导向的采购规制,注重采购需求管理和履约验收管理;(4)倡导批量采购;(5)简政放权,强化政府采购代理机构行业自律,赋予采购实体在选择采购方式、代理机构和评审专家等方面的自主权;(6)完善专家评审制度,促进评审的专业化和公正;(7)完善供应商投诉处理机制,实现投诉处理的专业化;(8)大力发展电子化政府采购,提高政府采购效率和透明度。

以上发展趋势有利于降低供应商投标成本,建构一个透明、高效、公正的良好采购环境,从而提高私人部门供应商参加政府采购活动的积极性。这些改革的发展趋势正契合 GPA 的要求——采购制度的公开、采购合同机会公开、采购程序的非歧视和有效竞争、评标标准的合理与评标程序的公正、采购结果公开、救济程序的及时与有效。

具体而言,中国政府采购制度的发展将对加入 GPA 谈判和磋商产生以下几个方面的影响:

(1)政府采购法律框架的完善和发展将为我国加入 GPA 谈判提供更好的国内法律支撑。政府采购法律框架的完善将有利于解决政府采购法律适用不明晰,甚至是相冲突的现象。我国政府采购法律框架的完善,也有利于降低法律调整磋商过程的难度。

(2)《政府采购法》和《招标投标法》"两法"关系的厘清有利于相关法律调整的磋商。"两法"关系现阶段的厘清,例如运用招标方式的工程采购适用《招标投标法》,货物和服务的采购以及工程的非公开招标方式适用《政府采购法》,可以减少法律适用和监管的不确定性。但是,以采购方式的变更来确定法律的选择和适用,割裂了政府采购法治的统一,缺乏法理和逻辑基础。在 GPA 法律谈判的背景下,GPA 参加方或将质疑采购法律制度的协调性和有效性。

(3)新兴政府采购形态的发展也为加入 GPA 谈判带来了新挑战。随着我国政府购买服务、特许经营与 PPP 等新兴政府采购形态的快速发展,政府采购活动的规模正不断扩大。GPA 参加方无疑对这部分的政府采购市场兴趣浓厚,因此在一定程度上将会增加 GPA 谈判的难度。我国政府采购法律在调整的过程中应对此如何应对,也是一个十分具有研究价值的问题。

(4)新政府采购政策的制订,为 GPA 涵盖范围的谈判提供了法律基础。考虑到发展中国家的发展需求,GPA 允许在谈判过程中确定可以给予的特殊待遇。政府采购能够促进中小企业发展、促进残疾人利益保障、促进不发达地区经济发展的法律政策的完善,这些益处将有助于为围绕 GPA 涵盖范围的谈判提供国内法律基础。在 GPA 背景下,如何调整政府采购政策以使其符合 GPA 要求也有待进一步商榷。

(5)新型采购方式的确定,为法律调整谈判带来了新的议题。竞争性磋商、批量采购方式、框架协议等新型采购方式的运用,创新了 GPA 下法律调整谈判的相关议题,因此有必要结合 GPA 的要求,分析上述新兴采购方式与 GPA 的符合性。

1.5 GPA 修订对我国法律调整之影响

中国于 2007 年年底正式启动加入 WTO 政府采购协定谈判进程之后,GPA 在 2012 年进行了一次修订,并于 2014 年 4 月生效实施。为此,在中国现阶段加入 GPA 的背景下,我国法律调整应当以 2012GPA 文本所确立标准为基础。

2012GPA 文本中的修订内容主要涉及以下几个方面:有关确定 GPA 适用范围的规则、政府采购程序规则、有关采购统计数据的收集和报告的规则、有关救济制度的规则以及有关政府采购政策目标的规则。

2012GPA 对参加方政府采购法律产生了直接影响,因此本部分在分析 2012GPA 文本修订内容的基础上,进一步探讨了其对中国政府采购法律可能产生的影响,并进行评估。

1.5.1 适用范围规则的修订对参加方采购法律的影响

2012GPA 文本中的某些修订内容直接或间接地与涵盖范围和市场准入相关联。概括而言,2012GPA 文本中的修订内容主要包含以下几个方面。

(1)2012GPA 第 2 条第 2 款试图从采购目的、采购对象、采购方式、采购主体、豁免适用的情形这几个维度来界定 GPA 所涵盖的采购。虽然新 GPA 文本试图为涵盖范围确定一个标准,例如“政府目的”,但“政府目的”更主要的是一个谈判工具,因为 GPA 涵盖范围仍然是以谈判的方式来确定具体内容的。

(2)2012GPA 第 2 条第 3 款将某些采购活动明确排除出在 GPA 的适用范围外。此类排除适用于所有 GPA 参加方,不需要通过参加方谈判而获得。

(3)2012GPA 第 19 条“涵盖范围的修改和更正”对 1994GPA 第 24

条第6款的相关规定作出了修订。GPA参加方出于某些因素的考虑,希望修改其在GPA附录Ⅰ附件中的出价。为此,2012GPA第19条对以下几种修改或更正情形进行规制:①更正;②将一个实体从某一附件中移至另一附件中;③将某一实体从附件中撤销;④对附录Ⅰ相关附件的其他修订。

新规定要求政府采购委员会制订仲裁程序,处理参加方对其他参加方有关修订建议的正式异议。同时,其还要求委员会制订衡量"政府控制或影响"有效消除的指标。这些要求都有助于避免争端的产生,并为解决争端提供了更多的路径和保障。此外,委员会还被要求制订有关修订的其他问题的标准。[1] 但截至2020年3月底,WTO政府采购委员会尚未正式发布与这些标准和仲裁程序相关的文件。

整体而言,2012GPA中有关适用范围规则的修订并没有从本质上改变GPA框架下确定适用范围的方式——基于参加方各自的出价附录。因此,GPA适用范围的确定仍主要取决于成员方法律对"政府采购"的界定。GPA参加方不必为了履行GPA项下的要求而对其界定政府采购法律适用范围的国内法相关条文进行修订。

1.5.2 程序规则的修订对参加方采购法律的影响

2012GPA文本中有关程序规则的修订包括:要求采购行为的实施应当避免利益冲突和腐败行为;为采购方法的选择提供更加灵活性和广泛性的规则;鼓励运用电子方式实施政府采购;进一步明确了供应商资格条件的有关规则;进一步明确和规制了供应商登记制度的有关规则;提高了选择性招标程序中的透明度;为技术规格和评标标准制订了新规则等。这些修订对GPA参加方政府采购法律的影响主要体现在以下几个方面。

---

〔1〕 其中之一是如何确定基于除"政府控制和影响"消除外的其他原因,所做的修正中的补偿性调整。这意味着可以做出此类补偿性调整,即使在一些情况下修改出价会缩小GPA的涵盖范围并因此降低对其他参加方市场的进入程度。

(1)防止利益冲突和反腐败。GPA 参加方负有履行防止利益冲突和反腐败这项要求的义务,但 GPA 参加方是否会基于这一要求而进行相应的法律调整则取决于 GPA 参加方现行法律的具体规定和其意愿。首先,防止利益冲突和反腐败是强调平等、透明、竞争性政府采购法律制度的内在要求。这意味着即使 GPA 参加方不采取特别措施来防止利益冲突和反腐败,强调平等、透明和竞争性的政府采购一般规则也会产生同样效果。其次,对于有些 GPA 参加方来说,在政府采购法律中可能已经包括专门针对利益冲突或反腐败的相关措施,因此不需要再为履行 GPA 要求而进行法律的调整。最后,由于 2012GPA 相关要求具有模糊性,相关条文也许会成为一种“软法”性质的条文,从而可能会赋予 GPA 参加方实施该项要求的广泛裁量权。因此,是否需专门制定新的措施来防止利益冲突和反腐败,取决于 GPA 参加方的意愿。

(2)提供更具广泛灵活性的采购方法选择规则。2012GPA 第 4 条(4)(a)款对有关如何实施政府采购的一般原则性规定,赋予了 GPA 参加方采取更为灵活的采购方式的可能性。GPA 参加方可以自主决定是否运用这种灵活性,以采用新的采购方式。但若采用新的采购方式,其必须符合 GPA 有关透明度、公平和非歧视的原则以及有关招标投标的具体要求。

(3)鼓励运用电子方式实施政府采购的规则。2012GPA 明确规定运用电子方式传输和储存的信息也可被视为“书面的”或“用书面方式”,从而为参加方政府采购法律的制订提供了确定性;运用电子方式实施通讯的规制,运用电子方式发布通知、招标文件和接收投标书的最短期限的规定,以及电子拍卖方式及其规制规则,都对参加方政府采购法律提出了新要求。

(4)有关供应商资格条件的规则。2012GPA 明确了在制订资格条件时应当如何对待供应商以往经验的规则,澄清了应当事先在通知或招标文件中公布用于评估供应商财务、商业和技术能力的标准的规则(标准应当事先公布)。如果 GPA 参加方政府采购法律与之不符合,则应进行法律调整或者应当采取措施保证具体采购的实施符合相关要求。此外,2012GPA 还明确并新增了可以排除供应商参与采购的情形,为此 GPA 参加方可以在其政府采购法律中纳入这种灵活性。

(5)供应商登记制度。2012GPA 明确可以维护一项供应商登记制度,并进行了部分规制。因此,在需要满足 GPA 所提出的相关要求的前提下,GPA 参加方也可以在其政府采购法律中允许使用供应商登记制度。

(6)提高选择性招标程序的透明度。2012GPA 提升了选择性招标程序的透明度,同时为 GPA 参加方的国内政府采购法律提出了新要求。

(7)技术规格和评标标准。在运用设计或描述特征方式来制订技术规格时应加上"或与之相当"字样这一要求为 GPA 参加方政府采购法律提出了新要求;规定 GPA 参加方及其采购实体可以运用技术规格来促进自然资源或环境保护,明确了评标标准中可以考虑的因素(尤其是环境因素),为 GPA 参加方提供了灵活性选择。

(8)有关常用供应商名单的规则。2012GPA 既提高了 GPA 参加方的灵活性,如可以将常用供应商名单运用于选择性采购程序之外的采购方法,同时也对 GPA 参加方提出了新的要求。例如,不能简单地仅以时间不足为理由拒绝考虑常用名单外的供应商要求参与采购的请求。

(9)与期限有关的规则。2012GPA 规则既向 GPA 参加方提出了有关期限的新要求,也赋予了参加方一定的弹性。

(10)投标处理和合同授予。2012GPA 进一步简化和澄清了有关接受、开启和处理投标的基本要求,简化了有关合同授予的规定,从而为 GPA 参加方提供了确定性。

(11)变更和解除已经缔结的合同。2012GPA 有关不得通过变更和解除已经缔结的合同来规避 GPA 项下义务的规则是对 GPA 参加方提出的新要求。

1.5.3 国内审查规则的修订对参加方采购法律的影响

2012GPA 第 18 条是关于参加方国内审查机制方面的规定,其修订了 1994GPA 第 20 条关于参加方国内审查程序的规定，特别是澄清、补充了关于参加方国内审查处理机构方面的要求，而这些修订主要体现在以下几个方面：(1)细化了允许提起质疑程序的情形方面的规定；(2)2012GPA 对有关审查机构独立性的规定进行了实质性修改；(3)明确了可由一般行政机构作为处理供应商质疑投诉的初审机构；(4)补充和明确了独立行政审查机构作为唯一或终审质疑投诉处理机构的程序规则。

2012GPA 在国内审查规则方面的修订对参加方国内采购法律的影响可能体现在以下几个方面：(1)更加细化允许提起质疑投诉的情形，会促使 GPA 参加方重新审查其自身的采购法律，以确定其是否赋予供应商对所有违反 GPA 的情形提起质疑投诉的权利。(2)只要求负责处理质疑投诉的行政机构"独立于采购实体"，而不再要求行政审查机构成员"在任职期间应不受外部影响"的规定具有务实性，同时也赋予了参加方一定的灵活性。(3)明确可由一般行政机构作为处理供应商质疑投诉的初审机构，则在构建国内审查机制方面为参与方提供了更为广泛的选择权。(4)补充和明确独立行政审查机构作为唯一或终审质疑投诉处理机构的程序规则，则给参加方提供了确定性因素。

1.5.4 发展政策目标有关规则的修订对参加方采购法律的影响

2012GPA 对发展政策目标进行了细微修订，但就整体而言，可持续发展政策问题仍归属于 GPA 未来继续谈判的范畴。

首先，2012GPA 仍保留了关于"安全和一般例外"的规定，只是将其提前至第 3 条规定中。[1]

其次，2012GPA 第 2 条"适用范围和涵盖范围"的规定仍为利用适用

---

〔1〕 2012GPA 第 3 条第 2 款规定，在遵守关于此类措施的实施方式不构成对条件相同的参加方造成任意或不合理歧视的手段，或不构成对国际贸易的变相限制要求的前提下，本协定的任何规定不得解释为妨碍任何参加方采取或实施下列措施：(a)为保护公共道德、秩序或安全所必需的措施；(b)为保护人类和动植物的生命和健康所必需的措施；(c)为保护知识产权所必需的措施；(d)与残疾人、慈善机构或监狱囚工提供的货物或服务有关的措施。

范围来实施发展政策目标提供了可能性——如果被参加方附录Ⅰ的各附件的涵盖范围所排除,则可以运用发展政策目标。

再次,关于发展中国家的特殊规则。2012GPA 第 5 条规定了发展中国家可以享有的特殊待遇。在文字层面,与 1994GPA 文本相比其更为明确地给予了发展中国家特殊待遇。[1] 2012GPA 虽然规定了可能给予的优惠措施,例如,价格优惠、补偿、特定实体或部门的分阶段增加、高于其永久门槛金额的门槛金额等,但其所规定的实施期则过于短促。这些关于发展中国家特殊和差别待遇的规定具有明显的"软法"色彩,缺乏执行力。另外,申请加入方具体可能享受哪些范围的差别和特殊待遇则具有不确定性,其仍在一定程度上基于参加方之间的谈判,并最终取决于各方之间的谈判实力和经济实力。

最后,2012GPA 第 22 条"最后条款"中规定,委员会应通过下列项目的工作计划来开展进一步工作,从而促进本协定的实施和第 7 款规定的谈判的开展:(1)中小企业待遇;(2)统计数据的收集和发布;(3)可持续采购的处理;(4)各参加方附件中的例外和限制;(5)国际采购中的安全标准。其表明相关发展政策目标,尤其是经济类发展政策目标的处理,对于 GPA 而言仍将是一个有待进一步探讨的问题。2012GPA 第 22 条还规定委员会可以确定未来进一步开展工作的议题。[2]

就整体而言,2012GPA 有关运用政府采购实施政策目标的修订并未使其发生实质性变化。2012GPA 第 22 条也表明,有关中小企业待遇、可持续采购的处理等内容均属于悬置议题的范畴。

---

〔1〕 1994GPA 第 5 条规定,"各参加方在实施和管理本协定时,应通过本条所列规定,适当考虑发展中国家、特别是最不发达国家的发展、财政和贸易需要"。2012GPA 则将"适当考虑"修订为"应当给予特殊考虑"。

〔2〕 其他未来工作的议题包括有关 PPP 合同的问题,See Decision of the Committee on Government Procurement of 30 March 2012 (Annex B to Appendix Ⅱ of GPA/113, of 2 April 2012)。

1.5.5 采购统计数据新规对参加方采购法律的影响

1994GPA 已经向 GPA 参加方提出了收集和报告有关 GPA 所涵盖的采购统计数据的义务[1]。2012GPA 在 1994GPA 文本的基础上进行了以下几个方面的修订:(1)明确指出了统计报告的涵盖年限为 1 年,并应当在每个报告期限结束之后的 2 年内向政府采购委员会提交[2]。(2)简化了对统计报告涵盖内容的规定[3]。(3)为统计报告的提交提供了灵活的规定。由于统计的复杂性或其他原因,GPA 参加方有可能无法提供 GPA 所要求的采购统计数据,因而无法履行 GPA 项下的相关义务。考虑到这种现象存在的可能性,2012GPA 规定,如果 GPA 参加方无法提供 GPA 所要求的统计数据,则可以提供 GPA 所要求数据的估值,并且附上关于计算估值所使用方法的说明[4]。(4)出于对运用电子化采购方式的考量,2012GPA 允许通过不同方式来提交 GPA 所要求提供的统计数据。

有关采购统计数据的收集和报告的规则并不直接影响采购行为,而是涉及 GPA 参加方向 WTO 政府采购委员会的报告义务。为此,GPA 参加方并不需要对本国法律规则进行调整。

1.5.6 小结

2012GPA 对 1994GPA 的修订可以被划分为以下几种情形:(1)有些修订对成员方政府采购法律提出了具体要求,如 2012GPA 第 14 条对于运用电子拍卖方式所提出的具体要求。(2)有些修订对成员方政府采购法律提出了原则性要求。例如,2012GPA 第 4 条第 4 款(b)、(c)两项对采购行为的实施所提的原则性要求——采购实体应以避免利益冲突及

---

[1] 参见 1994GPA 第 19 条第 5 条。
[2] 参见 2012GPA 第 16 条第 4 款。
[3] 参见 2012GPA 第 16 条第 4 款(a)项和(b)项。
[4] 参见 2012GPA 第 16 条第 4 款(c)项。

避免腐败行为的方式实施被 GPA 所涵盖的采购。(3)有些修订进一步提高了规则的明确性和确定性。对于 1994GPA 规则存在的模糊之处进行澄清和细化,以提高规则的确定性。例如,2012GPA 在投标处理和合同授予规则方面的修订。(4)有些修订提供了裁量权的条款,肯定了 GPA 参加方在其政府采购法律中引入某些新机制、新采购方法或新制度安排或者新采购工具等。例如,2012GPA 文本中规定,可以将常用供应商名单运用于选择性采购程序之外的采购方法。(5)有些修订涉及向 GPA 参加方施加向 WTO 政府采购委员会报告的义务,如关于数据收集和报告义务。(6)有些修订涉及在 GPA 框架下构建机制以推动 GPA 的实施,如有关"涵盖范围的修改和更正"条文。

在上述范围中,只有前 4 种修订才有可能涉及 GPA 参加方的法律调整。其中:(1)对于提出新要求的条文,GPA 参加方负有调整其法律使其与 GPA 要求相一致的义务。前述提及的许多有关程序规则的修订都属于此类。(2)对于提出新原则性要求的条文,GPA 赋予了参加方采取各种路径来满足原则性要求的灵活性。由于成员方法律的多样性,成员方并不一定需要做出法律调整,只要其自身能证明其符合该原则性要求即可。(3)对原条文提供了明确性和确定性的条文,GPA 参加方需要审查自身的采购法律,是否符合该修订条文中所提供的确定性,在必要时进行法律调整。(4)GPA 提供裁量权的条款,往往附带一些最低要求。如果 GPA 参加方决定在其政府采购法律中引入相关采购方法、工具、机制等,需要符合 GPA 所提出的最低要求。

为此,中国作为申请方在进行政府采购法律调整的过程中也应当特别注意 2012GPA 文本的新规则及其特征,并在此基础上采取不同的应对措施。例如,核查我国政府采购法律是否满足新要求;核查是否能证明我国政府采购法律符合 GPA 新原则性要求;核查我国政府采购法律是否符合 2012GPA 对原有条文提供的明确性和确定性;核查我国政府采购法律是否利用了 GPA 所提供的裁量权空间,并满足其所提出的最低要求。若不能符合 GPA 规则的要求,则应进行相应的法律调整。

1.6 总结

目前中国加入 GPA 法律调整的背景已经与十多年前刚启动加入谈判进程时有所不同,并具体表现在以下三个方面:

首先,GPA 文本已经从 1994 年版本升级到 2012 年版本。因此,中国作为申请方在法律调整的过程中也应当特别注意 2012GPA 文本的新规则及其特征,并在此基础上采取不同的应对措施。

其次,十多年间中国政府采购制度已经有了新的发展,并将对加入 GPA 谈判和磋商产生影响。

最后,中国已经围绕《核查清单》与 GPA 参加方进行过法律调整磋商。上一轮磋商过程中所体现出来的问题将是下一轮磋商过程关注的重点问题,也是我国法律调整需要注重的关键问题。

综上,本书以 2012GPA 文本为标准和发展中的我国政府采购制度为基础,以法律磋商过程中所关注的重点问题为导向,构建出一个研究中国政府采购法律与 GPA 规则之符合性和适应性的分析框架,全面分析了我国政府采购法律与 GPA 的符合性,并提出法律调整的建议。

2. GPA 核心价值目标与我国政府采购法目标之比较

一个国家的政府采购法律制度,具有两方面的促进作用。第一,其常常以促进公共资金资源的有效利用为出发点和主要规制目标。第二,其同时促进了如经济、社会和环境政策目标等“其他”规制目标的实现。在政府采购法律的实践范畴上,前者常常被称为采购效益目标,[1]后者表现为通过采购法实施的大量经济(economic)、社会(social)和环境项目(environmental program)。在政府采购法理论范畴上,前者被称为主要政策目标(primary policy),后者被称为次要或者附属

---

〔1〕 比如,我国《政府采购法》第 1 条将“提高政府采购资金的使用效益”作为其立法宗旨之一。《联合国国际贸易法委员会公共采购示范法》“序言”中规定,“对采购加以规范,以促进下列目标:(a)采购尽量节省费用,提高效率……”

目标(secondary or collateral policy)。[1] 将这两类采购法目标作出“主要”和“次要”的分类本身就反映了西方政府采购法主流研究者的价值倾向性,即对通过政府采购法实施其他政策目标的消极立场,尤其表现为在国际政府采购法体制下对“次要”目标的限制性立场。[2] 近来,鉴于从国家政府采购法角度所观察到的“其他”政策目标大量存在这一事实,尤其是可持续发展政策正在成为现代政府采购法的重要目标,一些西方学者也开始转变思路,摒弃将采购目标做“主”“次”区分的做法,改用较为中性的其他区分方法,[3]本书则使用“发展政策目标”这一概念,这体

---

〔1〕 例如, Sue Arrowsmith, *European Communities: The Legality of "Secondary" Procurement Policies Under the Treaty of Rome and the Works Directive*, Public Procurement Law Review, 1992, p. 408 – 415; Arrowsmith S, *Public Procurement as an Instrument of Policy and the Impact of Market Liberalisation*, 111 Law Quarterly Review 235(1995)。在美国的背景下, See Eric Brill, *A Comparative Analysis of Green Procurement Practices As A Framework For New Far Provisions Aimed At Combatting Climate Change*, 50 Pub. Cont. L. J. 623(Summer 2021); Shawna D. Ganley, *Federal "Green" Product Procurement Policy in the United States*, Ctr. for Climate Change L., Colum. L. Sch. 2(Dec. 2013)(discussing the history U. S. federal "Green Product Procurement")。

〔2〕 比如,有学者曾这样评价以市场开放为主要价值导向的欧盟和 WTO 政府采购法对发展政策目标的忽视: The regimes of the EU and WTO have often been criticised for unduly favouring open markets when seeking to balance their open market policies with national governments' interests in using procurement for horizontal objectives。See Arrowsmith, S. *Public Procurement: An Appraisal of the Uncitral Model Law as a Global Standard.* 53 International and Comparative Law Quarterly 17(2004).

〔3〕 比如“平行政策”(Horizontal policies)目标, See S. Arrowsmith, "*Horizontal Policies in Public Procurement: A Taxonomy*", 10 Journal of Public Procurement 149(2010); Sue Arrowsmith & Peter Kunzlik, *Social and Environmental Policies in EC Procurement Law*, Cambridge University Press, 2009, p. 12。还有其他表达方式来表示这两类目标之间关系,比如连结点(linkages), See C. McCrudden, *Buying Social Justice: Equality, Government Procurement, and Legal Change*, Oxford University Press, 2015, p. 19; C. McCruden, *EC Public Procurement Law and Equality Linkages: Foundations for Interpretations*, IEEE(2009)。有关政府采购发展政策目标的其他文献可参见 Caranta & M. Trybus, *The law of Green and Social Procurement in Europe*, CopenhagenR. DJØF, 2011.

现了将政府采购作为实现政府广泛目标的发展政策工具的现实。[1]

然而,在 GPA 上,我们无法观察到经济效益目标的重要地位。相反,贸易自由化和市场准入是其主要的政策目标。以此为导向,GPA 对发展政策目标的消极立场却显而易见。

2.1 GPA 核心价值目标:国际贸易自由化和市场准入

GPA 序言阐明了 GPA 的立法宗旨和规制目标。根据这些立法宗旨的功能,可以将其归结为三类规制目标:第一,以实现世界贸易更大程度自由化和扩大为中心的目标;第二,以促进发展中国家的发展为中心的目标;第三,促进政府采购资金资源的有效利用和利用效率。研究发现,GPA 的制度设计以世界贸易自由化和市场准入为核心价值政策目标。

GPA 的首要目标是,"通过建立一个关于政府采购的多边框架,实现国际贸易更大程度的自由化和扩大,并改善实施国际贸易的框架"。[2] 而 GPA 法律制度的设计和构建,无不围绕着这一目标展开。该目标主要通过国民待遇和非歧视性原则来实现,辅之以有限的透明度原则和公

---

〔1〕 如果我们认为公共采购是一个灵活的(能够符合新的需求)和多功能的政策工具,以实现更广泛政策目标,而非仅仅为了以可能最低的价格获得所需的货物、工程或服务,那么我们就认识到公共采购不仅仅是一个行政程序。换句话说,除了行政程序本身之外,公共采购还是一种实现不同政策优先事项的公共政策工具。See Cravero, C. *Promoting Supplier Diversity in Public Procurement: A Further Step in Responsible Supply Chain.* 2 European Journal of Sustainable Development Research 08, (2018). 欧盟委员会已经认识到"需要从纯粹的行政方式转变为一种战略性和需求驱动的方式"。此外,欧盟委员会还确定了 6 个优先领域,"在这些领域中,明确和具体的行动可以将公共采购变成每个成员方经济政策工具箱中的有力工具,为采购结果带来实质性的利益"。所强调的首要战略优先事项是确保更广泛地接受战略性公共采购。See Final C, *Communication from the Commission to the European Parliament, the Council, the European Economic and Social Committee and the Committee of the Regions*, 10 Minerva Radiol. fisioterap. radiobiol 71 (2011); *Making Public Procurement work in and for Europe, Strasbourg*, An official website of the European Union (October. 3, 2017), http://ec. europa. eu/docsroom/documents/25612.

〔2〕 参见 2012GPA"序言"。

平、快速、有效的救济原则。GPA 虽然规定了发展中国家条款,但是这些条款对发展中国家所起的作用是非常有限的。

2.2 我国政府采购法律的立法目标与 GPA 目标之关系

2.2.1 《政府采购法》所确立的主要目标

《政府采购法》所规定的主要规制目标是“提高政府采购资金的使用效益”。这是政府采购法律上典型的立法目标。

2.2.2 《招标投标法》所确立的主要目标

《招标投标法》之前的招标投标规章的主要目标是对政府投融资体制进行管理,以便减少以非竞争的方式分配工程项目所造成的腐败和无效率。因此,现代采购制度中所确立的资金价值或者经济性目标在早期的招标规章中并非立法者所关注的主要问题。并且,《招标投标法》制定之前的招标投标规范都以标底为基础授予合同,该标准确定中标人合同授予的同时,实际上可能损害经济有效目标。即使采购人在合同签订前能够与中标人谈判(这是当时的一个常见现象),其也偏离了以市场为基础的招标投标机制的基本原则并使腐败的机会得以增加。

《招标投标法》在第 1 条确立了“提高经济效益,保证项目质量”的经济效益目标。它进一步改革了合同授予标准,废除了授予合同的标底标准,并采用了现代采购制度所接纳的以市场为基础的标准。

2.2.3 GPA 核心价值目标与国家政府采购制度目标之关系

如前所述,GPA 的核心价值目标是国际贸易自由化和市场准入,而我国政府采购法律的首要目标则与一般国家政府采购法所追求的主要规制目标一样,同属于经济效益目标(或资金价值目标或物有所值目标)。比较这两种主要目标的关系对认识 GPA 与我国政府采购法律制度的关系以及评估我国加入 GPA 的立场具有重要意义。

2.2.3.1 GPA 对实现经济效益目标的有限促进作用

虽然实现政府采购的经济效益这一目标内在地包含于 GPA 的目标之中,因为 GPA 能够通过政府采购中竞争的扩大,增加政府采购的透明度和客观性来支持实现政府采购的经济效益目标。如 2012GPA 在“序言”中规定,“认识到政府采购制度的完整性和可预期性对于公共资源的高效和有效管理,各缔约方的经济运行绩效,以及多边贸易体系的运行是不可或缺的”。但从 GPA 寻求实施的政策的意义上看,国家政策本身并不是 GPA 的“目标”。因此,GPA 并不关注其缔约国应该如何实现资金价值,也不关注其如何在资金价值目标和其他目标(如效率目标或者实施社会政策目标)之间寻求平衡。这需要由国家当局根据当地市场和具体条件来做出判断。[1] 2012GPA 的上述改进表述也不能将公共资源的有效配置作为 GPA 的主要规制目标,而改变 GPA 以国际贸易自由化和市场准入为核心价值目标的事实。其原因在于,GPA 规则的设计仅以非歧视性的市场准入为限,如 GPA 虽然也以实现资金价值为目的,但严格以歧视性采购行为不会对采购目标产生不利影响为限度。因此,这些规则对资金价值目标的规定只限于消除任何影响采购决策的歧视性行为。换言之,GPA 规则对资金价值目标的规定只限于消除任何影响采购决策的歧视性行为所必需,一旦达到这一程度,如何实现资金价值这一问题就留给了国家政府采购法律去处理。由于 GPA 关注的重点是政府采购产生歧视待遇的可能,而非国家政府采购法中一般关注的资金价值目标,因此国家政府采购法律中常见的其他规则,通常在国际政府采购法中不会出现,如要求承包商提交投标保证金,关于开标、评标等详细的采购法律。

2.2.3.2 GPA 对经济效益目标的消极作用

GPA 对经济效益目标的消极作用主要源自以市场准入为核心的政

---

〔1〕 参见[英]苏·艾茹史密斯:《WTO 中的政府采购》,曹富国译,经济科学出版社 2017 年版,第 164 页。

策目标。只要外国供应商能够拿到国内的政府采购合同,这一做法是否有利于国家财政资源的有效利用,则不在其主要关注范围之内。GPA 对国家政府采购发展政策目标的消极方面需要进行全面和审慎的评估,其主要表现在以下方面:

第一,GPA 的透明度要求可能增加国家政府采购的成本。尽管透明度的提高可以防止采购官员滥用裁量权,增加采购过程和决策的可问责性,但也会限制采购官员的创新性,并容易滋生一种以正当性而非以资金价值最大化为中心的采购文化,最终对经济效益目标的实现产生消极作用。

第二,采购周期更长,从而降低采购过程的效率和有效性。

第三,采购实体和成员方需要按照 GPA 官方语言发布有关采购信息,增加国家政府采购成本。

第四,GPA 下的大量信息报告义务增加了国家政府采购成本。例如,GPA 规定了严格的资料和信息提供义务(包括采购实体的义务和签署国的义务)。这种基于透明度的考虑而为成员国和采购实体施加的义务可能损害政府采购的经济效率政策目标。事实上,已经有西方评论者对此提出了批评[1]。

第五,国家供应能力的消失,使国家政府采购依赖国外市场。

2.3 我国政府采购发展政策目标与 GPA 核心价值目标之间的关系

我国《政府采购法》将实现经济效益目标作为首要目标。同时,其也在不同程度上确立了通过政府采购促进社会、经济和环境资源可持续发

---

〔1〕 See Sue Arrowsmith, *Towards a Multilateral Agreement on Transparency in Government Procurement*, 47 International and Comparative Law Quarterly 793(Oct., 1998).

展的政策目标。

2.3.1 《政府采购法》规定的发展政策目标

与《招标投标法》相比,《政府采购法》所规定的发展政策目标则非常明确。《政府采购法》第 9 条规定,"政府采购应当有助于实现国家的经济和社会发展政策目标,包括保护环境,扶持不发达地区和少数民族地区,促进中小企业发展等"。《政府采购法实施条例》第 6 条规定,"国务院财政部门应当根据国家的经济和社会发展政策,会同国务院有关部门制定政府采购政策,通过制定采购需求标准、预留采购份额、价格评审优惠、优先采购等措施,实现节约能源、保护环境、扶持不发达地区和少数民族地区、促进中小企业发展等目标"。

《政府采购法》第 10 条规定了采购国货政策:政府采购应当采购本国货物、工程和服务。但有下列情形之一的除外:(1)需要采购的货物、工程或者服务在中国境内无法获取或者无法以合理的商业条件获取的;(2)为在中国境外使用而进行采购的;(3)其他法律、行政法规另有规定的。前款所称本国货物、工程和服务的界定,依照国务院有关规定执行。

《政府采购法》的发展政策目标在国家发展政策中的重要作用已逐步得到了认识。为此,中央政府相关部门出台了一系列旨在将政府采购置于中心地位的政策和法律措施。[1] 这些政策措施包括"采购国货"政策[2]、

---

〔1〕 参见《国务院关于印发实施〈国家中长期科学和技术发展规划纲要(2006—2020年)〉若干配套政策的通知》(国发〔2006〕6 号)、《财政部关于实施促进自主创新政府采购政策的若干意见》(财库〔2006〕47 号,已失效)、《财政部和国家环保总局关于环境标志产品政府采购实施的意见》(财库〔2006〕90 号,已失效)、《节能产品政府采购实施意见》(财库〔2004〕185 号)、《政府采购进口产品管理办法》(财库〔2007〕119 号)。

〔2〕 参见《财政部关于印发〈政府采购进口产品管理办法〉的通知》(财库〔2007〕119 号);《关于政府采购进口产品管理有关问题的通知》(财办库〔2008〕248 号);《北京市财政局关于贯彻落实〈财政部关于印发政府采购进口产品管理办法的通知〉的通知》(京财采购〔2008〕621 号)。

绿色采购政策[1]以及自主创新政策[2]等。(本书第6章对此进行了详细讨论)

2.3.2 《招标投标法》与发展政策目标

《招标投标法》第66条规定,涉及国家安全、国家秘密、抢险救灾或者属于利用扶贫资金实行以工代赈、需要使用农民工等特殊情况,不适宜进行招标的项目,按照国家有关规定可以不进行招标。其中尤其以"属于利用扶贫资金实行以工代赈、需要使用农民工等特殊情况"为通过政府采购促进社会政策发展这一情况的典型。除此之外,《招标投标法》及其实体条例和有关规范性文件并没有明确规定其他发展政策目标,但分析《招标投标法》有关条款可以发现,存在通过《招标投标法》所适用的项目推行政府采购发展政策的可能性,尽管其不确定性较大。《招标投标法》将这些政策问题留给采购实体在招标文件中加以规定。因此,这些政策在招标投标实践中很可能通过资格审查程序、技术规格,或者在合同授予阶段得到实施。

《政府采购法实施条例》第7条规定,政府采购工程以及与工程建设有关的货物、服务,应当执行政府采购政策。这一规定确定性地将《政府采购法》上的发展政策扩展适用至《招标投标法》所适用的政府采购工程项目。

---

〔1〕 参见《国务院办公厅关于建立政府强制采购节能产品制度的通知》(国办发〔2007〕51号);《财政部、国家环保总局关于环境标志产品政府采购实施的意见》(财库〔2006〕90号);财政部、国家发展和改革委员会下发的《节能产品政府采购实施意见》(财库〔2004〕185号);《北京市财政局、北京市发展和改革委员会〈关于转发财政部、国家发展和改革委员会关于印发《节能产品政府采购实施意见》的通知〉的通知》(京财采购〔2015〕111号)明确要求,"根据'积极稳妥、分步实施'的原则,我市2005年在市本级全部预算单位实行,2006年扩大到各区县全面实行"。

〔2〕 参见《国务院关于印发实施〈国家中长期科学和技术发展规划纲要(2006—2020年)〉若干配套政策的通知》(国发〔2006〕6号);《财政部关于实施促进自主创新政府采购政策的若干意见》(财库〔2006〕47号);《自主创新产品政府采购评审办法》(财库〔2007〕30号);《自主创新产品政府采购预算管理办法》(财库〔2007〕29号);《自主创新产品政府采购合同管理办法》(财库〔2007〕31号);《自主创新产品政府首购和订购管理办法》(财库〔2007〕120号);《关于增强自主创新能力建设创新型城市的意见》(京发〔2006〕5号)。

2.3.3 我国政府采购发展政策目标与 GPA 核心价值目标之间的关系

在考察 GPA 与我国政府采购法律政策目标关系时，一个需要注意的关键性问题是两者不同的法律属性，即 GPA 是国际法，而我国《政府采购法》是国家法。这点决定了 GPA 的主要规制目标是开放国际政府采购市场，即“实现国际贸易更大程度的自由化和扩大化”，而我国《政府采购法》的主要目标是实现政府采购的经济效益，以及实现我国诸多的发展政策目标等。该价值目标的差异，决定了 GPA 与我国政府采购法律制度的冲突与协调关系的根本方面。

必须注意到的是，GPA 与我国《政府采购法》的政策目标在某些方面具有协调性和一致性，并尤其表现在采购程序方面。可以观察到的是，在全球、地区或双边范围内，尽管目标和重点有所不同，但以开放采购市场为目的所采取的程序与大多数国家为实现采购资金价值和促进采购的一致而采用的程序具有高度相似性。事实上，近来在很大程度上，国家和国际方面有关采购的一些新举措倾向于强化、巩固彼此之间的关系。[1] 因而，从总体上看，旨在开放国际市场的采购程序规则在很大程度上，与为实现资金价值和采购廉洁目标而制定的国家政府采购法律相似。由此，我国《政府采购法》的发展和改革与 GPA 的趋向在某种程度上具有相互支持和彼此强化的双向关系，如加入 GPA 可以在一定程度上提高我国政府采购的透明度，有助于改善我国采购法上的救济程序的有效实施，从而减少腐败行为的发生并促进实现廉政目标。

但是，基于 GPA 的国际法性质，以及其所确立的旨在开放政府采购市场的政策目标，GPA 与我国《政府采购法》所确立的政策目标间又存在严重冲突，并尤其表现在我国《政府采购法》上确立的“采购国货”等发展政策的需要。

---

〔1〕 对这一问题进行了更为详细的论述参见 Arrowsmith, Linarelli & Wallace, *Regulating Public Procurement: National and International Perspectives*. Kluwer Law International, 2000, p. 37 – 38。

首先,国民待遇原则是支撑 GPA 所追求的国际贸易自由化和更大程度开放目标的根本原则,这一政策目标直接与我国《政府采购法》上确立的“采购国货”政策目标相冲突。另外,GPA 明确反对政府采购中的有关本地含量、技术转移、投资要求、反向贸易等鼓励当地发展的“补偿”措施。尽管 GPA 对发展中国家降低了要求,但正如前文所述,仍需要评估其对发展中国家的实用性,而上述措施,正是我国实现经济、社会和环境可持续发展目标的重要手段。

因此,在加入 GPA 而进行法律调整的过程中应深刻认识到 GPA 与我国政府采购法律在可持续发展政策目标方面的差异,仔细研究 GPA 规则并评估 GPA 框架下可采取的促进可持续发展政策目标的具体机制和制度设计。(参见本书第 6 部分的讨论)

2.4 总结

GPA 的核心价值目标是促进国家贸易自由化和市场准入,为此 GPA 文本对其成员方政府采购制度在有关合同授予环节的透明度和非歧视方面提出了基本要求。

相较而言,我国政府采购法律的主要目标为“提高政府采购资金的使用效益”,即经济效益目标。可以观察到,GPA 对实现经济效益目标有促进作用,但较为有限。原因在于,GPA 规则的设计仅以非歧视性的市场准入为限。因此,这些规则对资金价值目标的规定只限于消除任何影响采购决策的歧视性行为。也就是说,GPA 规则对资金价值目标的规定只限于消除任何影响采购决策的歧视性行为所必需。一旦达到这一程度,如何实现资金价值这一问题则留给了国家采购法律去处理。由于 GPA 只关注政府采购中产生歧视待遇的可能,而非是国家法中一般关注的资金价值目标,国家采购法律中常见的其他规则,通常在国际采购体制中也不会出现,如要求承包商提交投标保证金,关于开标、评标等详细的采购法律。

此外,我国政府采购法律中还包含发展政策目标,并且这些政策目标在我国政府采购制度的发展中正变得越来越重要,相关制度设计也不断完善。GPA 与我国政府采购法律的政策目标具有协调性和一致性的方面。从总体上看,旨在开放国际市场的采购程序规则在很大程度上,与为实现资金价值和采购廉洁目标而制订的我国采购法律具有相似性。由此,我国政府采购法律的发展和改革与 GPA 的趋向在某种程度上是相互支持和彼此强化的,例如,加入 GPA 可以在一定程度上提高我国政府采购的透明度、促进廉政目标的实现。基于 GPA 的国际法性质,以及它所确立的旨在开放政府采购市场的政策目标,GPA 与我国政府采购法律所确立的政策目标又存在严重的冲突。这尤其表现在我国政府采购法律上确立的"采购国货"等发展政策的需要。

但可持续政府采购已经成为世界范围内主要国家政府采购制度的发展趋势,因此如何使 GPA 能够兼容这些发展政策目标,就成为 GPA 增加对潜在成员方吸引力的一个问题。我国在将 GPA 规定转换成我国政府采购法律时也应当注意研究 GPA 现有规则允许实施政府采购发展政策目标的空间及可能性。

3. 我国政府采购法律适用范围与 GPA 涵盖范围之比较

3.1 GPA 的适用范围

2012GPA 第 2 条第 1 款规定,“本协定适用于有关涵盖采购的任何措施,无论该项采购是否全部或者部分通过电子方式进行”。可见,“涵盖采购”(covered procurement)以及与涵盖采购有关的任何“措施”是确定 GPA 适用范围的关键。

3.1.1 涵盖采购的范围

3.1.1.1 定义或列举

GPA 用“涵盖采购”来确定其适用范围。从 2012GPA 文本来看,GPA 所涵盖的采购是指为政府目的而进行的采购[1],并包含以下内容:(1)采购涉及货物、服务或货物和服务的任何组合。GPA 所涵盖的货物、服务是指每一 GPA 成员方在附录Ⅰ中所列明的货物和服务;并且涉及这些货物、服务的采购不得用于商业销售或转售,也不得以用于供

---

〔1〕 参见 2012GPA 第 2 条第 2 款。

商业销售或转售的商品或服务的生产为目的。(2)采购的含义包括通过任何契约方式进行的交易行为,包括购买、租赁及无论有无购买选择权的租购或者分期付款购买。(3)涵盖的采购仅指采购公告合同预估金额等于或者高于GPA成员方在各自附录Ⅰ中所列明的有关门槛金额。(4)"采购实体"是指每个GPA成员方在GPA附录Ⅰ的附件1、附件2或者附件3中所列举的实体[1]。其中附件1列举了中央实体;附件2列举了次中央实体;附件3列举了其他实体。附件3主要列出了实施公用事业职能的机构,包括电力的生产和供应,自来水供应,城市交通网络的运行(有轨电车、地铁系统、公交车服务、轻轨),以及港口和机场设施的提供。但是,并不是所有的缔约方都提供了同样的实体范围。(5)采购未被排除在涵盖范围之外,也即采购未被2012GPA第2条第3款或者GPA成员方附录Ⅰ各附件从涵盖范围中排除。

可见,确定GPA涵盖采购的范围是一项复杂的系统工程。实际上,GPA涵盖采购的范围是GPA谈判的核心内容,也是GPA每次改革与发展的最为主要的内容。相较于之前的GPA文本,2012GPA文本引入了"政府目的"这一定义,试图寻找一个确定GPA涵盖范围的共同标准,但GPA成员方承诺义务范围的确定并不由这一抽象定义决定,相反,仍由成员方在附录中的具体承诺所决定。也即,GPA涵盖范围的确定仍然是基于GPA成员方之间的谈判而非共同规则所决定。[2] 比如,就附件3

---

[1] 参见2012GPA第1条(o)项。

[2] 但之前的东京回合协定并非如此。事实上,《东京回合政府采购守则》确定了一个适用于成员方的"最低共同一般标准"(lowest common denominator),即它适用于一切超过15万特别提款权、中央实体授予的供应合同(1987年减少为13万)。然而,《东京回合政府采购守则》所适用的范围有限。当GPA成员方欲扩大其适用范围的时候发现,在这个"最低共同一般标准"之外,不同缔约国准备开放竞争的政府采购具有很大的差别,特别是在中央以下的政府和公用事业市场上。在乌拉圭回合上,除了增加中央/联邦大型建筑工程合同外,在共同基础上增加任何采购几乎是不现实的。因此,GPA成员方一方面要大幅度扩大GPA的适用范围,另一方面又要维持确定适用范围的统一方法,似乎不太可能。GPA要么维持一个建立在共同的最低标准之上的较小的适用范围,要么放弃确定适用范围的统一方法,任由成员方基于对等互惠原则扩大GPA的适用范围。两者相权,GPA成员方最终选择后者而放弃前者。这种选择对GPA适用范围所产生一个重要影响就是,GPA极大地扩展了其适用范围,但其范围附件中也存在大量基于对等原则而形成的排除性规定,使GPA最终成为一个诸边协定。适用范围也成为申请加入GPA的国家之间需要谈判的内容之一。

而言,欧盟及其成员国列举了其《公用事业采购指令》所涵盖的水、能源、交通、邮政服务部门的采购实体。但是基于互惠原则,欧盟未将其附件 3 实体的某些采购活动向部分 GPA 成员方开放。例如,在欧盟认为日本未向其完全开放城市交通部门的采购市场之前,不向其开放部分交通部门的采购市场[1]。

3.1.1.2 不适用 GPA 的活动

2012GPA 第 2 条第 3 款将某些活动明确排除在 GPA 的适用范围之外。这些排除情形在之前的 GPA 中通常出现在某些 GPA 成员方附录 I 附件的备注或总备注中。而 2012GPA 将这些排除情形规定在 GPA 文本中则意味着,这类排除情形适用于所有的 GPA 成员方,相关成员方也无须通过谈判将这部分采购排除。当然,GPA 成员方仍然可以在附录 I 附件中通过备注方式继续进行排除性规定,而且其备注的效力要高于 GPA 文本的规定。

此类排除适用的情形具体包括:(1)租用或购买土地或现存建筑、不动产或者不动产权利。(2)非契约形式的协议或某个 GPA 成员方提供的其他形式的援助,包括合作协议、捐助、贷款(loan)、股权注入、担保及财政激励。(3)财务代理、储蓄服务、受规制金融机构的清算和管理服务采购,或者与公债(包含贷款、政府债券、票据及其他有价证券在内)的销售、回购、发行相关的服务采购。(4)公共雇佣合同。(5)为下列目的而进行的采购:①为提供国际援助的特定目的而进行的采购,包括发展援助;②根据与部队驻扎或一项目签署国联合执行有关的国际协定的特别程序或条件进行的采购;③根据一国际组织的特别程序或条件进行的采购,或由国际赠款、贷款或其他援助资助进行的采购,并且这些采购适用的程序或条件与本协定不一致。

---

[1] See Annex 3 of Appendix Ⅰ, European Union, WT/Let/1433, 5 May 2019.

3.1.1.3 安全和一般性例外

第一,基于基本安全利益的例外。

虽然GPA成员方大多都在附录Ⅰ的出价中对国家安全和军事采购进行了排除,但GPA文本仍然规定了有关基本安全利益的例外。2012GPA第3条第1款规定:

本协定的任何规定不得解释为妨碍任何参加方在与武器、弹药或军事物资的采购有关或与为了国家安全或国防目的所必需的采购有关的基本安全利益方面,采取认为必需的任何行动或不披露任何信息。

这款规定涉及对国家安全和军事采购的例外性规定。根据该项规定,如果某项采购活动即使属于GPA的涵盖范围,但如果其涉及与武器、弹药或军事物资的采购,或者与为了国家安全或国防目的所必需的采购有关的基本安全利益,GPA成员方可以采取其认为必需的任何行动或者不披露任何信息,也即可以不遵守GPA有关要求。GPA未解释什么是"为了国家安全或国防目的所必需的采购",也尚未确定与之相关的标准。

值得注意的是,如果GPA成员方在出价中明确将涉及上述基本安全的利益排除在GPA涵盖范围外,则其采购行为可以不受GPA要求的约束。但如果GPA成员方未在GPA出价范围内进行明确排除,而是依据2012GPA有关基于基本安全利益的例外进行排除适用,则可能需要证明其采取相关行动或者不披露任何信息的必要性及合理性。例如,所采取的措施基于基本安全利益的考量是必需的,且相对于所面临的具体情形而言是恰当的。

第二,一般性例外。

2012GPA第3条第2款规定了GPA适用的一般例外。

在遵守关于此类措施的实施方式不构成对条件相同的成员方造成

任意或不合理歧视，或者不构成对国际贸易的变相限制要求的前提下，本协定的任何规定不得解释为妨碍任何参加方采取或实施下列措施：(1)为保护公共道德、秩序或安全所必需的措施；(2)为保护人类和动植物的生命和健康所必需的措施；(3)为保护知识产权所必需的措施；(4)与残疾人、慈善机构或监狱囚犯所提供的货物或服务有关的措施。

这表明，GPA 成员方可以为了保护公共道德、秩序或安全、人类和动植物生命和健康、知识产权等对象而采取所必需的措施，也可以采取与残疾人、慈善机构或监狱囚犯所提供的货物和服务有关的措施，只要其实施不构成对其他 GPA 成员方的歧视或变相限制国际贸易。这些措施可能包括促进向本国残疾人或者监狱囚犯所生产的货物或服务实施优惠政府采购政策等。

3.1.1.4　涵盖范围的修改和更正

GPA 涵盖范围的修改和更正主要包括以下几个方面：

(1)程序性要求。

GPA 成员方在加入 GPA 之后，基于某种或某些原因的考虑，希望修改或更正其在 GPA 附录 I 附件中的出价。为此，2012GPA 第 19 条对以下几种修改和更正情形进行了规制：①更正；②将一个实体从某一附件中移至另一附件中；③将某一实体从附件中撤销；④对附录 I 相关附件的其他修订。2012GPA 第 19 条还为所有涉及修改和更正涵盖范围的情形设置了一个统一的规制框架，包括修改通知的内容及发布要求、对通知的异议、成员方之间的磋商、申请方对修改方案的修订、修改的实施、实质相当的涵盖范围的撤销等。此外，2012GPA 文本还授权政府采购委员会制定仲裁程序来促进修改过程中争议的解决，并规定了可以援引仲裁程序的情形。

(2)因“政府对实体的控制或影响有效消除”而将采购实体从承诺附件中撤销。

相较于 GPA 涵盖范围的其他修改和更正，将采购实体从承诺附件中撤销对已经通过谈判开放的采购市场的影响最大。为此,GPA 文本对这类涵盖范围的修改尤其关注。

因“政府对实体的控制或影响有效消除”而撤销承诺的基本逻辑是:一旦某实体失去了政府控制或影响,就可以推定该实体将会基于非歧视的商业因素进行采购,因而将其从 GPA 承诺中进行撤销也是合理的。欧盟公共采购法律就遵循了这一逻辑。

1994GPA 文本已经包含了因“政府对实体的控制或影响有效消除”而撤销承诺的规定。但其相关规定却很难实施,其中较为常见的问题是,某成员方希望基于这一理由删除某实体,而其他成员方并不认为这一实体确实脱离了政府影响和(或)控制。GPA 成员方就此问题存在争议,而 1994GPA 文本又未为界定“有效消除政府控制或影响”提供判断标准。无疑,GPA 提供合理的判断标准,及有效处理成员方之间争端的程序有其必要性,尤其是考虑到鼓励更多国家,包括拥有大型国营部门的国家加入 GPA 这一情形。

2012GPA 文本对此进行了新的突破。例如,其规定向拟撤销实体的修改方施加了举证的义务,即其必须在向 WTO 政府采购委员会递交“修改通知”时附证据以证明政府对相关实体的控制或影响已经消除;要求 WTO 政府采购委员会制定有关政府对某实体涵盖采购进行控制或影响已经有效消除的标准,并且要求修改方和异议方在进行磋商的过程中对其进行考虑;可以在 WTO 政府采购委员会制定有关便利争议解决的仲裁程序之后,通过仲裁程序来解决有关是否“有效消除政府控制或影响”的争议。

3.1.2 与涵盖范围有关的几个特别问题

3.1.2.1 “政府采购/公共采购”的界定

如前文所述,GPA 对何为“政府采购”或“公共采购”并没有进行统一规定,相反,成员方在附录Ⅰ的出价中各自对其内涵进行了定义。比如,加拿大在其附录Ⅰ附件 7 的总备注 4 中指出:就加拿大在 GPA 框架下的涵盖范围而言,“采购”被定义为——为了政府的直接利益或其使用而购买产品或服务的契约型关系;“采购过程”是指采购实体在决定其需求之后所开始的程序,并一直持续到合同授予的过程;“采购”并不包含一个政府实体或者政府企业与另一个政府实体又或者政府企业之间的采购。加拿大对“采购”的定义,限定了其在 GPA 下的义务范围。第一,它为“采购”确定了一个抽象的概念,虽然其仍然依赖列举而非定义来确定其出价义务。第二,它对“采购过程”的定义,确认了 GPA 对其约束的范围仅限于合同授予环节,而无关需求确定和合同履行环节。第三,所列举实体之间的交易,不属于 GPA 意义上的采购。这有效地排除了国有企业与国有企业之间、国有企业与政府实体之间的合同。

另外,从 GPA 成员方的具体出价情况还可以观察到,GPA 成员方将其政府采购法律上对“政府采购”或者“公共采购”的定义直接“搬到了”其具体出价中。这意味着,GPA 成员方依赖其国内政府采购法律对“政府采购”或者“公共采购”的界定来决定将哪些采购活动纳入 GPA 出价范围,哪些采购活动不纳入 GPA 出价范围。

3.1.2.2 PPP 项目采购

PPP 项目的采购是否属于 GPA 涵盖范围在很大程度上取决于 GPA 成员方将 PPP 项目纳入出价范围与否。从 GPA 成员方的最新出价来看,已经有欧盟、日本和韩国三个成员方将 PPP 项目纳入了 GPA 涵盖范围。[1]

欧盟在 GPA 附录 I 附件 6 中明确纳入了“工程特许经营合同”。但欧盟也对其施加了一定的限制性条件,例如仅开放 GPA 附件 1 和附件 2 所涵盖的中央政府实体和次中央政府实体所授予的工程特许经营合同,而未开放 GPA 附件 3 实体(公用事业实体)所授予的工程特许经营合同,其工程特许经营合同也仅向爱尔兰、韩国、立陶宛、挪威、荷属阿鲁巴

---

〔1〕 美国、加拿大和新加坡在自由贸易协定中都不同程度地开放了其 PPP 项目,只不过尚未在 GPA 项下开放。

以及瑞士的工程服务提供者开放。[1]

韩国将其在 GPA 项下对建筑服务的出价范围扩展至建设—运营—移交合同(BOT 合同)[2]。建筑服务合同是以任何方式实现土木工程或建筑工程为目标的合同,即联合国产品总分类第 51 项意义上的合同。此类合同包括适用 BOT 门槛价的建设—运营—移交合同。建设—运营—移交合同系指任何合同安排,其主要目的是规定建造或修复有形基础设施、厂房、建筑物、设施或其他政府拥有的工程,根据这种安排,采购实体作为供应商履行合同安排的对价,在一段规定的时间内向供应商授予临时拥有该工程的所有权或控制和经营权,并要求在合同期限内为使用此类工程支付费用。

PPP 合同不限于特许经营合同,其至少还包括政府付费型的 PPP 合同。在欧盟,政府付费并承担项目营收风险的 PPP 项目,被纳入了欧盟一般公共采购法律。因此,欧盟在 GPA 项下的出价项目实际上应当包含这类 PPP 项目。日本将其《促进私人融资项目法案》(Act on Promotion of Private Finance Initiative)所涵盖的所有项目纳入了在 GPA 项下出价的工程项目[3]。此类 PPP 项目也应属于政府付费型的 PPP 项目。

值得注意的是,GPA 政府采购委员会已经制订了一项有关"PPP 的运用、透明度及法律框架,及其与 GPA 涵盖采购的关系"的工作计划,试图进一步探讨有关 GPA 与 PPP 项目之规制问题[4]。同时这也表明,由于广泛的共识尚未达成,与 GPA 有关的 PPP 项目采购或将成为 GPA 未来谈判的议题。

3.1.2.3　国有企业采购

如前文所述,GPA 并未对哪些实体的采购活动应当纳入 GPA 涵盖

〔1〕 参见 https://egpa.wto.org/en/Agreement/lastest。

〔2〕 韩国在 GPA 附录 I 附件 6 的备注。

〔3〕 日本在 GPA 附录 I 附件 6 的备注。

〔4〕 See Decision of the Committee on Government Procurement of 30 March 2012 (Annex B to Appendix Ⅱ of GPA/113, of 2 April 2012).

范围制订统一的标准。从 GPA 主要成员方的出价来看,大部分成员方的出价都包括了国有企业。

欧盟及其成员国将其公共采购法律规制的国有企业采购活动纳入了 GPA 出价范围。欧盟并未对"国有企业"(SOEs)采购进行专门立法,相反,国有企业采购可能被纳入不同的采购法律中。如果某类国有企业属于政府拥有全部或者部分所有权的企业,那么这些企业可能属于欧盟公共采购法下的"受公法规制的实体",从而可能受到《公共部门采购指令》和(或)《公用事业采购指令》的规制;这些企业也可能因属于"公共企业"而受到《公用事业采购指令》的规制;鉴于欧盟在 GPA 框架下将其"受公法规制的实体"(附件 2 实体或附件 3 实体)及"公共企业"(附件 3 实体)的采购活动纳入了出价范围,那么符合"受公法规制的实体"或"公共企业"条件的国有企业的采购活动自然也属于 GPA 的规制范畴。当然,从欧盟公共采购法的角度看,还存在另一种情况,也即,如果某国有/公共企业既不属于欧盟公共采购法上的"受公法规制的实体",又不在《公用事业采购指令》所规制的领域,那么这些企业也可能不受任何欧盟公共采购法律的规制。实际上,欧盟公共/公用事业采购立法,并不专门基于所有权,这在欧盟公用事业采购法上也表现得尤为明显。

再如,加拿大在附件 3 中列入了 9 家联邦企业,加拿大邮政公司、国家资本委员会、加拿大自然博物馆等;日本附件 3 列举的 63 家"Group A"类实体大多是公共企业;韩国在附件 3 中列入了 13 家公共企业;新西兰在附件 3 中列入了被认为在垄断环境中运营的 4 家国有企业;澳大利亚在附件 2 中列入了 4 家国有企业〔1〕,在附件 3 中列入了 2 家国有企业〔2〕。

值得注意的是,GPA 成员方将国有企业列入出价时,也在备注中对

---

〔1〕 Cultural facilities corporation(Australian Capital Territory); land development corporation (Northern Territory); rural business development corporation(Western Australia); small business development corporation(Western Australia).

〔2〕 Export Finance and Insurance Corporation; Grains Research and Development Corporation.

这些实体的某些采购做了适用排除。例如,欧盟指出,如果采购实体从事的所列公用事业部门活动已经完全处于竞争环境下,则该实体为了实施相关公用事业活动而展开的采购行为不受 GPA 涵盖。[1] 再如,日本在附件 3 中指出,其附件 3 所列 A 组实体为日常营利活动(且这些活动处于市场竞争环境下)而授予合同的行为不被 GPA 涵盖。[2]

3.1.2.4 国防或军事采购

国防采购一般在定义上有广义和狭义之分。广义的国防采购是指包含了国防领域的采购实体所实施的任何采购行为,如包括办公用品、IT 设备、航空器、潜艇等。狭义的国防采购则仅指基于纯粹军事目的而实施的货物或服务采购,[3] 如潜艇、战斗机、装甲车、导弹及其附属服务。

从 GPA 文本来看,2012GPA 第 3 条第 1 款规定:

> 本协定的任何规定不得解释为妨碍任何参加方在与武器、弹药或军事物资的采购有关或与为了国家安全或国防目的所必需的采购有关的基本安全利益方面,采取认为必需的任何行动或不披露任何信息。

这一款规定涉及 GPA 对国家安全和军事采购的排除等内容。对于成员方纳入 GPA 涵盖范围的采购活动,如果采购是为了国家安全或者国防目的所必不可少的,且与基本安全利益的保护有关的,则可以利用此项规定将其排除。

从 GPA 成员方的出价来看,GPA 成员方一般将国防军事物资的采

---

〔1〕 See Note 1 to annex 3 of EU in Appendix Ⅰ: 1. Procurement for the pursuit of an activity listed above when exposed to competitive forces in the market concerned are not covered by this Agreement.

〔2〕 See Note 2 of Annex 3 by Japan, "This Agreement does not cover contracts which the entities in Group A award for purposes of their daily profit-making activities which are exposed to competitive forces in markets. This note shall not be used in a manner which circumvents the provisions of this Agreement".

〔3〕 狭义的国防采购也包括"双重目的"的技术采购(既包含军事目的,也包含非军事目的)。

购(狭义国防采购)排除在 GPA 出价范围之外,特定的国防普通物资的采购则被纳入 GPA 的出价范围。

美国在附录 I 附件 1 备注中明确列出了不受 GPA 涵盖的国防部采购物资的负面清单,因此其也可以在普遍意义上被理解为,除此之外,GPA 适用于所有国防部进行的采购。但是,不在此负面清单中的采购可以因援引 2012GPA 第 3 条第 1 款基于安全的例外而不适用 GPA。因此,美国在附录 I 附件 1 中又正面列举了一类货物清单,这类清单中的货物采购一般适用 GPA,但美国可以基于 2012GPA 第 3 条第 1 款安全例外将其排除。可以观察到的是,此类清单的范围非常广泛,包括图书、家具等通用物品。[1]

澳大利亚明确在附录 I 的附件 1 备注中完全排除了国防情报组织(the Defence Intelligence Organisation)、澳大利亚信号局(the Australian Signals Directorate)或澳大利亚地理空间情报组织(the Australian Geospatial-Intelligence Organisation)等"敏感"组织的采购,其在该备注中明确列举了不纳入 GPA 出价范围的国防部物资采购负面清单。同时,澳大利亚也正面列举了基于 2012GPA 第 3 条第 1 款安全例外而明确不适用 GPA 的服务采购的清单。[2] 基于 2012GPA 第 3 条第 1 款安全例外的这种列举,可以增加 GPA(不)适用的确定性,但如果货物或者服务未在这一名单中,不意味着不能继续基于 2012GPA 第 3 条第 1 款安全例外条款将某类采购排除。

欧盟在附录 I 附件 1 备注 4 中明确指出,对于国防和安全领域采购实体所实施的采购活动而言,仅将附件 4 中所包含的非敏感性、非战争

---

〔1〕 See UNITED STATES, *United States of America—Central Government Entities-Annex* 1, Integrated Government Procurement Market Access Information (e-GPA) Portal (June, 7. 2014), https://eg-pa. wto. org/en/Annex/Details? Agreement = GPA113&Party = UnitedStates&AnnexNo = 1&ContentCulture = en.

〔2〕 See AUSTRALIA, *Australia-Central Government Entities-Annex* 1, Integrated Government Procurement Market Access Information (e-GPA) Portal (Dec, 6. 2019), https://e-gpa. wto. org/en/Annex/Details? Agreement = GPA113&Party = Australia&AnnexNo = 1&ContentCulture = en.

物资涵盖在 GPA 出价范围之内[1],且在附件 4 中列出了相关产品清单。[2] 其没有基于 2012GPA 第 3 条第 1 款安全例外进行列举。

日本在附录Ⅰ附件 4 备注中正面列举了适用 GPA 的国防部采购物资的清单,但其基于 2012GPA 第 3 条第 1 款安全例外的规定仍然可以将这些采购排除。[3]

韩国也在其附录Ⅰ附件 4 备注中正面列举适用 GPA 的国防部和国防采购项目局(the Defense Acquisition Program Administration)采购产品的清单,但其基于 2012GPA 第 3 条第 1 款安全例外的规定仍然可以将这些采购排除。[4]

3.1.3 与涵盖采购有关的"任何措施"

根据 2012GPA 第 1 条(i)项对"措施"(measures)的定义,与涵盖采购有关的任何措施"指与涵盖采购有关的任何法律、法规、程序、行政指南或做法(practice),[5] 或采购实体所实施的任何行为。"这意味着,GPA 成员方所制订和颁布的与涵盖采购有关的任何法律、法规、程序和行政指南应当符合 GPA 要求,被纳入 GPA 出价范围的采购实体所实施的具

[1] See THE EUROPEAN UNION, *European Union-Central Government Entities * -Annex* 1, Integrated Government Procurement Market Access Information (e-GPA) Portal (July, 7. 2014), https://e-gpa. wto. org/en/Annex/Details? Agreement = GPA113&Party = EuropeanUnion&AnnexNo = 1&ContentCulture = en.

[2] See THE EUROPEAN UNION, *European Union-Goods * -Annex* 4Integrated Government Procurement Market Access Information (e-GPA) Portal (June, 7. 2014), https://e-gpa. wto. org/en/Annex/Details? Agreement = GPA113&Party = EuropeanUnion&AnnexNo = 4&Content Culture = en.

[3] See JAPAN, *Japan-Goods-Annex* 4, Integrated Government Procurement Market Access Information (e-GPA) Portal (June, 12. 2014), https://e-gpa. wto. org/en/Annex/Details? Agreement = GPA113&Party = Japan&AnnexNo = 4&ContentCulture = en.

[4] See KOREA, *Korea*, *Republic of-Goods-Annex* 4, Integrated Government Procurement Market Access Information (e-GPA) Portal (2016) https://e-gpa. wto. org/en/Annex/Details? Agreement = GPA113&Party = Korea&AnnexNo = 4&ContentCulture = en.

[5] 这里的"做法"可以理解为采购实体的任何经常性行为或者实践,即使没有反映在正式文件上。参见[英]苏·艾茹史密斯:《WTO 中的政府采购》,曹富国译,经济科学出版社 2017 年版,第 99 页。

体采购行为也应当符合 GPA 要求。例如,如果 GPA 成员方将某些国有企业实体及其采购活动纳入了 GPA 出价范围,那么该成员方不仅要保证与受 GPA 涵盖的国有企业采购活动有关的任何法律、法规、程序、行政指南或做法要受到 GPA 的约束,而且还要保证这些国有企业所实施的与涵盖采购有关的任何行为都要符合 GPA 要求。

3.2 我国政府采购法律适用范围与 GPA 的符合性

在加入 GPA 的背景下,我国政府采购法律在适用范围方面的调整主要面临以下三方面的问题:(1)《政府采购法》与《招标投标法》“两法”关系的协调问题;(2)因加入 GPA 而出价范围不断扩大所带来的新规制问题;(3)新兴采购方式的出现所带来的以往未曾出现且更为复杂的规制和协调问题。

3.2.1 “两法”关系及与 GPA 的符合性

3.2.1.1 “两法”关系及其协调

中国的政府采购或者公共采购活动主要由《政府采购法》和《招标投标法》两部法律(又称“两法”)规制。《政府采购法》适用于各级国家机关、事业单位和团体组织,使用财政性资金采购货物、工程和服务的行为。它从采购主体、采购资金来源性质以及采购对象等角度来界定其适用范围。《招标投标法》的适用范围则区分了依法必须招标的范围(强制招标范围)与非强制招标范围。《招标投标法》第 3 条规定,下列工程建设项目包括项目的勘察、设计、施工、监理以及与工程建设有关的重要设备、材料等的采购,必须进行招标:(1)大型基础设施、公用事业等关系社会公共利益、公众安全的项目;(2)全部或者部分使用国有资金投资或者国家融资的项目;(3)使用国际组织或者外国政府贷款、援助资金的项目。[1] 这属于强制招标范围。非强制招标范围是指上述强制性招标以外的在中华人民共和国境内进行招标投标的活动。根据《招标投标法》第 2 条的规定,中华人民共和国境内的"招标投标"活动都受到《招标投标法》的规制。

《招标投标法》对强制招标范围的定义方式意味着,无论任何主体,只要开展了大型基础设施、公用事业等关系社会公共利益、公众安全的项目,其采购活动都属于《招标投标法》的调整范围。从国家投融资的角度来确定《招标投标法》的适用范围,进一步将强制招标项目扩大至基础设施和公用事业项目之外的领域。

政府采购或者公共采购的不同定义方式使得"两法"在适用范围上存在交叉或者相互冲突之处。这一问题严重影响了"两法"结构和内容的设计。比如,《招标投标法》没有包括招标以外的采购方式,而《政府采购法》则未规定招标方式,并似乎将工程采购排除在其适用范围之外。就立法这一层面而言,立法者在立法过程中就已经关注到"两法"关系的这一问题,并试图对其加以协调。虽然《政府采购法》第 2 条的适用范围条款将工程采购纳入,但《政府采购法》第 4 条规定,政府采购工程进行招标投标的,适用《招标投标法》。《政府采购法》所设计的采购方法体系,仅包括货物或者服务采购。然而这种立法协调在实际上并未有效解决"两法"关系的问题。[2]

关于"两法"关系的第一个问题是工程采购的法律适用问题,也即,《政府采购法》第 4 条的含义是否导致《招标投标法》的整体适用,从而使《政府采购法》完全不适用工程采购,抑或仅导致招标程序的适用,从而使《政府采购法》中的其他制度,尤其是可持续发展政策、非招标方式、质疑投诉制度以及相关监管权适用于《招标投标法》下的政府工程?关于

---

〔1〕 参见《招标投标法》第 3 条。

〔2〕 关于《政府采购法》和《招标投标法》关系的讨论,参见曹富国:《公共采购法视野下"两法"关系之协调与区别立法》,载《国家行政学院学报》2012 年第 5 期。

“两法”关系的第二个问题是,《政府采购法》中的货物和服务招标活动是否适用《招标投标法》?

《政府采购法实施条例》《招标投标法实施条例》对“两法”关系进行了一定程度的协调。

首先,两条例对“工程”进行了统一定义,[1] 并都将其定义为:建设工程,包括建筑物和构筑物的新建、改建、扩建及其相关的装修、拆除、修缮等;与工程建设有关的货物,是指构成工程不可分割的组成部分,且为实现工程基本功能所必需的设备、材料等;与工程建设有关的服务,是指为完成工程所需的勘察、设计、监理等服务。有关“工程”的统一定义为“两法”关系的协调奠定了基础。

其次,《政府采购法实施条例》第 7 条规定,政府采购工程以及与工程建设有关的货物、服务,采用招标方式采购的,适用《招标投标法》及其实施条例。

又次,《政府采购法实施条例》确认将其非招标方式适用于《招标投标法》下的政府工程采购。《政府采购法实施条例》第 25 条规定:“政府采购工程依法不进行招标的,应当依照《政府采购法》和本条例规定的竞争性谈判或者单一来源方式采购。”值得注意的是,《政府采购法实施条例》就工程采购适用的其他采购方式的规定,未包含竞争性磋商采购方式。但《政府采购竞争性磋商采购方式管理暂行办法》规定,按照《招标投标法》及其实施条例必须进行招标的工程建设项目以外的工程建设项目,也可以采用竞争性磋商采购方式。这表明,不属于《招标投标法》强制招标范畴的政府采购工程,虽达到公开招标数额标准,也可以经批准后采用竞争性磋商程序。[2] 其对《政府采购法实施条例》的规定做出了

---

〔1〕 参见《政府采购法实施条例》(中华人民共和国国务院令第 658 号)第 7 条第 2 款;《招标投标法实施条例》(中华人民共和国国务院令第 709 号)第 2 条。

〔2〕 但是,在实施环节,《政府采购竞争性磋商采购方式管理暂行办法》(财库〔2014〕214 号)第 4 条仅提及了,“达到公开招标数额标准的货物、服务采购项目,拟采用竞争性磋商采购方式的,采购人应当在采购活动开始前,报经主管预算单位同意后,依法向设区的市、自治州以上人民政府财政部门申请批准”。这里并未提及工程采购的情形。

一定补充。然而,仍有待进一步澄清的是,非招标方式的引入是否也意味着有关政府采购的监管权、质疑投诉制度等《政府采购法》的相关制度将被作为一个整体引入。

再次,《政府采购法实施条例》确认将其可持续发展政策适用于政府工程采购。《政府采购法实施条例》第 7 条第 3 款规定,政府采购工程以及与工程建设有关的货物、服务,应当执行政府采购政策。《招标投标法实施条例》第 4 条第 3 款也规定,财政部门依法对实行招标投标的政府采购工程建设项目的政府采购政策执行情况实施监督。

最后,《招标投标法实施条例》协调了货物和服务政府采购招标投标的立法政策。《招标投标法实施条例》第 83 条规定,政府采购的法律、行政法规对政府采购货物、服务的招标投标另有规定的,从其规定。

但上述两条例并未有效解决“两法”之间的协调问题。

首先,《政府采购法实施条例》明确将非招标方式适用于政府工程采购项目,弥补了《招标投标法》下政府工程采购项目采购方式的不足。然而,非招标方式的适用是否仅仅为采购程序的适用,抑或《政府采购法》的相关制度的整体适用? 比如,政府采购信息公告有关规则、政府采购合同公开、有关救济及监督权都适用于政府工程采购。如果是前者,《招标投标法》下似乎有了一套适用于各种工程采购情势的采购方法体系,并构成了一种进步。然而,采购方式以及特定采购方式下的采购程序只是实现政府采购目标的程序保障,需要由质疑投诉制度以及有关部门的有效监管的保障。仅仅将非招标方式适用于政府工程采购而不适用与这些采购方式有关的相关制度是有问题的,也并不现实。比如,政府采购法律为非招标方式规定了配套的监管和实施保障,而在招标投标法律上则缺少这些制度。因此,对法律条文的整体解释似乎指向了《政府采购法》相关制度的整体适用。然而,如果是这种情况,则又会出现另外两个问题。第一,基于监管权等方面的考虑,在《招标投标法》下,招标方式可能被尽量多地适用,而在《政府采购法》下,招标方式的适用又可能会受到抑制,这会进一步加剧“两法”在采购方式适用情形上的不统一。

第二,同一个采购项目,因为采购方式的转换而适用不同的法律体系,其与法理逻辑不相符合。

其次,将《政府采购法》中的可持续发展政策适用于政府工程采购项目,且与非招标方式的适用不同,《招标投标法实施条例》明确了政府采购监管部门对这些政策实施的监督权。这是"两法"协调的进步。然而,这种监督权具体又有何所指?类似于前段讨论的有关问题依然存在。

再次,即使缓和了《招标投标法》下政府工程采购适用《政府采购法》的问题,《招标投标法》下政府工程以外的工程项目的采购,又如何能够适用非招标方式以及执行有关可持续发展采购政策?这又会进一步造成在《招标投标法》适用范围内采购政策的割裂。

最后,PPP 模式的兴起,又进一步助推了"两法"关系的混乱。多规则的存在意味着规则适用的不确定性以及可能存有的投机性选择适用。部分围绕"两法"适用所发生的案例具有深远的社会影响,且已屡见不鲜。近年来,随着 PPP 这一新兴采购方式的引入,"两法"间的冲突及其复杂性愈加凸显。一些地方政府甚至与市场合谋,以达到对"两法"适用进行投机性选择的目的。比如,同样的 PPP 项目,在为了避免"二次招标"问题时选择适用《招标投标法》,而在为能够利用可以控制的、更加灵活的竞争性磋商采购程序时则可能会选择适用《政府采购法》。

3.2.1.2 "两法"关系与 GPA 的符合性

不同的政府采购市场规则意味着具有差异性的市场和更高的交易成本。因此,GPA 对参加方提出了统一市场规则的要求,该要求甚至上升到了采购实体的做法(Practice)这一程度,因为采购实体成千上万,如若其做法不具有一致性,不仅会使政府供应商感到无所适从,还会大大增加其参与政府采购的成本。"九龙治水"型的投诉处理监管权分治模式不仅会导致这一重要机制的无效率,还进一步强化了规则异化和市场的分割。GPA 虽然原则上对参加方是否需要制订一部或多部政府采购有关法律不持立场,但法律规则清晰并具有一致性是 GPA 的内在要求。"两法"分治问题是 GPA 参加方的一项重要关切,并且已经成为参加方

《核查清单》磋商的重大议题。因此可以认为,我国政府采购法制统一是GPA 的内在要求。

3.2.2 国有企业采购规则及与 GPA 符合性

3.2.2.1 国有企业采购的规制现状

具体而言,国有企业采购制度的现状主要体现在以下几个层面:

(1)法律层面。

国有企业采购活动不受《政府采购法》的调整。考虑到“我国国有企业和国有控股企业面广量大,其职能和国家机关、事业单位、团体组织不同,为了保证企业经营自主权的落实”,立法机关未将国有企业和国有控股企业的采购,包括使用财政资金进行的采购纳入调整范围。[1] 国有企业的某些工程项目采购活动可能受《招标投标法》的调整,并包含了以下两种情况,一是国有企业开展的工程建设项目可能涉及大型基础设施、公用事业等关系社会公共利益、公众安全的项目或者属于全部或者部分使用国有资金投资或者国家融资的项目,因而其采购活动属于《招标投标法》第 3 条确定的依法必须招标的项目范围。二是国有企业“自愿”采用招标方式所进行的采购,因《招标投标法》第 2 条的规定而适用《招标投标法》。

(2)部门规范性文件层面。

在部门规范性文件层面,目前仅财政部发布了一份有关国有金融企业采购的规范性文件[2]。

(3)地方政府层面的规范性文件。

地方政府对国有企业采购活动进行规制的规范性文件呈现多样性的特征。

---

〔1〕 参见《关于〈中华人民共和国政府采购法(草案)〉的说明》,2001 年 10 月 22 日在第九届全国人民代表大会常务委员会第二十四次会议上全国人民代表大会财政经济委员会副主任姚振炎的发言。

〔2〕 参见《国有金融企业集中采购管理暂行规定》)(财金〔2018〕9 号),2018 年 2 月 5 日印发。

有些地方政府在规范国有企业管理活动的一般性规范性文件中对国有企业的采购活动进行了规范。例如，温州市人民政府于 2012 年 8 月 3 日发布了《温州市国有企业采购管理办法（试行）》[1]，其中规范了市属国有企业（国有独资、国有控股企业）的货物和服务采购活动。有些地方政府对国有企业的物资采购或者大宗物资采购专门制订了规范性文件，如厦门市[2]和宁波市[3]。其中厦门市颁布的规范性文件主要是鼓励通过招标方式采购物资并依据《招标投标法》的有关规定实施其招标采购活动。有些地方政府针对企业建立内部阳光采购制度的监督颁布了规范性文件。例如，山东省的一个规范性文件[4]适用于山东省人民政府国有资产监督管理委员会据省政府授权依法履行出资人职责的省属企业及其各级权属企业的物资、工程建设项目和社会服务等采购活动。[5] 该办法主要强调省属国有企业应当通过一系列的制度建设构建阳光采购制度，并对此提出了一些基本原则和要求。[6]

无论是在规范国有企业管理的一般性的规范性文件中制订有关国有企业采购的规范，还是对国有企业采购制订专门的规范性文件，有关国有企业采购规范的具体内容大都参考或依据《政府采购法》和《招标投标法》确立的采购规范。比如，前述温州市的规范性文件基本上复制了《政府采购法》有关货物和服务采购的规定。再如，《山东省省属企业阳

---

〔1〕《温州市国有企业采购管理办法（试行）》（温政发〔2012〕70 号），2012 年 8 月 3 日印发。

〔2〕参见《厦门市人民政府国有资产监督管理委员会关于规范所出资企业物资采购管理的指导意见》（厦国资企〔2008〕170 号），2008 年 6 月 10 日印发。

〔3〕参见宁波市国有资产监督管理委员会、宁波市监察局、宁波市公共资源交易管理办公室发布了《关于规范市属国有企业大宗物资采购管理的指导意见》（甬国资发〔2013〕15 号）。

〔4〕《山东省省属企业阳光采购监督暂行办法》（鲁国资财监〔2018〕1 号），2018 年 7 月 10 日发布。

〔5〕参见《山东省省属企业阳光采购监督暂行办法》（鲁国资财监〔2018〕1 号）第 2 条。该办法第 4 条第 3 款规定，该办法所称的社会服务，是指除前款所称物资和工程建设项目以外的其他各类专业服务，包括但不限于金融保险、物流运输、物业服务、审计评估、法律事务、咨询调查、检验检测等各类服务。

〔6〕《山东省省属企业阳光采购监督暂行办法》第二章规定，应当遵循企业主体原则、市场竞争原则、成本效益原则、阳光公开原则、资源共享原则和商业保密原则。

光采购监督暂行办法》直接将《企业国有资产法》、《政府采购法》、《招标投标法》、《山东省政府采购管理办法》(山东省人民政府令第 262 号)等法律法规作为立法依据。

然而,通过立法方式规范国有企业采购仍属少数情况,因此可以推断,大部分国有企业采购活动仅受其内部采购管理制度的约束。[1] 此外,在采购实践中已经有部分国有企业开始主动依据《政府采购法》及其相关规定开展其政府采购活动。

3.2.2.2 中国在 GPA 框架下对国有企业的出价现状

有关国有企业的内容是我国加入 GPA 进程中重要的谈判内容之一。以欧盟为主要代表的 GPA 成员方希望中方在国有企业采购市场的开放方面达到与其相当的水平。2014 年 12 月中国在加入 GPA 的第五次修改出价中首次纳入了 3 家国有企业。[2] 2019 年 10 月第六次修改出价扩大了对国有企业(新增 16 家)的出价范围。[3] 截至目前,中国已将 19 家国有企业纳入了 GPA 出价。

3.2.2.3 国有企业采购规则与 GPA 的符合性

将国有企业纳入 GPA 的出价范围对我国政府采购法律改革具有深远影响。首先,凡是被纳入 GPA 涵盖范围的采购活动都应当符合 GPA 要求,因而我国需要采取法律调整措施使得这部分被纳入出价的国有企业采购活动满足 GPA 要求;这意味着,我们至少需要将纳入 GPA 出价范围的国有企业一并纳入政府采购法律的调整范围内。其次,我们必须对国有企业对采购活动进行规制的必要性及其可选规制路径这一一般性问题作出回应。

---

〔1〕 例如,许多电力部门的国有企业制定了其内部采购管理制度,如国家电网公司制定了《国家电网公司招标活动管理办法》《国家电网公司非招标方式采购活动管理细则》等文件。

〔2〕 农业发展银行、中央国债登记结算有限责任公司,以及中国邮政集团(仅限于与基本邮政业务相关的采购)。

〔3〕 参见中国政府采购网:http://www.ccgp.gov.cn/wtogpa/news/201910/t20191022_13154151.htm,2022 年 9 月 22 日访问。

3.2.2.3.1 基于 GPA 符合性的国有企业规制

对已经纳入出价范围的国有企业而言,在加入 GPA 后,中国将如何确保被纳入 GPA 出价范围的国有企业采购活动符合 GPA 要求？因为无论我国政府采购法律是否规制这些实体的采购活动,一旦其被纳入 GPA 出价,有关受 GPA 涵盖的采购活动的规则都需要符合 GPA 要求。GPA 成员方有义务在 GPA 正式对其生效之前调整其政府采购法律,以确保这些实体受 GPA 规制的采购活动符合 GPA 要求。简言之,基于 GPA 之目的,我们需要为不受我国政府采购法律规制的国有企业采购进行新的采购立法,并将这部分国有企业采购纳入我国《政府采购法》的调整范围。

《政府采购法》(修订草案征求意见稿)第 17 条有关采购人的规定加入了"其他采购实体"。其他采购实体是指实现政府目的,提供公共产品和公共服务的那部分实体。适用本法的其他采购实体及其采购项目范围,由国务院确定。这似乎就是在为加入 GPA 的国有企业进行新的采购立法。

然而简单地将国有企业纳入《政府采购法》的调整范围这一做法也可能存在一定问题。对此,可以借鉴相关 GPA 成员方加入 GPA 时规制国有企业采购的经验。比如,新西兰、日本等政府采购市场整体规模较小的 GPA 成员方在加入 GPA 之前,其政府采购法律不规制国有企业。在加入 GPA 后,它们则都需要对纳入 GPA 规制范围的国有企业采购进行某种程度的规制,以满足 GPA 的要求。因此,这些国家可以为我们提供具有借鉴意义的经验。

一是新西兰的经验。新西兰在 GPA 项下的出价具备下述特征:在实体方面,新西兰在附件 3 中纳入了 14 家在不同领域运营的皇家实体,[1] 如

---

[1] 在新西兰,皇家实体是指《皇家实体法案 2004》中所列举的第一类列表中涵盖的实体。它们是拥有自己权利的法人实体,其职能的行使与政府之间适用臂长(arm's length)原则。皇家实体可能是:采购或融资实体;服务提供实体;咨询实体;非国有企业类贸易实体;拥有准司法职能的行政法庭;非议会办公室或行政法庭类的监督和监管实体;金融机构(financial institutions)。

旅游、航空、教育、交通。此外,新西兰也将部分《公共财政法案》所列的第四类组织[1],以及在航空、气象服务、铁路和电力领域运营的4家国有企业[2]纳入了出价范围。根据新西兰申请加入 GPA 时所实施的《政府部门采购的强制性规则(2006)》,皇家实体、《公共财政法案》所列的第四类组织以及国有企业都不属于需要强制实施政府采购法律的实体,这些实体各自对其政府采购活动负责任。可见,从谈判结果来看,新西兰确实将其政府采购法事先不强制规制的采购实体纳入了 GPA 的涵盖范围。根据新西兰的解释,之所以将上述4家国有企业纳入出价范围,是因为这些国有企业被认定为在垄断环境中运营。

在政府采购法律适用范围方面,为了使原本不受其政府采购法律规制,但却被纳入 GPA 出价范围的实体的相关采购活动符合 GPA 要求,新西兰于2015年3月在第3版《政府采购法律》中新增了一类实体,即不属于该法第6.1条和第6.2条类实体,但是却因为在 GPA 和其他贸易协议定下的承诺使得其所实施的涵盖采购需要受到相关规则规制的实体(以下简称仅须遵守 GPA 等国际采购法律的采购实体),并将其纳入了规制范围。《政府采购法律》并不适用于这类实体所实施的所有采购活动,而只有受 GPA 等国际采购法律涵盖的采购活动才受到这些规则的规制。这表明,对这类采购实体,新西兰仅在其国际承诺的范围内对这类实体的采购活动进行了最低程度的采购法律规制。

此外,被新西兰纳入 GPA 附件3出价清单的,于航空、气象服务、铁路和电力领域运营的4家国有企业[3],在新西兰《政府采购法律》所确定的适用主体清单中被列入了"被鼓励参照《政府采购法律》实施采购活

---

〔1〕"《公共财政法案》所列第四类组织"(Public Finance Act Fourth Schedule Organisations)是指具备特殊目的的理事会、信托、委员会、公司和其他法律实体。这些实体由政府部分或者全部拥有,但是政府对其管理依据"臂长"原则。

〔2〕国有企业是指根据新西兰《1986 国有企业法案》所设立的实体。这些企业属于承担有限责任的公司或者法定公司(statutory corporations),并且像商业企业一样运营。

〔3〕分别为 Airways Corporation of New Zealand Limited, Meteorological Service of New Zealand Limited, KiwiRail Holdings Limited, Transpower New Zealand Limited。

动的实体”[1]。这意味着,新西兰的《政府采购法律》对这几家国有企业的适用不是强制性的。若期望这 4 家国有企业的采购符合 GPA 规则,则需要其内部采购规则符合 GPA 要求。[2]

二是借鉴日本的经验。日本在 GPA 附录Ⅰ附件 3 中纳入了 70 家公共企业。例如,日本区域开发公司、日本邮政、城市开发公司、日本东部电信电话公司、日本西部电信电话公司、日本国际合作银行、日本石油、天然气和金属国家公司、东京地铁有限公司、日本烟草公司等。这些公共企业原本并不受政府采购法律的约束。在加入 GPA 的背景下,日本既未通过法律调整要求这些公共企业的采购活动遵守一般政府采购法律,也未为这些公共企业的采购活动进行特别立法。日本确保这些公共企业的采购活动满足 GPA 要求的路径是,将 GPA 转化成这些企业各自的会计或内部章程。这些会计或内部管理办法需要获得相关职能监管部门的批准或者授权并且对外进行公布。这意味着,日本通过相应职能部门对企业采购活动的监管来保证其采购活动满足 GPA 要求。但是对已经被私有化的公共企业或者已经在股票交易市场上市的公共企业,则不存在这类负有监管职能的职能部门。因此,日本采取了“会计和内部章程 + 职能部门监管”的模式。概言之,在加入 GPA 的背景下,日本并未对被纳入附件 3 的国有企业采购制订采购法律,而是授权职能部门监督附件 3 实体通过制订必要的会计或内部章程来履行 GPA 项下的义务。可见,相对于新西兰而言,日本对附件 3 实体履行 GPA 要求的实施措施更弱且更具有不确定性。

三是借鉴欧盟经验。欧盟在 GPA 项下的出价是基于欧盟政府采购法律,分为以下几种情况:第一,只有欧盟公共采购指令体系规制的采购

---

〔1〕 值得注意的是新西兰《政府采购法律》有关实体的分类与其所引用的实体清单的分类并不一致。参见 *Mandated Agencies-government Procurement Agencies Required to Apply the Government Procurement Rules*, New Zealand Government Procuremwnt, https://www.procurement.govt.nz/about-us/mandate-and-eligibility/eligible-agencies-procurement/。

〔2〕 这提出了一系列 GPA 义务实施及其遵守问题,比如,供应商救济问题如何解决?信息披露问题如何解决?GPA 所要求的统计报告义务如何履行?等等。

主体才会被纳入出价。第二,欧盟直接引用了其内部法律对采购主体的定义标准来确定其在 GPA 下的实体范围。第三,欧盟政府采购法律不规制的政府采购活动也被排除在 GPA 的出价范围之外。

欧盟是“国有企业”类实体出价范围最广的 GPA 成员方。虽然欧盟公共采购法律中不存在“国有企业”这一术语,但是国有企业有可能被认定为欧盟公共采购法律中的“受公法规制的实体”或者“公共实体”,从而受到相应公共采购指令的规制。对国有企业规制的主要原因是,欧盟认为这些国有企业可能受到政府影响而在采购中实施某些歧视措施,从而阻碍欧盟公共采购市场一体化。值得注意的是,欧盟并未对所有政府拥有全部或者部分所有权的企业进行规制,而是仅规制了其中的某些部分。

因此,中国加入 GPA 过程中应当在战略性层面对国有企业采购的规制问题进行决策:是决定采取新西兰、日本那类相对消极的、最少内容的规制路径,还是决定采取类似欧盟的主动的、统一的规制路径?

3.2.2.3.2　国有企业采购立法:一般性问题

然而,仅仅从 GPA 的视角来确定对国有企业进行采购立法并不符合逻辑,因为首先需要考虑的是国有企业采购立法的一般性法理问题(如立法规制的必要性以及如何规制等),然后再考虑国有企业采购市场是否对外开放之问题。因此,在加入 GPA 的背景下,我们首先需要回答,从完善我国国有企业治理的自身需要出发(而非从 GPA 的角度出发),应该确立一个什么样的国有企业采购制度,以及法律在多大程度上对国有企业采购进行干预。其次,如果对国有企业采购确实存在法律干预的必要性,那么我们需要进一步回答,基于名单列举或者基于原则确定国有企业政府采购法规制的范围?基于名单列举,似乎无助于确立国有企业采购法律规制正当性原则和客观标准。未来可能需要首先结合国有企业改革发展对国有企业进行类型化划分。其次,识别出可能需受到政府采购规制的国有企业的范围。例如,受政府采购法规制的国有企业的范围可能仅局限于涉及邮政、交通、水务、能源等公用事业领域的国有企业。最后,任何针对国有企业的政府采购法规制,还需注意到国有企业有别于政府主体的法律特征和运行特征,在制定具体采购法律时应当考虑赋予其更多的灵活性和裁量权。

3.2.3 国防/军事采购的规制问题

3.2.3.1 国防/军事采购规则

3.2.3.1.1 《政府采购法》对军事采购的适用

军事采购是否属于《政府采购法》规制范围这一问题存在争议。这些争议源于《政府采购法》及其相关法律对“国家机关”缺乏明确定义以及《政府采购法》第 86 条规定所带来的不确定性,具体围绕以下几个问题展开:

(1)“国家机关”是否包含军事机关?

《政府采购法》及其相关法律并未对“国家机关”这类采购主体的内涵和外延进行界定。从立法史的角度看,《政府采购法》调整的范围包括“各级国家权力机关、行政机关、审判机关、检察机关、政党组织、政协组织、工青妇组织以及文化、教育、科研、医疗、卫生、体育等事业单位”的采购活动。[1] 因此从立法意图和背景来看,“国家机关”一词的外延不包含“军事机关”。

但是,军事机关是行使国家部分国防职权并管理部分国防事务的机构。例如,《国防法》[2]第二章规定了“国家机构的国防职权”。据其规定,全国人民代表大会、全国人民代表大会常务委员会、中华人民共和国主席、国务院、中央军事委员会[3]、地方各级人民代表大会和县级以上地方各级人民代表大会常务委员会各自负有国防职权。因此,中央军事

---

〔1〕 参见《关于〈中华人民共和国政府采购法(草案)〉的说明》,2001 年 10 月 22 日在第九届全国人民代表大会常务委员会第二十四次会议上全国人民代表大会财政经济委员会副主任姚振炎的发言。

〔2〕 该法于 1997 年 3 月 14 日第八届全国人民代表大会第五次会议通过,自公布之日起施行。

〔3〕 《国防法》(2022 年修订)第 15 条。

委员会及其领导的武装力量[1]等军事机关与同样行使国家职权、管理国家事务的国家权力机关、行政机关、审判机关、检察机关理应被同等对待,同样被视为"国家机关"。

(2)对《政府采购法》第 86 条规定的不同理解。

《政府采购法》第 86 条规定:"军事采购法规由中央军事委员会另行制定。"对该条文可以有两种不同的理解:第一,军事采购具备特殊性,《政府采购法》不对其进行规制。从立法史的角度似乎可以得出这一判断。全国人民代表大会常务委员会认为考虑到"军事装备和军用物资的采购涉及国家的安全和机密,其采购过程不可能遵循透明、公开等原则",因此其在起草《政府采购法》时"未将军事采购纳入调整范围,而在附则一章中规定军事采购法规由中央军事委员会另行制定"。[2] 这也意味着《政府采购法》不适用于军事采购。第二,军事采购适用《政府采购法》但其实施法规则另行制定。如果军事采购确实不属于《政府采购法》的规制范围,《政府采购法》应当明确规定,军事采购不适用本法,有关军事采购的法律、法规由全国人民代表大会常务委员会、中央军事委员会另行制定。然而现行《政府采购法》并未明确排除对军事采购的适用,并且根据《立法法》的规定,中央军事委员会仅具有军事法规的制定权,中央军事委员会在制定军事法规时应当依据宪法和法律。[3] 因此,从文义解释的角度看,《政府采购法》作为法律仍然一般适用于军事采购,除非军事采购依据《政府采购法》第 85 条基于国家安全或者国家秘密而被排除适用。

此外,《国防法》第 37 条规定,国家依法实行军事采购制度,保障武装力量所需武器装备和物资、工程、服务的采购供应。可见,《国防法》也为军事采购法律和法规的制定提供了法律依据。

---

[1] 《国防法》(2022 年修订)第 22 条。

[2] 参见《关于〈中华人民共和国政府采购法(草案)〉的说明》,2001 年 10 月 22 日在第九届全国人民代表大会常务委员会第二十四次会议上全国人民代表大会财政经济委员会副主任姚振炎的发言。

[3] 《立法法》第 103 条规定,中央军事委员会根据宪法和法律,制定军事法规。

3.2.3.1.2　现行国防/军事采购法规

对现行国防/军事采购法规的理解围绕以下几个方面展开:

(1)基本框架和特征。

或许是基于对"军事装备和军用物资的采购涉及国家安全和机密"的考虑,在长期以来,军事采购法规并不对外公开。但是由已经公开发布的文章或者部分军事采购法律可知,目前军事采购法律主要包含两大部分:一是有关武器装备的采购法律;二是有关军事物资、工程、服务的采购法律。

在武器装备采购法律方面,在《政府采购法》颁布之后,2002 年 10 月中央军事委员会颁布了《中国人民解放军装备采购条例》;2003 年 12 月总装备部陆续制定了《装备采购计划管理规定》《装备采购合同管理规定》《装备采购方式与程序管理规定》《装备承制单位资格审查管理规定》等军事规章[1]。这些军事法规和军事规章构成了装备采购法规体系。

在军事物资采购法律方面,2002 年 2 月,总后勤部根据中央军事委员会批转的《深化军队物资、工程、服务采购改革总体方案》,相继颁布了《军队物资采购管理规定》《军队物资招标管理规定》等 10 多部规范军队物资采购的军事法规、规章,以及各军兵种、各军区制定的军事采购规章。

虽然无法公开获取有关军事法规、规章或规范性文件的全部规则,但是从已有信息来看,目前确立的军事采购制度既体现出了《政府采购法》所要求的基本原则,又突出了某些军事采购的特征。例如,《中国人民解放军装备采购条例》也规定了公开招标采购、邀请招标采购、竞争性谈判采购、单一来源采购、询价采购以及"总装备部认可的其他装备采购方式"这几种采购方式。其中,采购金额达到规定的限额标准以上、通用性强、不需要保密的装备采购项目,采用公开招标方式采购。军队装备

---

〔1〕 参见李硕:《完善立法　护航军队采购》,载政府采购信息网 2017 年 2 月 27 日,http://jundui.caigou2003.com/junduicaigou/2787938.html。

采购也实施集中采购制度[1]。

(2)发展趋势。

军队采购制度的透明度逐步提升。近几年来,随着军队建设的发展、军事物资采购和军事武器装备采购都已经开始建设各自的网络信息平台,对外发布采购机会、中标公告等。[2] 其中“军队采购网”所标明的采购目标是:公开、公平、公正、规范、阳光和透明;“全军武器装备采购信息网”也实现了一定条件下的透明并且公开了与装备采购有关的军事法规、规章或规范性文件的节选。

此外,军队采购的战略性特征也日益明显。例如,2014 年为了加强竞争性装备采购管理,提高装备采购效益,总装备部制定了《竞争性装备采购管理规定》[3]。该规范性文件专章规定了“竞争保护”[4],对于竞争主体少、尚未形成稳定竞争格局、技术或者产品军事专用性强的装备采购项目,竞争失利方自筹经费、形成实物型或创新性技术成果的,可以通过竞争保护,鼓励和扶持竞争失利方继续参与后续竞争。[5] 总管分管有关装备的部门、军兵种装备部装备采购合同订立部门可以根据实际情况,选择下列一种或者多种保护方式:项目补偿、分包补偿、经费补偿或总装备部认可的其他补偿方式。[6]

3.2.3.2 中国在 GPA 下的军事采购出价

2019 年 10 月,我国提交了第六份修改 GPA 出价清单,首次列入军事部门,[7] 虽然被列入军事部门的具体名单目前尚未公开。根据目前其他 GPA 成员方有关国防和军事采购出价的范围,可以推断我们这次出价的范围也会集中在军事通用物资的采购领域,不会涉及武器以及国防

---

〔1〕 参见《同类型装备集中采购管理规定》(装法〔2003〕9 号)。

〔2〕 军队采购网(https://www.plap.cn/);全军武器装备采购信息网(http://www.weain.mil.cn/)。

〔3〕 《竞争性装备采购管理规定》(装法〔2014〕3 号),2014 年 11 月 28 日发布。

〔4〕 参见《竞争性装备采购管理规定》(装法〔2014〕3 号)第七章。

〔5〕 参见《竞争性装备采购管理规定》(装法〔2014〕3 号)第 24 条。

〔6〕 参见《竞争性装备采购管理规定》(装法〔2014〕3 号)第 26 条。

〔7〕 参见 http://world.people.com.cn/n1/2019/1022/c1002-31412418.html。

安全等敏感采购领域。

3.2.3.3 纳入 GPA 出价的军事实体之采购法律问题

依据 GPA 规定,凡是被纳入 GPA 规制范围的涵盖采购活动都必须遵守 GPA 要求。因此,首次被纳入 GPA 涵盖范围的军事部门在实施涵盖采购的过程中也应当遵守 GPA 要求。由于目前无法获取完整的实体名单以及相关的采购法律,因此尚无法判断规制这些军事部门相关采购活动的采购法律是否符合 GPA 要求。

3.2.3.4 加入 GPA 背景下完善国防和军事采购制度

依据 GPA 规定,凡是被纳入 GPA 规制范围的涵盖采购活动都必须遵守 GPA 要求。基于这一逻辑,被纳入 GPA 涵盖范围的军事部门在实施涵盖采购时所遵循的采购法律也应当符合 GPA 要求。从我国采购法律调整的角度来看,未来有以下几种可以选择的路径:(1)研究已经被纳入出价范围的军事部门采购所依据的采购法律与 GPA 要求之间的符合性,并对其不符之处进行法律调整;(2)在我国《政府采购法》进行法律调整之时规定,军事部门被纳入 GPA 出价范围的采购活动应当遵守《政府采购法》的相关规则,因为此类采购活动一般仅涉及国防通用物资的采购。从 GPA 成员方的规制经验来看,这部分国防军事采购活动也受到一般政府采购法律的规制。

此外,需要在新时代背景下重新认识《政府采购法》与国防和军事采购之间的关系。虽然从立法背景来看,立法机关在立法之初可能未考虑将军事采购纳入《政府采购法》的调整范围,但《政府采购法》第 86 条的规定也意味着,法律仅授权中央军事委员会制定军事法规的权力,而非将军事部门采购排除在其适用范围之外,因而,军事采购仍然需要依据《政府采购法》。同时,从近几年来我国军事采购制度不断发展的结果也可以观察到,现行军事采购制度切实体现了《政府采购法》所确立的采购基本原则,如军事物资采购应当追求公开、公平、公正、规范、阳光和透明等目标;装备采购也应当采用公开招标、邀请招标、竞争性谈判、单一来源采购、询价等《政府采购法》所确立的基本采购方式。总之,我国未来政府采购法律改革,仍然需要考虑国防与军事部门采购的一般性与特殊性问题。

3.2.4 PPP 模式、GPA 与我国政府采购法律的改革

PPP 模式的发展为政府采购法律适用范围的确定带来了更为复杂的规制问题,具体表现为三点:一是对 PPP 性质和本质特征的不同认识,导致 PPP 采购的法律适用存在困境。比如,PPP 本质上是政府购买服务,这一性质可能引起《政府采购法》的适用;然而 PPP 项目大都涉及施工工程,因此又可能基于《招标投标法》第 3 条的规定引起《招标投标法》的适用。二是不同 PPP 项目的交易类型也可能使 PPP 采购的法律适用存在困境。比如,特许经营类型的 PPP 项目,可能适用《招标投标法》,而政府付费型的 PPP 项目,可能适用《政府采购法》。三是《政府采购法》或《招标投标法》的框架,尤其是采购方式和采购程序规则,可能无法完全满足 PPP 模式的复杂性的要求。

在 GPA 框架下,已经有些 GPA 成员方(如欧盟)将政府付费类的 PPP 项目纳入 GPA 涵盖范围,并且将工程特许经营类 PPP 项目对某些成员方进行开放;有些成员方(如日本)将其国内民间主动融资(PFI)法律所规制的 PPP 项目纳入了 GPA 出价范围;有些成员方(如韩国)将其 BOT 项目纳入了 GPA 出价范围。但从总体上看,PPP 采购项目这一问题在 GPA 项下还尚未完全达成共识,PPP 项目纳入 GPA 规制的问题,在很大程度上取决于 GPA 成员方有关 PPP 的实践和法律规制的发展。

在加入 GPA 的背景下,我国似乎应考虑是否将 PPP 模式纳入 GPA 出价范围;而如果将其纳入 GPA 出价范围,从我国法律调整的角度来看,则要确保被纳入 GPA 出价范围的 PPP 项目政府采购活动都应当符合 GPA 要求。这意味着,无论 PPP 采购活动受到哪部采购法的规制,也无论其是否受到某些特殊采购法律的规制,支配其采购活动的规则都必须符合 GPA 的要求。

对此,我们需要协调《政府采购法》和《招标投标法》在 PPP 采购适

用上的关系,并改革相关规则使其能够为复杂采购模式提供有效的采购法律。具体而言,可以考虑从以下几个方面入手来完善现行政府采购法律:(1)从本质上把握PPP的特征和类型化,寻求"两法"关系在适用PPP项目采购上的协调和统一,或者单独制订PPP法。(2)确立对采购模式选择的"政策中性"原则,以物有所值的评估和比较的结果来确定公共服务采购模式的选择,包括传统采购模式或者PPP模式。(3)提供更符合PPP项目特征的采购法律。一方面,考虑到PPP采购项目的长期性和复杂性,需要提供灵活性的规制框架;另一方面,也应当注意灵活性的规制框架只有在与适当的透明度、平等对待、非歧视、程序效率等要求相配套时,才能保证竞争机制的有效性和整个法律制度在公平与效率之间的平衡。

4. 我国政府采购程序规则与 GPA 之符合性与适应性

4.1 采购方式的选择与适用

2012GPA 第 4 条第 4 款对成员方政府采购活动的实施提出了基本要求,即采购实体应当以透明和公正且符合下列要求的方式实施涵盖采购:(1)与 GPA 要求相一致,使用公开招标、选择性招标及有限招标等采购程序;(2)避免利益冲突;(3)避免腐败行为。这意味着,公开招标、选择性招标及有限招标等采购方式的选择与适用需要与 GPA 要求相一致;而且,采购活动的实施也必须满足 GPA 有关避免利益冲突和防止腐败的要求。

4.1.1 GPA 所认可的政府采购程序框架

公开招标、选择性招标和有限招标是 GPA 所认可的三种政府采购程序框架(有时简称为采购方式)。之所以使用“采购程序框架”而非“采购方式”这种表达方式,是因为 GPA 所规定的“公开招标”、“选择性招标”和“有限招标”可以包容多种不同的采购方式,其不一定对应于国家采购法上某种具体的采购方式。例如,“公开招标”可能对应 GPA 成员方政府采购制度中的多种采购方式。因此,若想探讨采购方式与 GPA 的符合性,应首先研究 GPA 的采购程序框架的制度特征,GPA 的三种政府采购程序框架的讨论如下。

4.1.1.1 公开招标和选择性招标

在 GPA 中,公开招标(open tendering)是指所有感兴趣的供应商都可以参与投标的采购方式[1]。选择性招标是指仅有符合资格条件的供应商才被采购实体邀请提交投标书的采购方式[2]。两者之间的主要区别是,在公开招标程序中,任何感兴趣的供应商都具有投标权,能够提交投标书,而在选择性招标程序中,只有符合资格条件的供应商可以参与投标。“符合资格条件的供应商”或者“合格供应商”指采购实体认可其已经满足了参与条件的供应商。这意味着,GPA 的公开招标程序并不包含涉及资格预审的程序,因为其强调只要感兴趣的供应商都有权提交投标书。相反,选择性招标程序则包含资格预审程序,理由是只有通过资格预审程序的供应商才可以参与投标,并且原则上符合资格预审条件的所有供应商都应当被邀请参与特定采购项目,除非采购实体在资格预审公告[3]中列明了允许进行投标的供应商数量的任何限额和选择有限数量供应商的标准[4]。

GPA 并未对公开招标和选择性招标分别制定各自的采购程序规则。除非有特别说明,相关采购法律既适用于公开招标也适用于选择性招标。这意味着 GPA 为公开招标和选择性招标规定了许多共同适用的规则,如它们都被要求进行竞争,被要求在媒体上刊登合同公告,被要求制定供应商资格审查和授予合同的标准和程序。然而,某些采购法律只适

---

〔1〕 参见 2012GPA 第 1 条(m)项。

〔2〕 参见 2012GPA 第 1 条(q)项。

〔3〕 2012GPA 并未包含“资格预审公告”这一术语。但是从其第 9 条第 4 款(a)项的相关内容来看,其所指的包含 2012GPA 第 7 条第 2 款(a)项、(b)项、(f)项、(g)项、(j)项、(k)项和(1)项内容的采购公告,本质上应该就是资格预审公告。

〔4〕 参见 2012GPA 第 9 条第 5 款。

用于选择性程序,如发布资格预审公告、向符合资格条件的供应商发布招标邀请公告[1]、向符合资格条件的供应商提供招标文件的时间。[2]

4.1.1.2 有限招标

一般而言,GPA 涵盖采购必须通过公开招标或选择性招标中的一种采购程序框架实施。但是,在特定情形下,GPA 允许采购实体背离公开招标或者选择性招标的大部分采购法律[3]而采用有限招标。

在 GPA 中,有限招标又被称为"非正式"的采购程序框架。GPA 将"有限招标"界定为采购实体自行选择与一个或多个供应商进行联系的采购方法。[4] 这意味着,"有限招标"至少包含了以下几类情形:第一,采购人与单一供应商进行联系并授予合同的方式,也即单一来源采购;第二,采购人自行选择与多个供应商进行联系,并采用包含竞争性要素的采购方式确定最终成交供应商;第三,采购人自行选择与多个供应商进行联系,采用不含竞争性要素的采购方式确定最终成交供应商。

即使存在一定竞争的可能性,GPA 也并未强制要求适用有限招标的情形必须一定要进行竞争。在可以运用竞争性采购方式的情形下,GPA 将是否运用竞争性方式的裁量权赋予了其成员方。但是,GPA 文本对于适用有限招标的采购有一项原则性的要求,即采购实体不能以避免供应商之间的竞争为目的,或者以歧视其他参加方供应商为目的,又或以保护本国供应商为目的而适用有限招标。[5]

GPA 附件 1 描述了 GPA 中可以适用有限招标的具体情形。GPA 对可以运用有限招标的具体情形进行了穷尽式列举(参见本文附件 1:GPA

---

〔1〕 2012GPA 中并未包含"招标邀请公告"这一术语。但是从其第 9 条第 4 款(b)项的相关内容来看,其所指的包含 2012GPA 第 7 条第 2 款(c)项、(d)项、(e)项、(h)项、(i)项内容的信息,本质上是指进行资格预审之后,开始招标程序之时向符合资格条件的供应商所发布的招标邀请公告。

〔2〕 参见 2012GPA 第 9 条第 4 款至第 6 款。

〔3〕 根据 2012GPA 第 13 条第 1 款的规定,采购实体可以选择不适用第 7 条至第 9 条、第 10 条(第 7 款至第 11 款)、第 11 条、第 12 条、第 14 条和第 15 条。

〔4〕 参见 2012GPA 第 1 条(h)项。

〔5〕 参见 2012GPA 第 13 条(1)项。

中可以适用有限招标的具体情形),这说明无论有何理由,GPA 未提到的情形都不能成为不采用公开招标和选择招标而采用有限招标的条件。

4.1.2 我国政府采购法律上的采购方式与 GPA 采购方式之对应关系

《政府采购法》规定了以下几类政府采购方式:(1)公开招标;(2)邀请招标;(3)竞争性谈判;(4)单一来源采购;(5)询价;(6)国务院政府采购监督管理部门认定的其他采购方式。

4.1.2.1 我国政府采购法律上各类采购方式的定义

我国政府采购法律的采购方式主要包括公开招标、邀请招标、竞争性谈判、单一来源采购、询价,以及国务院政府采购监督管理部门认定的其他采购方式,它们的具体定义如下。

(1)公开招标

关于"公开招标",有以下几则定义:根据《招标投标法》,公开招标是指招标人以招标公告的方式邀请不特定的法人或者其他组织投标。[1]《政府采购法》和《政府采购法实施条例》则未对"公开招标"进行界定。根据《政府采购货物和服务招标投标管理办法》,公开招标是指采购人依法以招标公告的方式邀请非特定的供应商参加投标的采购方式。[2] 因此,"两法"体系关于公开招标的定义并无实质性差异。

(2)邀请招标

根据《招标投标法》,邀请招标是指招标人以投标邀请书的方式邀请特定的法人或者其他组织投标[3]。《政府采购法》第 34 条规定了货物或服务项目邀请招标的程序,即"货物或服务项目采取邀请招标方式采购的,采购人应当从符合相应资格条件的供应商中,通过随机方式选择三家以上的供应商,并向其发出投标邀请书"。根据《政府采购货物和服

---

〔1〕《招标投标法》第 10 条第 2 款。

〔2〕《政府采购货物和服务招标投标管理办法》(中华人民共和国财政部令第 87 号)第 3 条第 2 款。

〔3〕《招标投标法》第 10 条第 3 款。

务招标投标管理办法》,邀请招标是指采购人依法从符合相应资格条件的供应商中随机抽取3家以上供应商,并以投标邀请书的方式邀请其参加投标的采购方式[1]。

(3)竞争性谈判

《政府采购法》并未对竞争性谈判进行界定,但其第38条规定了竞争性谈判的程序。根据《政府采购非招标采购方式管理办法》[2],竞争性谈判是指谈判小组与符合资格条件的供应商就采购货物、工程和服务事宜进行谈判,供应商按照谈判文件的要求提交响应文件和最后报价,采购人从谈判小组提出的成交候选人中确定成交供应商的采购方式[3]。

(4)单一来源采购

《政府采购法》和《政府采购法实施条例》都没有对"单一来源采购"进行界定。根据《政府采购非招标采购方式管理办法》,单一来源采购是指采购人从某一特定供应商处采购货物、工程和服务的采购方式[4]。

(5)询价

《政府采购法》和《政府采购法实施条例》都未对"询价"进行界定。根据《政府采购非招标采购方式管理办法》,询价是指询价小组向符合资格条件的供应商发出采购货物询价通知书,要求供应商一次报出不得更改的价格,采购人从询价小组提出的成交候选人中确定成交供应商的采购方式[5]。

(6)国务院政府采购监督管理部门认定的其他采购方式[6]

为满足深化政府采购制度改革,适应推进政府购买服务,以及推广PPP模式等工作的需要,财政部根据《政府采购法》中的相关授权,制定

---

[1] 参见《政府采购货物和服务招标投标管理办法》(中华人民共和国财政部令第87号)第3条第3款。

[2] 《政府采购非招标采购方式管理办法》(中华人民共和国财政部令第74号),2013年12月19日发布,2014年2月1日起施行。

[3] 《政府采购非招标采购方式管理办法》(中华人民共和国财政部令第74号)第2条第3款。

[4] 《政府采购非招标采购方式管理办法》(中华人民共和国财政部令第74号)第2条第4款。

[5] 《政府采购非招标采购方式管理办法》(中华人民共和国财政部令第74号)第2条第5款。

[6] 《政府采购法》第26条第1款第6项。

了《政府采购竞争性磋商采购方式管理暂行办法》。根据这一规定,竞争性磋商采购方式是指采购人、政府代理机构通过组建竞争性磋商小组与符合条件的供应商就采购货物、工程和服务事宜进行磋商,供应商按照磋商文件的要求提交响应文件和报价,采购人从磋商小组评审后提出的候选供应商名单中确定成交供应商的采购方式。

4.1.2.2 我国政府采购方式与 GPA 采购方式之对应关系

结合 GPA 采购程序框架的特征及我国政府采购法律中的采购方式特征,可以归纳出我国政府采购法律中的采购方式与 GPA 采购方式之对应关系。本文附件 2 详细列明了这种对应关系。

4.1.2.2.1 政府采购法律上的公开招标与 GPA 公开招标之对应

如前文所述,GPA 所规定的公开招标方式是一种在完全公开的竞争性程序下,所有感兴趣的供应商都可以参与投标的采购方式。由于 GPA 的公开招标中并未涉及资格预审,在其招标过程中,采购实体并不能将那些未达到资格标准的供应商排除在外。

但与此不同的是,中国政府采购法律上的“公开招标”可以包含资格预审,也可以不包含,该分歧具有一定的法理依据。首先,《政府采购法》并未对资格预审进行规定,《政府采购法实施条例》则规定了资格预审[1],但并未将资格预审局限于哪一类政府采购方式,并对资格预审公告的发布媒体、资格预审公告的内容、资格预审的时间等进行了规制。此外,《招标投标法》也未对资格预审进行规定,但《招标投标法实施条例》第 15 条至第 23 条对资格预审进行了详细规定。公开招标既可以使用资格预审,也可以不使用资格预审,当不使用资格预审时,凡是感兴趣的供应商都可以参与投标,并且其投标书都必须被接收、开启和评审。

因此也可以理解为,我国政府采购法律(含《招标投标法》)中不适用资格预审程序的公开招标方式属于 GPA 文本中规定的“公开招标”的范畴,因而应当受到 GPA 有关“公开招标”规则的规制。

---

〔1〕《政府采购法实施条例》(中华人民共和国国务院令第 658 号)第 21 条。

4.1.2.2.2 政府采购法律中有资格预审程序的公开招标与GPA的选择性招标

根据《政府采购法》或《招标投标法》,在有资格预审的公开招标程序中,只有通过了资格预审的供应商才会被邀请参与投标。所以在中国法律中有资格预审的公开招标程序,应当属于GPA所界定的"选择性招标"的范畴,应当满足GPA规则有关选择性招标的要求。

4.1.2.2.3 《政府采购法》中的邀请招标与GPA采购方式之对应

《政府采购法》中的邀请招标与GPA之间的关系如下:

根据《政府采购法》第34条的规定,货物或者服务项目采取邀请招标方式采购的,采购人应当从符合相应资格条件的供应商中,通过随机方式选择3家以上的供应商,并向其发出投标邀请书。在这一规定当中隐含着资格预审程序,因为只有符合相应资格条件的供应商才可能被邀请提交投标。因此可以推断,"邀请招标"应当属于GPA所规定的"选择性招标"的范畴,其原因在于GPA中"选择性招标"的核心要素为仅有符合资格条件的供应商才被采购实体邀请提交投标书。

值得注意的是,在我国的邀请招标中,并非所有合格的供应商都被邀请提交投标。换言之,在邀请招标中,可能需要限制允许参与投标的供应商的数量。而在GPA中,在选择性采购方式框架下,原则上采购实体应当邀请所有符合资格条件的供应商参与具体的采购活动[1]。但是如果采购实体在"采购公告(资格预审公告)"中表明了其允许参与投标的供应商的数量以及选择有限数量供应商的标准,则可以限制允许参与投标的供应商数量[2]。

在邀请招标的透明度方面,《政府采购货物和服务招标投标管理办法》则放松了要求。该办法第14条规定,采购人或者采购代理机构应当通过发布资格预审公告征集,从省级以上人民政府财政部门建立的供应

---

〔1〕 参见2012GPA第9条第5款。

〔2〕 参见2012GPA第9条第5款。

商库中选取或采购人书面推荐的方式产生符合资格条件的供应商名单，并从中随机抽取 3 家以上供应商向其发出投标邀请书[1]。这意味着，“符合相应资格条件”的供应商名单可以由三种方式产生。这三种选择方式在 GPA 上有不同的规制要求，并可能与 GPA 上不同的采购方式相对应，具体论述如下：

(1)通过资格预审公告征集

如果采购人或者采购代理机构选择以“发布资格预审公告”的方式公告征集合格供应商，则采购人或者采购代理机构应当按照资格预审文件载明的标准和方法，对潜在投标人进行资格预审。[2] 这类选择符合资格的供应商的方式符合 GPA 有关选择性招标程序的特征。因此，通过资格预审选择符合资格供应商的邀请招标方式应当遵守 GPA 有关选择性招标程序的要求。

(2)从供应商库中选取

如果采购人或者采购代理机构选择从省级以上人民政府财政部门建立的供应商库中选取合格供应商，则备选的符合资格条件供应商总数不得少于拟随机抽取供应商总数的 2 倍。[3] 例如，如果拟随机抽取供应商总数为 5 位，则从省级以上人民政府财政部门建立的供应商库中选取的备选符合资格条件的供应商总数应当至少为 10 位。随机抽取是指通过抽签等能够保证所有符合资格条件供应商机会均等的方式选定供应商。[4]

可见，在此方式下，入选“供应商库”是认定“符合资格条件”的方式。由于该方式下仍然是只有符合资格条件的供应商才可以参与投标，这种采购方式本质上仍然属于 GPA“选择性招标方式”的范畴，只不过

---

[1] 《政府采购货物和服务招标投标管理办法》(中华人民共和国财政部令第 87 号)第 14 条第 1 款。

[2] 《政府采购货物和服务招标投标管理办法》(中华人民共和国财政部令第 87 号)第 14 条第 2 款。

[3] 《政府采购货物和服务招标投标管理办法》(中华人民共和国财政部令第 87 号)第 14 条第 3 款。

[4] 《政府采购货物和服务招标投标管理办法》(中华人民共和国财政部令第 87 号)第 14 条第 4 款。

除了需要遵守有关选择性招标方式的一般要求以外,还需要具体分析此处提及的“供应商库”的本质特征及其是否符合 GPA 的要求。如果供应商库仅具有供应商登记功能,则可能还需要额外的资格预审,如果其满足 GPA 常用供应商名单的要求,则加入供应商库本身就是资格审查的过程(参见本书第 4.4 部分尤其是第 4.4.2 部分和第 4.4.4 部分之讨论)。

(3)采购人书面推荐

采购人以书面推荐的方式产生符合资格条件的供应商名单,也隐含了资格预审的要求。此时,供应商参与邀请招标的程序如下:首先采购人书面推荐供应商,然后再对供应商进行资格审查并产生合格供应商名单,最后从这一合格供应商名单中随机抽取 3 家以上供应商向其发出投标邀请书。备选的符合资格条件供应商总数也不得少于拟随机抽取供应商总数的 2 倍。

可见,有采购人书面推荐供应商的邀请招标这一程序的本质特征是从推荐供应商中产生合格供应商,也即一种在正式发出投标邀请之前的资格审查程序。只有通过了资格审查的被推荐供应商才有可能获得参与投标的机会,因此也可以认为,带有书面推荐方式的邀请招标方式的这一本质特征使其符合 GPA 的选择性招标程序的要求,因而仍然属于 GPA 的选择性招标方式的范畴。

然而,正如前文所述,2012GPA 第 4 条第 4 款对采购方式的选择和实施还提出了透明度和公正的要求,因此,在我国《政府采购法》的背景下,采购人书面推荐供应商的方式可能会产生某些涉及透明度和裁量权使用的问题。例如,采购人可以将不合其意的供应商排除在外,只选一些与自己关系较好的供应商参与投标(在加入 GPA 之后,这种偏见可能表现为对国内供应商的偏好,甚至是对国外供应商的偏好)。此外,采购人自行推荐供应商的方式剥夺了潜在供应商申请参加该采购项目投标的可能性。为此需要对这种裁量权的行使进行限制,具体有两点要求:一是邀请招标方式适用本身应符合其适用条件。带有书面推荐方式的邀请招标不太适用于“只能从有限范围的供应商处采购”的情形,而只能适用于“采用公开招标方式的费用占政府采购项目总价值的比例过大”的情形。二是要求采购人对裁量权的行使进行正当性说明。《政府采购货物和服务招标投标管理办法》第 69 条已经提出了这一要求，即邀请招标采购人采用书面推荐方式产生符合资格条件的潜在投标人的，还应当将所有被推荐供应商名单和推荐理由随中标结果同时公告。所公示的推荐理由最好也包括选择适用邀请招标方式的理由。

除《政府采购法》外，《招标投标法》上的邀请招标与 GPA 之间的关系如下：

若想厘清《招标投标法》上的邀请招标与 GPA 之间的关系，需要确认《招标投标法》及其实施条例所规定的邀请招标应当属于 GPA 中哪种类型的采购方式。

《招标投标法》第 17 条规定，“招标人采用邀请招标方式的，应当向三个以上具备承担招标项目的能力、资信良好的特定的法人或者其他组织发出投标邀请书”。[1] 但应如何确定特定法人或者其他组织“具备承担招标项目的能力、资信良好”？如果特定的法人或者其他组织是通过公布的参与条件和选择标准而选择出来的，则该邀请招标属于 GPA 框架下的“选择性招标”。如果这些特定法人或者其他组织是采购人自行选择出来的，则邀请招标就不属于 GPA 框架下的“选择性招标”，而是属于“有限招标”。这种情形产生了一个问题，即 GPA 项下允许适用有限招标的特定情形并未包括《招标投标法》上有关适用“邀请招标”的情形。

4.1.2.2.4 《政府采购法》上的竞争性谈判与 GPA 采购方法之对应

《政府采购法》第 38 条要求谈判小组从符合相应资格条件的供应商名单中确定不少于 3 家的供应商参加谈判，但《政府采购法》及其实施条例并未对如何确定“符合资格条件”的谈判对象作出规定。根据《政府采购非招标采购方式管理办法》，可以通过以下三种方式确定“符合资格条

---

〔1〕 参见《招标投标法》第 17 条。

件”的谈判对象：

(1)通过发布公告[1]。《政府采购非招标采购方式管理办法》未明确是何种公告，但是可以推断其至少包含两类公告：采购公告或者资格预审公告。从《政府采购法》第 38 条的角度来看，应先产生合格供应商名单，然后再从中确定参与谈判的供应商。这意味着需提前对响应采购公告并报名参加竞争性谈判采购的供应商进行资格预审，只有通过资格预审的供应商才有机会受邀参与谈判。此时，竞争性谈判方式可以被视为 GPA 中的“选择性招标”方式。

然而，竞争性谈判的某些适用情形（如紧急采购）也意味着，存在不通过资格预审程序选择合格供应商，而是直接邀请供应商参与谈判（同时进行资格审查）的可能性。实践中也存在此类情形，即不开展资格预审程序，从而使凡是感兴趣的、自认为符合采购公告中有关资格条件的供应商都可以参与谈判。这种响应了采购公告，并且直接参与谈判的竞争性谈判程序属于 GPA 中的“公开招标”方式。GPA 允许在运用“公开招标”方式的过程中实施谈判，只不过有关谈判的实施应当符合 GPA 所确定的最低标准。

(2)从供应商库中选择。从省级以上财政部门建立的供应商库[2]中随机抽取不少于 3 家符合相应资格条件的供应商参与竞争性谈判。依据《政府采购非招标采购方式管理办法》第 12 条的规定，加入供应商库的供应商应符合《政府采购法》第 22 条第 1 款规定的条件，即供应商参加政府采购活动应当具备的条件。这意味着，加入供应商库的过程就是一个资格预审的过程，供应商入库即成为合格供应商。由此，这种基于合格供应商库来选择参与谈判的供应商的竞争性谈判方式，符合 GPA 的“选择性招标”的特征，此种类型的竞争性谈判，应满足 GPA 选择性招

---

〔1〕《政府采购非招标采购方式管理办法》（中华人民共和国财政部令第 74 号）第 12 条。

〔2〕符合《政府采购法》第 22 条第 1 款规定条件的供应商可以在采购活动开始前加入供应商库。财政部门不得对供应商申请入库收取任何费用，不得利用供应商库进行地区和行业封锁。

标的程序要求。

(3)书面推荐方式选择。依据《政府采购非招标采购方式管理办法》第 12 条的规定,采购人和评审专家可以采取分别书面推荐的方式邀请不少于 3 家符合相应资格条件的供应商参与竞争性谈判。根据本条(以及《政府采购法》第 38 条)的文义理解,采购人和评审专家需要从合格供应商名单中选择书面推荐的供应商参与谈判。在这种情况下,需要首先对潜在供应商资格进行评估,产生一个合格供应商"长"名单,然后再从从这份"长"名单中推荐形成参与谈判的供应商"短"名单。这一程序符合 GPA 关于选择性招标的程序特征,只不过仍然需要注意 GPA 有关采购方式,尤其是选择性招标方式的其他要求。首先是要以透明和公正的方式实施采购程序。基于透明度的要求,对拟邀请参与谈判的合格供应商数量的限制,应事先在采购公告中说明;基于公正的要求,任何合格供应商都有同样的机会参与谈判采购。这要求采购人和评审专家在行使推荐权的裁量权时,首先应该尽可能邀请所有合格供应商参加谈判,如果确有其他的正当性理由,应推荐最有可能中标的供应商参与谈判。另外,《政府采购非招标采购方式管理办法》第 12 条对采购人的推荐权作出了限制,采购人推荐供应商的比例不得高于推荐供应商总数的 50%。该办法第 18 条则提出了公开推荐意见的要求,采用书面推荐供应商参加采购活动的,还应当公告采购人和评审专家的推荐意见。

值得注意的是,与发布公告征集供应商的情况类似,竞争性谈判的某些适用情形(如紧急采购)也意味着,在采用书面推荐的情况下可能没有资格预审程序,也就是说书面推荐的供应商就是参与谈判(同时进行资格审查)的供应商。在这种情况下,因涉及采购人选择与一些供应商接触,通过采购人推荐的方式选择合格供应商的竞争性谈判程序就属于 GPA 上的"有限招标"而不是"选择性招标"。

然而,还必须注意到的是,我国《政府采购法》上竞争性谈判的适用条件与 GPA 上有限招标的适用条件并不完全对应。在竞争性谈判程序的适用情形中,只有两种情形是 GPA 所允许适用"有限招标"的情形——“招标后没有供应商投标或者没有合格标的或者重新招标未能成立的”，以及“应当是采购人不可预见的或者非因采购人拖延导致的采用招标所需时间不能满足用户紧急需要的（对于这类情形，GPA 强调只有在绝对必要时才允许适用有限招标方式）”。对于另外两种可以适用“竞争性谈判”的情形，GPA 不允许适用“有限招标”。因此，如果在这另外两种情形下适用“有限招标”方式是不符合 GPA 要求的。

此外，还存在其他适用（包含）竞争性谈判的程序，即招标方式转竞争性谈判方式的程序，或包含了前期的招标程序和后期的竞争性谈判的采购程序。根据《政府采购非招标采购方式管理办法》第 27 条的规定，公开招标的货物、服务采购项目，招标过程中提交投标文件或者经评审实质性响应招标文件要求的供应商只有两家时，采购人、采购代理机构按照《政府采购非招标采购方式管理办法》第 4 条要求，经本级财政部门批准后可以与该两家供应商进行竞争性谈判采购。

前述情形都属于将原招标方式转换为竞争性谈判方式继续采购的情形，但在实践中可能存在两种不同的情景。其一，将本采购项目作为一个独立的采购项目，适用一个与原招标投标程序无关的独立的竞争性谈判程序。此时，原采购项目可以进行实质性变更，并按照竞争性谈判方式重新启动。其二，亦更可能的情形是，此时的竞争性谈判程序只是原来招标程序的延续。如果该情形成立，此时的竞争性谈判程序就不是一个独立的采购程序，无须再从头启动一个独立的竞争性谈判程序，而是承继原招标程序的结果，继续与这两家供应商进行竞争性谈判，并获得一个对采购人更具有竞争性的报价。此种情形下竞争性谈判区别情形应该分别属于 GPA 上的公开招标或者选择性招标。也即，如果在前期的招标程序中没有开展资格预审程序，所有感兴趣的供应商都直接参与了谈判，那么这就是一个 GPA 上的公开招标程序；而如果在前期的招标程序中开展了资格预审，那么此时的竞争性谈判就是一个 GPA 上的选择性招标程序。

当然在竞争性谈判程序只是原来招标程序的延续的情形下，前期招标文件的要求不能被进行实质性修改。GPA 提出这一约束的理由在于:如果对招标文件的要求进行实质性修改,那么可能会有新的供应商进行投标或者做出实质性响应。对此,如果严格按照 GPA 要求,在这种情形下谈判文件不能对招标文件中的实质性要求进行变更。因此,我国政府采购法律需要明确,此情形下如果适用竞争性谈判,就不应当允许采购人在制定谈判文件的过程中对事先依据的招标文件进行实质性变更。实际上,《政府采购非招标采购方式管理办法》第 27 条已经提出了这样的要求,即采购人、采购代理机构应当根据招标文件中的采购需求编制谈判文件,成立谈判小组,由谈判小组对谈判文件进行确认。

值得注意的是,还存在招标方式转换为竞争性谈判程序的其他情形。根据《政府采购非招标采购方式管理办法》第 27 条的规定,如果招标后没有供应商投标或者没有合格标的,或者重新招标未能成立的,可以采用竞争性谈判方式。这是法律明确的适用竞争性谈判的条件之一。在这种情形下,竞争性谈判更可能是一个独立的程序,与原来的招标程序没有任何关系,此时竞争性谈判与 GPA 采购方式之间的对应关系,参见前述讨论。

4.1.2.2.5　《政府采购法》上单一来源采购与 GPA 采购方式之对应

一般而言,单一来源采购应当属于 GPA“有限招标”中的一类采购方式,然而其并不仅指单一来源采购。为研究单一来源采购的适用情形是否在 GPA 所允许的范围之内,需要将可以适用单一来源采购的情形与 GPA 中允许仅向特定供应商授予合同的情形进行对比研究,二者间的符合性如下:

(1)“因货物或者服务使用不可替代的专利、专有技术,导致只能从某一特定供应商处采购”的情形符合 GPA 规定。

(2)“因公共服务项目具有特殊要求,导致只能从某一特定供应商处采购”这一情形无法在 GPA 文本中找到明确依据。如果中国希望在加入 GPA 之后仍然可以对这部分采购适用单一来源采购方式,可以在

GPA 出价清单中将具有特殊要求的公共服务项目采购排除在 GPA 适用范围之外。

(3)"发生了不可预见的紧急情况不能从其他供应商处采购"的情形与 GPA 的规定并不完全一致。GPA"有限招标"的适用情形有类似的规定,即"在绝对必要的情况下,在由于采购实体未能预见的事件所造成的极为紧急的情况下,货物和服务不能使用公开或者选择性招标程序及时获得"。比较两者情形可以发现,有必要对单一来源的这一适应情形进行限制性解释。第一,"极为紧急"。GPA 要求有限招标的适用条件仅限于未能预见的"极端紧急"的情形,一般紧急情形不能适用。因此,需要对我国的这一规定进行限缩性解释,使其适用仅限于极为紧急的情形。第二,"绝对必要"。GPA 要求有限招标的适用条件仅限于"绝对必要"的情形。这意味着,如果采购需求可以暂时放缓一下,则不能适用有限招标。因此,需要对我国的这一规定进行限缩性解释,使其适用仅限于"绝对必要"的情形。第三,不能"及时获得"。因公开招标或选择性招标的特定程序和时间要求与"极端紧急"情况下的"绝对必要"需求需要得到及时满足之间存在冲突,因此,法律豁免此时的竞争及其他程序要求。单一来源适用条件中"不能从其他供应商处采购"也隐含了 GPA 上的这一要求。第四,从一个或多个供应商处采购。在适用有限招标的情况下,GPA 允许从一个或者多个供应商处获得货物或服务;而单一来源采购的适用条件似乎意味着供应商是唯一的。如果还可以"从其他供应商处采购",则不能适用单一来源采购方式。综上,比较而言,单一来源的适用条件较为宽松,但采购结果具有唯一性。而有限招标的适用条件较为限制,但采购结果不限于唯一供应商,因此有必要对单一来源的适用情形进行限缩性解释,将其限制于极端紧急和绝对必要的情形下,这不仅是 GPA 符合性的要求,而且也有利于控制其被滥用的风险。同时,对于采购的结果,似乎可以做扩张性解释,使其不限于唯一的供应商。如果极端紧急情形下的采购为绝对必要,确保供应就成为采购政策的优先事项,此时授权采购人可以向多个供应商直接采购,符合这一政策目标,只不过在存在多供应商的情况下,法律豁免了可以开展(招标和竞争性谈判)正式竞争的要求。

(4)添购的适用情形。单一来源采购的一个适用情形为“必须保证原有采购项目一致性或者服务配套的要求,需要继续从原供应商处添购,且添购资金总额不超过原合同采购金额百分之十的”。这一适用情形能够在 GPA 上找到相应的依据,但必须对“项目一致性或者服务配套的要求”进行限制性解释。《政府采购法》上所提及的“项目一致性或者服务配套的要求”并不明确。[1] GPA 规定的可以适用有限招标的相应情形包括:“……对最初采购中原货物或服务的额外交付(最初的采购中并未包含的货物或服务):(i)如果基于经济或技术原因更换此类额外货物或服务的供应商并不可行;(ii)如果更换此类额外货物和服务的供应商会对采购实体造成严重不便或造成成本大幅增加。……”为了符合 GPA 要求,应当将“必须保证原有采购项目一致性或者服务配套的要求”限定在——基于经济或技术原因更换供应商并不可行,除此之外的原因并不能成立。如果对运用单一来源采购方式提出异议者能够证明技术可行并且经济上合理,则不可以继续从原供应商处添购。

4.1.2.2.6 《政府采购法》上竞争性磋商与 GPA 采购方法之对应

根据财政部印发的《政府采购竞争性磋商采购方式管理暂行办法》,选择参与竞争性磋商的供应商的途径与竞争性谈判方式一样主要也有以下三种[2]:(1)通过发布公告;(2)从省级以上财政部门建立的供应商库中随机抽取;(3)采购人和评审专家分别书面推荐。因此,竞争性磋商与 GPA 采购方法之间的对应关系与竞争性谈判的情况类似。

4.1.3 各类采购方式的适用条件及其与 GPA 的符合性

公开招标是中国政府采购制度中的主要采购方式[3]。一般而言,

[1] 例如,什么是项目一致性和服务配套的要求?是指技术原因?是否可以完全不考虑经济因素?

[2] 《政府采购竞争性磋商采购方式管理暂行办法》(财库〔2014〕214 号)第 6 条。

[3] 《政府采购法》第 26 条第 1 款。

如果货物、服务和工程达到了公开招标数额标准,则应当运用公开招标采购方式[1]。因特殊情况需要采用公开招标以外的采购方式,则应当符合相关采购方式的适用情形且应当在采购活动开始前获得设区的市级以上人民政府采购监督管理部门的批准[2]。同时,《政府采购法实施条例》规定,有需要执行政府采购政策等特殊情况的,经设区的市级以上人民政府财政部门批准,也可以依法采用公开招标以外的采购方式[3]。

关于邀请招标的适用条件,不同文件有不同解释。《招标投标法》第11条规定,国务院发展计划部门确定的国家重点项目和省、自治区、直辖市人民政府确定的地方重点项目不适宜公开招标的,经国务院发展计划部门或者省、自治区、直辖市人民政府批准,可以进行邀请招标。可见,《招标投标法》未具体规定邀请招标的适用条件。《政府采购法》第29条具体规定邀请招标的适用条件,即符合下列情形之一的货物或者服务,可以依照本法采用邀请招标方式采购:(1)具有特殊性,只能从有限范围的供应商处采购的;(2)采用公开招标方式的费用占政府采购项目总价值的比例过大的。《招标投标法实施条例》第8条细化了《招标投标法》下邀请招标的适用条件,即国有资金占控股或者主导地位的依法必须进行招标的项目,应当公开招标;但有下列情形之一的,可以邀请招标:(1)技术复杂、有特殊要求或者受自然环境限制,只有少量潜在投标人可供选择;(2)采用公开招标方式的费用占项目合同金额的比例过大。《工程建设项目货物招标投标办法》(2013年修正)第11条规定,依法应当公开招标的项目,有下列情形之一的,可以邀请招标:(1)技术复杂、有特殊要求或者受自然环境限制,只有少量潜在投标人可供选择;(2)采用公开招标方式的费用占项目合同金额的比例过大;(3)涉及国家安全、国家秘密或者抢险救灾,适宜招标但不宜公开招标。

---

〔1〕《政府采购法》第27条。
〔2〕《政府采购法》第27条。
〔3〕《政府采购法实施条例》(中华人民共和国国务院令第658号)第23条。

《政府采购法》第 30 条规定了竞争性谈判方式的适用条件,《政府采购非招标采购方式管理办法》第 27 条对其进行了细化,具体内容为:(1)招标后没有供应商投标或者没有合格标的,或者重新招标未能成立的;(2)技术复杂或者性质特殊,不能确定详细规格或者具体要求的;(3)非采购人所能预见的原因或者非采购人拖延造成采用招标所需时间不能满足用户紧急需要的;(4)因艺术品采购、专利、专有技术或者服务的时间、数量事先不能确定等原因不能事先计算出价格总额的。

前述竞争性的采购方式,包括招标方式、竞争谈判方式和竞争性磋商方式,一般属于 GPA 上的公开招标或者选择性招标程序。由于 GPA 没有为公开招标或者选择性招标确定不同的适用条件,因此,我国对竞争性采购方式所确立的适用条件的要求,要高于并符合 GPA 的要求。

GPA 重点限制了有限招标的适用条件。有限招标可以对应但不限于我国的单一来源采购,因为其并不限于单一供应商,甚至也没有限制采购人在有限招标中引入正式的竞争性程序。有关单一来源采购与有限招标的对应关系,以及单一来源采购适用条件与有限招标适用条件的适应性,已经在前文第 4. 1. 2. 2. 5 部分进行了讨论。

在一些特定的情形下,我国的邀请招标、竞争性谈判和竞争性磋商程序,可能也符合 GPA 的有限招标情形,这也会造成我国有关这些采购方式下的适用条件与 GPA 的有限招标的适用条件不一致。比如,竞争性磋商的 5 类适用情形中有 4 类明确不属于有限招标的适用情形,而只有其中一类情形——"市场竞争不充分的科研项目,以及需要扶持的科技成果转化项目"与 GPA 项下可以适用有限招标的一类情形具有相关性,但仍需要加以分析和区别对待。就"市场竞争不充分的科研项目"来说,由于 GPA 成员都在出价附件中将有关科研项目的采购排除在 GPA 规则的适用范围之外,GPA 项下可以适用有限招标的情形并不涵盖这一项。因此,如果中国在加入 GPA 时能够将科研项目的采购排除在出价范围之外,就不存在不符合 GPA 要求的问题。有关"需要扶持的科技成果转化项目"情形则类似于 GPA 上适用"有限招标"的一种情形,即"对基于研发合同而开发的原型或第一个货物或服务的采购”，但需要注意的是，GPA对此种情形的适用设置了严格的限制性条件，例如，适用情形不包括为形成商业活力或者收回研发成本而进行的大量生产或者供应。因此，若想与GPA保持一致，就需要比照GPA的规定对竞争性磋商的此种适用情形进行限制。

4.2 采购合同机会发布规则的符合性

4.2.1 发布采购公告

4.2.1.1 GPA有关发布采购公告的要求

GPA对发布采购公告提出了一定要求，这里主要围绕公告的发布形式与具体内容两方面展开论述。

4.2.1.1.1 在指定媒介上发布一项“采购公告”

除适用有限招标的情形外，对于每一项被GPA涵盖的采购，GPA要求采购实体在其GPA附录Ⅲ所列出的媒体[1]中发布一项采购公告(Notice of Intended Procurement)。这表明对GPA涵盖的采购，只要通过不适用有限招标方式实施采购，采购实体都需要在指定媒体发布一项“采购公告”。从WTO官方网站目前公布的媒体清单来看，并非每个GPA成员方都仅公布了单个媒体，相反，某些成员方公布的媒体数量为多个，甚至部分成员方的省级或州级地方政府都有自己发布采购公告的媒体，[2]或者不同GPA附件中的实体都有自己发布采购公告的媒体。[3] 可见，GPA强调的重点是供应商可以公开获取采购机会的信息，其并不要求统一在某个媒体上发布采购公告。

---

〔1〕 可以是纸质媒介，也可以是电子媒介。在电子化政府采购广泛发展的当下，所有成员方都采取了电子化采购发布公告的方式。

〔2〕 例如，澳大利亚、加拿大。

〔3〕 例如，日本。

GPA 还对可以获得“采购公告”的期限提出了要求，但这一要求在 GPA 附件 1 与附件 2 和附件 3 实体之间有所区别。附件 1 实体应确保其发布的采购公告在附录Ⅲ所列任何最短期限内[1]使公众可以通过单一访问点以电子方式免费访问。对 GPA 附件 2 或者附件 3 实体，如果它们通过电子方式发布采购公告，则应当至少通过免费开放的电子门户网址上的链接来提供。两者之间的主要区别如下：附件 1 实体有义务通过单一访问点以电子方式发布采购公告，而附件 2 和附件 3 实体则没有通过电子方式发布公告的义务。只不过，如果附件 2 和附件 3 实体选择通过电子方式来发布公告，其至少是通过免费开放的电子门户网站上的链接来完成。

4.2.1.1.2 “采购公告”的内容

除非 GPA 另有规定，每一则采购公告应当包含 2012GPA 第 7 条第 2 款(a)至(l)项的有关内容，该条款的具体内容如下：

(a)采购实体的名称和地址以及有必要联系采购实体并获取与采购有关的所有相关文件的其他信息，及其成本和付款条件(如果有)。

(b)采购说明，包括拟采购的货物或服务的性质和数量，或者，如果数量未知，估计数量。

(c)对于重复(经常)性合同，如果可能的话，估计发布后续采购公告的时间。

(d)任何选择权的描述。

(e)交付货物或服务的时间框架或合同期限。

(f)将使用的采购方式以及是否会涉及谈判或电子拍卖。

(g)在适用的情况下，提交参与采购的请求的地址和任何截止日期。

(h)提交标书的地址和截止日期。

(i)提交投标或参与请求所使用的一种或多种语言，是否可以以采购实体的成员方官方语言以外的其他语言提交投标或参与请求。

---

[1] 但是在 2012GPA 附录Ⅲ中并未指示任何期限。

(j)供应商参与的任何条件的清单和简要描述，包括对供应商提供的与此相关的特定文件或证明的任何要求，除非这些要求包含在招标文件中，该文件提供给所有感兴趣的供应商并与采购公告同时发布。

(k)如果根据第 9 条，采购实体打算选择有限数量的合格供应商受邀参加投标，将用于选择这些供应商的标准，以及在适用的情况下，对将被邀请投标的供应商数量的任何限制。

(l)表明采购受本协定涵盖的说明。

值得注意的是，上文所说的"除非 GPA 另有规定"主要指选择性招标方式和有限招标方式中采购邀请的变通使用。详言之，在使用选择性招标采购方式时，采购公告应当至少包含 2012GPA 第 7 条第 2 款(a)项、(b)项、(f)项、(g)项、(j)项、(k)项和(l)项所列信息，并邀请供应商提交参加请求。在不迟于招标期限开始时，采购实体向其按照 2012GPA 第 11 条第 3 款(b)项通知的合格供应商提供至少第 7 条第 2 款(c)项、(d)项、(e)项、(h)项和(i)项中的信息。在使用有限招标采购方式时，采购实体可以选择不适用 2012GPA 第 7 条的规定，即可以选择不发布采购公告[1]。

这表明，在 GPA 下，所有的公开招标采购方式都需要发布采购公告，并且采购公告的内容必须至少包含 2012GPA 第 7 条第 2 款的有关内容。在选择性招标方式中，可以事先在采购公告中发布 2012GPA 第 7 条第 2 款的部分内容，然后在选择出合格供应商之后再向其发布 2012GPA 第 7 条第 2 款的剩余信息。对于有限招标采购方式而言，采购人可以选择不发布采购公告。

4.2.1.2 发布公告的规则与 GPA 之符合性

发布公告的规则与 GPA 之间的符合性围绕以下几个问题展开。

4.2.1.2.1 是否通过公告的方式发布合同机会？

《政府采购法》及其实施条例都未对政府采购合同机会的公告进行

〔1〕 参见 2012GPA 第 13 条第 1 款。

规制。根据《政府采购信息公告管理办法》[1]第 3 条,“政府采购信息”是指依照政府采购有关法律制度规定应予公开的公开招标公告、资格预审公告、单一来源采购公示、中标(成交)结果公告、政府采购合同公告等政府采购项目信息,以及投诉处理结果、监督检查处理结果、集中采购机构考核结果等政府采购监管信息。《政府采购货物和服务招标投标管理办法》(2017 年修订)[2]规定了公开招标公告和资格预审公告的要求,其中第 14 条规定,采用邀请招标方式的,采购人或者采购代理机构应当通过以下方式产生符合资格条件的供应商名单,并从中随机抽取 3 家以上供应商向其发出投标邀请书:(1)发布资格预审公告征集;(2)从省级以上人民政府财政部门(以下简称财政部门)建立的供应商库中选取;(3)采购人书面推荐。根据《政府采购非招标采购方式管理办法》[3]第 12 条的规定,采购人、采购代理机构应当通过发布公告、从省级以上财政部门建立的供应商库中随机抽取或者采购人和评审专家分别书面推荐的方式邀请不少于 3 家符合相应资格条件的供应商参与竞争性谈判或者询价采购活动。

但正如前文所述,竞争性谈判和询价采购也可能是 GPA 框架下的公开招标和选择性招标。因此,相关竞争性谈判和询价采购的实施也应当发布合同机会的公告。详言之,第一,如果采购人通过发布采购公告的方式邀请感兴趣的供应商都参加竞争性谈判或询价,则该采购公告的发布应当满足 GPA 公开招标方式中发布“采购公告”的规定。第二,如果采购人通过资格审查公告来邀请供应商参加竞争性谈判或询价,则采购公告的发布应当满足 GPA 选择性招标方式中发布“采购公告”的规定。第三,如果采购人通过从供应商库中随机抽取的方式来邀请供应商

---

〔1〕《政府采购信息发布管理办法》(中华人民共和国财政部令第 101 号),2019 年 11 月 27 日发布,2020 年 3 月 1 日起施行。

〔2〕《政府采购货物和服务招标投标管理办法》(中华人民共和国财政部令第 87 号),2017 年 7 月 11 日发布,2017 年 10 月 1 日起施行。

〔3〕《政府采购非招标采购方式管理办法》(中华人民共和国财政部令第 74 号),2013 年 12 月 19 日发布,2014 年 2 月 1 日起施行。

参加竞争性谈判或询价,也应当满足 GPA 选择性招标方式发布“采购公告”的规定。

4.2.1.2.2　公开招标或资格预审公告的内容与 GPA 的符合性

将《政府采购货物和服务招标投标管理办法》所规定的公开招标公告与 GPA 的要求进行对照之后(详见附件 3《政府采购法》《招标投标法》有关规则与 GPA“采购公告”规则之符合性),可以就其与 GPA 之符合性得出以下两方面结论:第一,从公开招标或资格预审公告的内容符合 GPA 要求的方面来说,有关确定和联系采购人的内容、有关采购需求的描述、有关包含“将要适用的采购方式以及是否将涉及谈判或电子拍卖”的要求以及有关包含“递交投标书的地址和截止日期”的要求等方面,《政府采购货物和服务招标投标管理办法》的规定符合 GPA 要求。第二,从公开招标或资格预审公告的内容不符合或者不完全符合 GPA 要求,需要进行法律调整的方面来说,首先,有关预估发布后续拟重复采购公告的规定,我国政府采购法律需要进行调整以符合 GPA 要求。其次,在“交付货物或服务的时间或者合同的期限”方面,《政府采购货物和服务招标投标管理办法》有关公开招标公告的规定并未要求包含这项内容,因此有必要对我国政府采购法律进行调整,要求在公开招标公告中增加这项内容。又次,在任何选择权(options)的描述方面,我国政府采购法律需要增加这项内容以符合 GPA 要求。再次,公告中有关供应商资格条件的内容方面,我国采购法律虽基本符合 GPA 要求,但还需要做出相应调整。公告中有关投标书可以使用语言的内容,我国也需要增加有关规定。最后,我国法律还需要增加规定,要求在公开招标公告中说明该项采购活动属于 GPA 的涵盖范围。

将《政府采购货物和服务招标投标管理办法》所规定的资格审查公告与 GPA 的要求进行对照之后(详见本文附件 2),也可以就其与 GPA 之符合性得出以下两方面结论:第一,就符合 GPA 要求的方面而言,有关提供采购人联系方式等信息、对采购标的物的描述、将要适用的采购方式以及其是否将涉及谈判或电子拍卖、提交参与采购申请的地址和截止日期方面都符合 GPA 要求。第二,从不符合或者不完全符合 GPA 要求,需要进行法律调整的方面而言,其包括,在资格预审公告中说明,对供应商需要提交的与之相关的特定文件或证书的任何要求,选择供应商的标准以及在限制参与供应商数量的情形下被允许参与投标的供应商数量,以及该项采购活动是否受 GPA 所涵盖。

另外,《招标投标法》有关招标公告内容的规则与《政府采购法》的相关规则相似,仍可以就其与 GPA 之符合性得出以下两方面结论:第一,有关符合 GPA 要求方面的结论。提供联系采购人的信息、有关采购需求的描述、提供将要适用的采购方式以及是否将涉及谈判或电子拍卖方面的信息、提供递交投标书的地址和截止日期、提供有关供应商资格条件等方面所要求包含的信息都与 GPA 要求相符合。第二,有关不符合或者不完全符合 GPA 要求,需要进行法律调整的方面的结论。中国在加入 GPA 之后也应当对以下几个方面进行法律调整:在可能的情况下发布预估后续拟重复采购通知的时间;提供交付货物或服务的时间或者合同的期限;在招标公告中发布有关选择权的详细描述;公告投标书可以使用的语言;要求对与资格条件有关的证明文件或证书有具体要求的供应商在公开招标公告中告知其具体要求;以及对受 GPA 涵盖的采购活动,在公告中应当表明其受 GPA 涵盖。

《招标投标法》有关规制资格预审公告的规则与《政府采购法》有关资格预审公告的规则相似(详见本文附件 2),因此也需要进行相同的调整。

4.2.2 发布摘要公告

4.2.2.1 GPA 有关发布摘要公告的要求

GPA 要求,对于每一个采购项目,采购实体在发布采购公告时都应当以 WTO 的官方语言之一公布一份容易获取的摘要公告(Summary Notice)。该项摘要公告应当至少包含以下信息:(1)采购的标的物;(2)提交投标的最后日期,或若适用,提交参加采购请求或列入常用名单请求的最后日期;(3)可以请求获得与采购有关文件的地址(2012GPA 第 7 条第 3 款)。GPA 要求采购人发布摘要公告的目的主要在于尽快为外国供应商提供有关采购合同机会的信息,让外国供应商尽快知晓合同机会并做出是否对此合同机会感兴趣的判断,以及若感兴趣可进一步获取相关文件的途径。

4.2.2.2 发布摘要公告规则的符合性

由于 GPA 有关发布摘要公告的要求主要是满足外国供应商的需要,一般国内采购法律中没有这项要求。因此在加入 GPA 后,我国政府采购法律应当做出相应的调整,针对受 GPA 涵盖的采购,要求在发布采购公告的同时,以 WTO 官方语言之一发布一项摘要公告。所发布的摘要公告的内容应满足 GPA 要求,尤其是其中有关采购标的物这一项,应当尽量地提供采购合同的标的物属性和数量等信息。

4.2.3 发布计划(意向)采购公告

GPA 鼓励采购实体在每一财政年度尽早发布其有关未来采购计划的通知(notice of planned procurement,以下简称计划采购公告)。这样做的目的在于鼓励采购实体尽早地公布采购合同机会,从而为供应商提供更多充分的准备时间。

计划采购公告应当包括采购标的物及计划公布采购公告的日期,同时应当在 GPA 参加方在附录Ⅲ中所列出的纸质或电子媒体上进行公告。

此外,如果发布的计划采购公告满足了相关条件,GPA 附件 2 实体和附件 3 实体可以使用计划采购公告作为采购公告,但需要满足相关条件[1]。

2020 年 3 月财政部已经通过发布《财政部关于开展政府采购意向公

---

〔1〕 参见 2012GPA 第 7 条第 5 款。

开工作的通知》[1]，在全国范围内试点先行、分步实施政府采购意向公开，以进一步提高政府采购透明度、优化营商环境。[2] 根据该项通知的规定：(1)在公布的时间方面，采购意向公开时间应尽量提前，原则上不得晚于采购活动开始前 30 日公开采购意向；(2)在采购意向公开的内容方面，应当包含采购项目名称、采购需求概况、预算金额、预计采购时间等；(3)在采购意向公开的渠道方面，中央预算单位的采购意向在中国政府采购网中央主网公开，地方预算单位的采购意向在中国政府采购网地方分网公开，采购意向也可以在省级以上财政部门指定的其他媒体同步公开。此外，该通知还规定了采购意向公开的主体、应当公开采购意向的采购活动范围[3]、采购意向公开的依据。

从财政部要求开展政府采购意向公开的目的和内容来看，政府采购意向公开与 GPA 所规定的"计划采购公告"之间具有一致性。这表示中国在正式加入 GPA 之后，至少纳入 GPA 涵盖范围的部分采购活动需依据我国法律规则的要求进行采购意向公开。

鉴于我国地方政府适用与中央政府相统一的采购法律，GPA 鼓励附件 2 实体发布计划采购公告的机制对于中国地方政府类采购实体而言并不适用。但若未来我国对纳入 GPA 出价范围的国有企业进行规制，则可以考虑运用 GPA 项下赋予的裁量权，引入鼓励国有企业发布计划采购公告的规定。

---

〔1〕《财政部关于开展政府采购意向公开工作的通知》(财库〔2020〕10 号)，2020 年 3 月 2 日发布。

〔2〕该通知指出："推进采购意向公开是优化政府采购营商环境的重要举措。做好采购意向公开工作有助于提高政府采购透明度，方便供应商提前了解政府采购信息，对于保障各类市场主体平等参与政府活动，提升采购绩效，防范抑制腐败具有重要作用。"

〔3〕在需要公开采购意向的项目范围方面，除以协议供货、定点采购方式实施的小额零星采购和由集中采购机构统一组织的批量集中采购外，按项目实施的集中采购目录以内或者采购限额标准以上的货物、工程、服务采购均应当公开采购意向。

4.3 资格条件规则与GPA的符合性

在授予供应商合同之前，采购实体通常需要确保供应商具有提供产品、工程和服务应具备的财务资源和技术能力（技能和经验等）。这些采购实体也希望施加一些参与采购的“社会”条件，比如，要求供应商遵守公平就业的政策。确定哪些供应商满足所设定的最低参与条件的过程被称为“资格审查”，而在提交投标书之前，实施资格审查的目的是确保只有合格的供应商才有权利提交投标书，这一过程也被称为“资格预审”。本部分评估了我国有关资格审查的规则与GPA的符合性，同时这些规则限定了可以使用的资格审查标准以及资格审查程序。

4.3.1 GPA有关供应商资格条件的要求

4.3.1.1 积极资格条件

参加招标程序的任何条件应限定为对保证公司履行所涉合同的能力所必需之条件。2012GPA第8条第1款要求采购实体将任何参加采购的条件限定在保证供应商具有从事相关采购的法律、财务、商业和技术能力所必要的条件范围内，这确立了GPA有关资格标准的一项基本原则，即资格标准必须与供应商履行合同的能力有关，且这些条件只能体现在法律、财务、商业和技术能力方面。以上规定限制了可以排除供应商参与招标程序的理由之范围。

4.3.1.2 消极资格条件

2012GPA第8条第4款规定，如果有证据支持，GPA成员方（含其采购实体）可以根据下列理由将某个供应商排除出采购活动：(a)破产；(b)虚假陈述；(c)严重或者持续未履行以往一项或者多项合同项下任何实质性要求或义务；(d)存在有关严重犯罪或者其他严重违法行为的终审判决；(e)有对供应商的商业诚信产生负面影响的职业不端行为

(professional misconduct)或者职业过失;(f)未缴纳税款。这表明在立法层面上,GPA 成员方可以将具有上述情形之一的供应商排除出采购活动。

值得注意的是,从本款的措辞来看,其所列理由是非穷尽的。

4.3.1.3 供应商的过往经验

2012GPA 还对采购实体在设定资格条件时如何对待过往经验进行了规制。采购实体可以提出满足采购需求所必要的相关过往经验[2012GPA 第 8 条第 2 款(b)项]。但对过往经验的使用施加了限制条件。比如,不得强加下列条件——参加采购的供应商之前必须被 GPA 某个成员方的一个采购实体授予过一个或多个采购合同[2012GPA 第 8 条第 2 款(a)项]。可见采购实体在设置资格条件或者参加条件时可以要求供应商具备与采购项目相关的过往经验,但是这种要求只能限制在满足采购需求所必要的范围内,并且对过往经验的要求不囿于某个既定 GPA 成员方内某采购实体所授予过的采购合同。

4.3.1.4 资格条件的证明与透明度

GPA 对评估供应商的资格条件提出以下要求,也即采购人应当根据供应商在采购实体所属 GPA 成员方领土内外的商业活动来评估该供应商的财务、商业和技术能力(2012GPA 第 8 条第 3 款)。基于全球商业活动来评估供应商参与资格的要求,避免了外国供应商可能缺乏采购人所在国的商业活动而处于不利地位。比如,如果采购人在评估供应商参与资格时,要求供应商提供其参与国内商业活动的证明材料,外国供应商虽并无此材料,但在国际上具有参与此类商业活动的大量证明材料。当然,要求基于供应商的全球商业活动来证明其参与采购的能力,不意味着歧视仅有国内商业活动经验的供应商(因其没有全球商业活动的经验)。2012GPA 第 8 条第 3 款的目的在于防止对外国供应商的歧视,换言之,资格评审的目的在于确认供应商的履约能力,而对这种能力的证明,不应限于国内经验,对国外经验亦然。

除此之外,GPA 还强调了对供应商资格评审中的透明度,也即应当根据采购实体在公告或者招标文件中事先列明的条件进行评估(2012GPA第8条第3款)。

4.3.2 资格条件规则与GPA的符合性

4.3.2.1 积极资格条件

我国政府采购对资格条件的设置进行了一系列的规制。

《政府采购法》第22条第1款明确规定了供应商参加政府采购活动应当具备的基本条件:(1)具有独立承担民事责任的能力;(2)具有良好的商业信誉和健全的财务会计制度;(3)具有履行合同所必需的设备和专业技术能力;(4)有依法缴纳税收和社会保障资金的良好记录;(5)参加政府采购活动前3年内,在经营活动中没有重大违法记录[1];(6)法律、行政法规规定的其他条件。以上条件被视为参加政府采购活动的法定基本条件。

此外,《政府采购法》第22条第2款规定,采购人可以根据采购项目的特殊要求,规定供应商的特定条件,但不得以不合理的条件对供应商实行差别待遇或者歧视待遇。

采购人可以要求参加政府采购的供应商提供有关资质证明文件和业绩情况。[2]

可见,我国政府采购相关规则规定了两类供应商的资格条件,即法定基本条件和采购人设置的特定条件。前者由法律、行政法规加以规定,主要限于供应商的法律能力、财务能力、商业能力、技术能力以及依法纳税和缴纳社会保障资金、过往3年经济活动无重大违法记录等。对于后者而言,《政府采购法》要求采购人不得以不合理的条件对供应商实行差别待遇或歧视待遇。

---

〔1〕《政府采购法实施条例》(中华人民共和国国务院令第658号)第19条将这里所指的"重大违法记录"解释为——供应商因违法经营受到刑事处罚或者责令停产停业、吊销许可证或者执照、较大数额罚款等行政处罚。并且明确:供应商在参加政府采购活动前3年内因违法经营被禁止在一定期限内参加政府采购活动,期限届满的,可以参加政府采购活动。

〔2〕参见《政府采购法》第23条。

就不同的条件而言,其与 GPA 的符合性研究如下。

(1)法定基本条件

相较 GPA 规则,我国有关资格条件设置的政府采购法律,不仅要求供应商具备履行政府采购合同所应当具有的各方面能力,而且还规定其满足一定的"社会"条件或"合规"条件,如依法纳税和缴纳社会保障资金、过往 3 年经济活动无重大违法记录。其目的不仅在于要求参与政府采购活动的供应商具备合同履行能力,还在于通过规定使其遵纪守法(尤其是在履行依法纳税和合法经营方面)。GPA 规则允许 GPA 成员方将存在不纳税行为和严重违法经营行为的供应商排除出采购活动的范围。因此,《政府采购法》有关法定基本条件的设置规则符合 GPA 要求。

(2)特定条件

《政府采购法》对于采购人设置的特定条件所做的唯一要求是,不得以不合理的条件对供应商实行差别待遇或歧视待遇。[1]《政府采购法实施条例》第 20 条规定,"采购人或者采购代理机构有下列情形之一的,属于以不合理的条件对供应商实行差别待遇或者歧视待遇:……②设定的资格、技术、商务条件与采购项目的具体特点和实际需要不相适应或者与合同履行无关……"《政府采购货物和服务招标投标管理办法》第 17 条明确提出了不得实施的差别待遇或歧视待遇:"采购人、采购代理机构不得将投标人的注册资本、资产总额、营业收入、从业人员、利润、纳税额等规模条件作为资格要求或者评审因素,也不得通过将除进口货物以外的生产厂家授权、承诺、证明、背书等作为资格要求,对投标人实行差别待遇或者歧视待遇。"这些规则并未要求特定条件的设置应当围绕哪些方面。为此,应当在我国政府采购法律中对此进行澄清,指出这些特定条件的设置只能围绕供应商的法律、财务、商业和技术能力方面。

---

〔1〕 这实际上赋予了采购人极大的裁量权。实际上,还可能存在对采购人设定特定条件的能力的其他限制。比如,采购人根据《政府采购法》第 22 条第 2 款设定特定条件的能力,需要受《政府采购法》第 22 条第 1 款第 6 项的限制。

(3)与项目(不)相适应或与合同履行无(有)关的资格条件

GPA 确立了一项限制供应商参与的基本规则和标准,即供应商参与资格标准必须与供应商履行合同的能力有关(相适应),并集中体现在 2012GPA 第 8 条第 1 款:采购实体将任何参加采购的条件限定在保证供应商具有履行相关采购合同的法律、财务、商业和技术能力所必要的条件范围内。一方面,这一要求使供应商一旦在之后获得合同就能够圆满履行合同;另一方面,有关供应商参与的资格条件必须与合同履行有关,且限于合同履行所必需的程度。这实际上是限制法律为供应商设定资格条件的规矩,或者更进一步说,是为供应商资格条件的设定确立一个上限。因此与合同履行无关的条件不能设定为供应商参与资格条件,非合同履行所必需的条件也不能设定为供应商参与的资格条件,换言之,凡是过于严苛的条件皆不能设立。例如,不能对供应商提出相对于合同规模而言过高的财务能力要求;不能对供应商提出相对于采购需求而言过高的技术能力要求。这样做的逻辑依据在于与合同履行无关或者非必要的条件会造成歧视性的效果,因而为 GPA 所禁止。

可以知道的是,《政府采购法实施条例》第 20 条(《招标投标法实施条例》第 32 条)也确立了这一原则和标准。如果采购人设定的资格条件与采购项目的具体特点和实际需要不相适应或者与合同履行无关,则属于以不合理的条件对供应商实行差别待遇或者歧视待遇,其为法律所禁止。例如,采购人要求相对于合同规模而言过高的财务能力,会造成对中小企业的歧视,从而构成以不合理的条件在大型企业和中小企业之间实施差别待遇。

4.3.2.2 消极资格条件

根据《政府采购法》第 77 条,《政府采购法实施条例》第 72 条、第 73 条和第 74 条的规定,供应商在特定情形下可以被禁止在一段期限内参加政府采购活动。禁止供应商参与政府采购的这些情形可以与 GPA 的规定进行对比。

第一种情况为破产。《政府采购法》并没有直接将破产作为排除供应商的理由加以规定。然而该法第 22 条要求供应商应当具有良好的商业信誉和健全的财务会计制度,并且应当具有履行合同所必需的设备和专业技术能力,其内含对供应商相应财务能力的要求。此外,采购人也可以对具体供应商的财务能力提出具体要求。因此在中国,如果供应商破产,其仍应不被允许参与政府采购活动。

第二种情况为虚假陈述。供应商采购过程中的任何虚假陈述都可能导致其被排除。《政府采购法》第 77 条第 1 款第 1 项规定的“提供虚假材料谋取中标、成交的”,可以被归纳为“虚假陈述”这一类情形;第 6 项将“虚假陈述”延伸至在有关部门进行监督检查时向其“提供虚假情况”的情形。“虚假陈述”的情形还可能延伸至投诉处理环节。《政府采购法实施条例》第 73 条规定,供应商捏造事实、提供虚假材料或者以非法手段取得证明材料进行投诉的,由财政部门列入不良行为记录名单,禁止其 1 年至 3 年内参加政府采购活动。

第三种情况为严重或者持续未履行以往一项或者多项合同项下任何实质性要求或义务。GPA 允许基于过往经验排除供应商。这一排除供应商的理由是基于供应商之前履行政府采购合同的经验,而非当前的采购项目。如果供应商在履行先前公共合同的实质性要求方面存在重大或持续的瑕疵,则该供应商除了需要承担民事责任之外,还需要承担被禁止参加未来政府采购活动的行政处罚。根据《政府采购法实施条例》第 72 条的规定,将政府采购合同转包,提供假冒伪劣产品,擅自变更、中止或者终止政府采购合同等合同履约行为,会导致供应商被列入不良行为记录名单,在 1 年至 3 年内禁止参加政府采购活动。供应商拒绝履行合同义务的,也可能被列入不良行为记录名单,在 1 年至 3 年内禁止参加政府采购活动(《政府采购非招标采购方式管理办法》第 54 条)。该类情形实质上与供应商单方中止或终止合同是相似的,不过“拒绝履行合同义务”所涵盖的范围很大,既包括了实质性要求或义务,也包括了非实质性要求和义务。但根据 GPA 的规定,只有在供应商未履行一项或多项合同项下任何实质性要求或义务并且达到严重或者持续未履行的程度时，才可以被排除出未来的采购活动。为此也应当对《政府采购非招标采购方式管理办法》的规定进行限制性解释。

第四种情况为存在有关严重犯罪或者其他严重违法行为的终审判决。《政府采购法》第 22 条要求供应商在参加政府采购活动前 3 年内，在经营活动中没有重大违法记录。根据《政府采购法实施条例》第 19 条的规定，重大违法记录，是指供应商因违法经营受到刑事处罚或者被责令停产停业、吊销许可证或者执照、处以较大数额罚款等行政处罚。供应商在参加政府采购活动前 3 年内因违法经营被禁止在一定期限内参加政府采购活动，期限届满的，可以参加政府采购活动。可见，政府采购法律将“重大违法记录”限定于“经营活动中”的违法行为。实际上，GPA 规定的严重犯罪和其他严重违法行为的类型要广泛得多，比如，参与有组织犯罪或者恐怖主义犯罪，都可能导致被排除在政府采购之外。

第五种情况为未缴纳税款。《政府采购法》第 22 条要求供应商“有依法缴纳税收和社会保障资金的良好记录”，这与 GPA 规则中所提及的相关情形相符合。《政府采购法》第 22 条所要求的“有依法缴纳社会保障资金的良好记录”这一条件并未在 GPA 规则中找到直接列举的情形，但由于 GPA 对排除理由的列举是非穷尽式的，我国法律基于供应商没有“依法缴纳社会保障资金的良好记录”而将其排除也不违反 GPA 的规定。另外，法律基于这些理由排除供应商只是重申了供应商遵守法律的一般义务。

第六种情况为存在职业不端行为。基于供应商严重的职业不端行为可以将其排除。职业不端行为的概念包括但不限于违反供应商所在职业的、并由有关职业的纪律机构管理的严格意义上的道德标准。比如，在 Forposta 裁决中，欧盟法院将职业不端行为定义为涵盖所有对经济经营者的专业信誉有影响的不法行为。[1] 比如，如果缔约方当局能够

[1] 在 Forposta 裁决中，欧盟法院将职业不端行为定义为涵盖所有对经济经营者的专业信誉有影响的不法行为。关于 Forposta（C－465/11）案，参见 https://eur-lex.europa.eu/legal-content/EN/TXT/? uri＝CELEX:62011CA0465。

以任何适当手段证明投标人违反了环境、社会和劳动法领域的相关义务,则投标人构成职业不端行为。该要求与近年来为加强发展政策考虑和在公共采购法中进一步实现环境、社会或劳工等目标而作出的努力相符合。如果投标人违反这一一般义务,该投标人也可能被排除在外,因为这种行为可被视为严重的职业不端行为。对职业不端行为的广义解释意味着,我国政府采购法律中所提及的可以被列入不良行为记录名单的大多数情形都可以归入 GPA“存在职业不端行为”的行列。详言之,下列行为可以被列为广义的职业不端行为:(1)采取不正当手段诋毁、排挤其他供应商的。(2)与采购人、其他供应商或者采购代理机构恶意串通的。根据《政府采购法实施条例》第 74 条,该类行为包括以下情形:第一,供应商直接或者间接从采购人或者采购代理机构处获得其他供应商的相关情况并修改其投标文件或者响应文件;第二,供应商按照采购人或者采购代理机构的授意撤换、修改投标文件或者响应文件;第三,供应商之间协商报价、技术方案等投标文件或者响应文件的实质性内容;第四,属于同一集团、协会、商会等组织成员的供应商按照该组织要求协同参加政府采购活动;第五,供应商之间事先约定由某一特定供应商中标、成交;第六,供应商之间商定部分供应商放弃参加政府采购活动或者放弃中标、成交;第七,供应商与采购人或者采购代理机构之间、供应商相互之间,为谋求特定供应商中标、成交或者排斥其他供应商的其他串通行为。(3)存在行贿或者提供其他不正当利益的,即向采购人、采购代理机构行贿或者提供其他不正当利益的;向评标委员会、竞争性谈判小组或者询价小组成员行贿或者提供其他不正当利益的。(4)违反《政府采购法》的程序性规定。例如,中国的公开招标和邀请招标不允许采购人与供应商之间进行协商谈判,因此如果出现了此种协商谈判也属于应当被列入不良记录名单的情形(《政府采购法》第 77 条);违反《政府采购法》的程序性规定而可能导致被列入不良记录名单的其他情形包括《政府采购法实施条例》第 72 条规定的两种情形,即“中标或者成交后无正当理由拒不与采购人签订政府采购合同,以及未按照采购文件确定的事项签订政府采购合同”,也包括与采购人另行订立背离合同实质性内容的协议的(《政府采购非招标采购方式管理办法》第 54 条)。(5)监督检查中的违法行为。《政府采购法》第 77 条规定,供应商拒绝有关部门监督检查或者向其提供虚假情况的,可能导致被列入不良记录名单。

此外,在采购实践中还存在与在政府采购活动中查询及使用信用记录有关的问题。推动在政府采购活动中查询及使用信用记录的原因在于,“对参与政府采购活动的供应商、采购代理机构及评审专家进行守信激励、失信约束,是政府相关部门开展协同监管和联合惩戒的重要举措,对降低市场运行成本、改善营商环境、高效开展市场经济活动具有重要作用,有利于形成‘一处违规、处处受限’的信用机制”。〔1〕这里所指的信用记录有以下几类:(1)失信被执行人名单;(2)重大税收违法案件当事人名单;(3)政府采购严重违法失信行为记录名单。对于供应商而言,如果其名字出现在上述名单之一,其将(在一定期限内)被拒绝参与政府采购活动。

对于被纳入“重大税收违法案件当事人名单”和“政府采购严重违法失信行为记录名单”的供应商,如果在一定期限内禁止其参与政府采购活动,如前文所述,存在政府采购法上的依据,也符合 GPA 的要求。

“失信被执行人名单”是指“全国法院失信被执行人名单”。如果在民事诉讼中,被执行人未履行生效法律文书确定的义务,并且具有下列情形之一,则执行法院将根据申请执行人的申请或者依职权决定将被执行人纳入失信被执行人名单:第一,以伪造证据、暴力、威胁等方法妨碍、抗拒执行的;第二,以虚假诉讼、虚假仲裁或者以隐匿、转移财产等方法规避执行的;第三,违反财产报告制度的;第四,违反限制高消费令的;第五,被执行人无正当理由拒不履行执行和解协议的;第六,其他有履行能力而拒不履行生效法律文书确定义务的。

---

〔1〕《财政部关于在政府采购活动中查询及使用信用记录有关问题的通知》(财库〔2016〕125 号),2016 年 8 月 1 日发布。

那么可否基于供应商被列入“失信被执行人名单”而禁止其参与政府采购？“失信被执行人名单”所涉争议属于民事争议，并不属于《政府采购法》所规定的“重大违法记录”，也不属于 GPA 所提及的“有关严重犯罪或者其他严重罪行的终审判决”。因而基于供应商被列入“失信被执行人名单”而禁止其参与政府采购的法律正当性并不充分。然而，如果供应商的失信行为已经严重影响了其商业信誉，则有理由根据《政府采购法》第 22 条第 1 款第 2 项所要求的“具有良好的商业信誉”来否定供应商的参与资格，但是“不具有良好的商业信誉”这一理由是否符合 GPA 要求，则还有待进一步研究。

4.3.2.3　供应商的过往经验

供应商的过往经验或者过往业绩可以是积极的，也可以是消极的。积极的过往经验或者过往业绩是确保供应商履约能力的一部分，而消极的过往经验或者过往业绩则可以成为否定供应商参与资格的条件。过往经验和业绩对服务等一些特定采购而言尤其重要。

过往经验可以被设定为供应商的资格条件。比如《联合国国际贸易法委员会公共采购示范法》第 9 条第 2 款(a)项规定，供应商或承包商拥有履行采购合同所必需的专业资格、技术资格和环境方面的资格、专业和技术能力、财政资源、设备和其他有形设施、管理能力、可靠性、经验和人员。GPA 也允许将过往经验设定为供应商资格条件，但过于强调供应商的过往经验和业绩，可能会限制市场的新进入者；基于特定行业、区域设定过往经验、业绩条件，又或者基于与特定采购人有关的经验或业绩，会产生较强的歧视性效果。因而，GPA 对过往经验设定为资格条件进行了限制。(参见本文第 4.3.1.2 部分讨论) GPA 也将过往经验或业绩设定为供应商的消极条件。比如，供应商存在的严重或者持续性不履行合同实质性义务的过往经验，可以被设定为供应商参与的消极资格。

《政府采购法》第 22 条一般性地规定了供应商的履约能力条件，并没有直接规定过往经验问题。但该法第 23 条规定采购人可以要求参加政府采购的供应商提供有关资质证明文件和业绩情况，来证明供应商具有履行合同所需要的能力。由此规定可以认为,我国《政府采购法》允许将过往经验设定为资格条件,只要其为供应商履约能力所必需且与采购项目的具体特点和实际需要相适应(受到《政府采购法实施条例》第 20 条的制约)。《政府采购法实施条例》第 20 条第 4 项进一步规定,"以特定行政区域或者特定行业的业绩、奖项作为加分条件或者中标、成交条件"属于以不合理的条件对供应商实行差别待遇或者歧视待遇的情形之一。其可以被解释为所要求的业绩条件应该是开放的,不应该局限于本地或本行业,也不能局限于特定的采购实体。在 GPA 的视角下,可以基于非歧视性要求将这一业绩条件再扩展至 GPA 所要求的程度。因此可以认为,我国《政府采购法》的规定与 GPA 规则并无实质性差异。

4.3.2.4 资格条件的证明与透明度

《政府采购法》第 23 条规定,采购人可以要求参加政府采购的供应商提供有关资质证明文件和业绩情况,并根据本法规定的供应商条件和采购项目对供应商的特定要求,对供应商的资格进行审查。《政府采购法实施条例》第 20 条禁止以特定行政区域或者特定行业的业绩、奖项作为加分条件或者中标、成交条件,否则将构成"以不合理的条件对供应商实行差别待遇或者歧视待遇"。《政府采购货物和服务招标投标管理办法》第 17 条规定[1],采购人、采购代理机构不得将投标人的注册资本、资产总额、营业收入、从业人员、利润、纳税额等规模条件作为资格要求或者评审因素,也不得通过将除进口货物以外的生产厂家授权、承诺、证明、背书等作为资格要求,对投标人实行差别待遇或者歧视待遇。因此,我国政府采购法律的规定与 GPA 所要求的非歧视原则是一致的,只不过在我国加入 GPA 之后,需要进一步将这一非歧视性原则加以扩展,要求采购人根据供应商在国内外的商业活动来评估该供应商的财务、商业和技术能力。

---

〔1〕《政府采购货物和服务招标投标管理办法》(2017 年修订)(中华人民共和国财政部令第 87 号),2017 年 10 月 1 日起施行。

我国采购法律也规定了在相关公告、资格审查文件或招标文件中事先公开对供应商资格审查的特定要求，因此我国的规则与 GPA 有关资格审查标准透明度的要求相一致。

4.3.3 资格条件规则与 GPA 非歧视原则的符合性

4.3.3.1 GPA 非歧视原则

外国供应商参与本国采购市场的资格受到 2012GPA 第 4 条第 1 款和第 2 款规定的非歧视原则的约束，具体内容如下。

> 关于本协定涵盖的有关政府采购的一切法律、条例、程序和做法，各方向来自另一方的产品、服务和供应商提供的待遇应不得低于：
>
> (a) 向本国产品、服务和供应商提供的待遇……

这意味着，如果一国的“采购国货”政策关注的是产品原产地，而不是供应商的国籍，那么 GPA 的这一条款在 GPA 的适用范围内能够有效地防止此类政策的出现。

2012GPA 第 4 条第 1 款有关国民待遇的规定则有效地解决了基于供应商的国籍在本国供应商与外国供应商之间进行歧视的情况。比如，政府不能将 GPA 成员方的供应商从合同授予中排除出去，不能在确定受邀请投标的供应商时优先考虑本国供应商或者在授予合同阶段给予本国供应商优惠条件。这对供应商的资格审查条件，以及对想要赢得政府合同但却没有任何当地优势存在的供应商尤为重要。

在禁止对其他 GPA 成员方的产品、服务和供应商采取歧视性待遇作出规定之后，2012GPA 第 4 条第 2 款继续规定：

> 就与本协定所涵盖政府采购有关的所有法律、条例、程序和措施，缔约方应该确保：
>
> (a) 其实体不得依据外国附属关系或所有权的程度而给予一当地设

立的供应商的待遇低于给予另一当地设立的供应商的待遇……

2012GPA第4条第2款(a)项意味着,即使一个外国公司的本地商业存在中没有由本国股东持有的一定比例的股份,采购实体也不能将该公司排除在合同授予程序之外,这一规定涉及外国人在本国设立的外商投资企业参与本国政府采购市场的资格问题。本地设立的供应商在一些情况或者所有的情况下都可能是“本国”供应商,而不是“其他”GPA成员方的供应商。如果是这样,它们就可能没有被包括在2012GPA第4条第1款的范围之内,因为该条款只和本国与其他GPA缔约方的供应商歧视有关,而与不同本国供应商的歧视性待遇无关。由于许多外国公司对政府采购市场的渗透是通过其在当地的子公司进行投标来实现的,因此该款是一个潜在的重要条款。

4.3.3.2 外国供应商参与的资格及与GPA的符合性

我国《政府采购法》第10条实施了一项有关政府采购本国货物、工程和服务的政策。该政策所称本国货物、工程和服务的界定,依照国务院有关规定执行。《政府采购法实施条例》对《政府采购法》第10条没有任何实施措施。国务院至今未对本国货物、工程和服务进行界定。观察我国有关《政府采购法》第10条的实施情况,可见有以下三个方面的发展:

第一,“本国”货物(工程或服务)在实施中被转化为“进口”货物,并协调了国家鼓励或者限制进口的法律政策。财政部在2007年颁布规范性文件《政府采购进口产品管理办法》[1],具体实施了《政府采购法》上的采购“本国”政策,其中第3条规定,本办法所称进口产品是指通过中国海关报关验放进入中国境内且产自关境外的产品。《政府采购进口产品管理办法》第4条规定,政府采购应当采购本国产品,确需采购进口产

〔1〕《财政部关于印发〈政府采购进口产品管理办法〉的通知》(财库〔2007〕119号),2007年12月27日发布和施行。

品的,实行审核管理。《政府采购进口产品管理办法》第 5 条规定,采购人采购进口产品时,应当坚持有利于本国企业自主创新或消化吸收核心技术的原则,优先购买向我方转让技术、提供培训服务及其他补偿贸易措施的产品。采购"本国"产品政策还协调了国家鼓励或者进口产品的国家法律法规政策,包括国家限制进口重大技术装备和重大产业技术,或者国家限制进口重大科学仪器和装备的政策。

由此可见,《政府采购法》上的采购"本国"的政策在实施中被转化为采购"国内"的政策,这显然是一项基于"原产地"的差别采购政策。还需注意到的是,《政府采购进口产品管理办法》未涉及《政府采购法》所要求的本国"服务和工程"的采购政策。但从统计意义上看,"国内,是指履行工程和服务合同的是本国供应商,或指所采购的货物为非进口产品。进口,是指《政府采购进口产品管理办法》(财库〔2007〕119 号)中规定的进口产品,即通过中国海关报关验放进入中国境内且产自关境外的产品,或指履行工程和服务合同的是非本国供应商。本国供应商,指在中华人民共和国境内注册的法人"〔1〕。

第二,对"本国供应商"的要求。2004 年发布的《政府采购货物和服务招标投标管理办法》(已失效)还提出了"本国"供应商的要求。2004 年发布的《政府采购货物和服务招标投标管理办法》第 8 条规定,参加政府采购货物服务投标活动的供应商,应当是提供本国货物服务的本国供应商,但法律、行政法规规定外国供应商可以参加货物服务招标投标活动的除外。外国供应商依法参加货物服务招标投标活动的,应当按照本办法的规定执行。〔2〕 仍然从统计意义上看,"本国供应商,指在中华人民共和国境内注册的法人"〔3〕。但这一"本国供应商"的要求在《政府采

〔1〕《交通运输部办公厅关于做好 2010 年政府采购计划和执行情况编报及信息统计工作的通知》(厅财字〔2010〕34 号),2010 年 2 月 12 日发布和施行。

〔2〕《政府采购货物和服务招标投标管理办法》(中华人民共和国财政部令第 18 号),2004 年 9 月 11 日起施行。

〔3〕《交通运输部办公厅关于做好 2010 年政府采购计划和执行情况编报及信息统计工作的通知》(厅财字〔2010〕34 号),2010 年 2 月 12 日发布和施行。

购货物和服务招标投标管理办法》(2017年修订)[1]中已被删除。因此，无法完全确定的事，外国供应商是否有资格通过提供中国"国内"生产的产品来参与中国政府采购市场，以及外国服务提供者是否可以直接参与中国政府采购市场。对以上问题的澄清与回答取决于我国贸易法律对"本国"服务或者工程的定义。

第三，外商投资企业在我国《政府采购法》上的参与资格问题。尽管法律上缺乏对《政府采购法》意义上的"本国供应商"的界定，但从实践层面来看，本国供应商，指在中华人民共和国境内注册的法人。这意味着，依照中国法律在中国境内设立的外商投资企业，应属于《政府采购法》意义上的"本国"供应商。《外商投资法》[2]第16条规定，国家保障外商投资企业依法通过公平竞争参与政府采购活动。政府采购依法对外商投资企业在中国境内生产的产品、提供的服务平等对待。《外商投资法实施条例》[3]第15条规定，政府及其有关部门不得阻挠和限制外商投资企业自由进入本地区和本行业的政府采购市场。政府采购的采购人、采购代理机构不得在政府采购信息发布、供应商条件确定和资格审查、评标标准等方面，对外商投资企业实行差别待遇或者歧视待遇，不得以所有制形式、组织形式、股权结构、投资者国别、产品或者服务品牌以及其他不合理的条件对供应商予以限定，不得对外商投资企业在中国境内生产的产品、提供的服务和内资企业区别对待。《外商投资法实施条例》第16条规定，外商投资企业可以依照《政府采购法》及其实施条例的规定享有质疑投诉权。法律还特别强调了政府采购监督管理部门对外商投资企业实行差别待遇或者歧视待遇等违法违规行为进行监督检查、依法纠正和查处的要求(《外商投资法实施条例》第17条)。同时，法律规定了违法行为的纠正措施(《外商投资法实施条例》第42条)，即政

[1] 《政府采购货物和服务招标投标管理办法》(2017年修订)(中华人民共和国财政部令第87号)，2017年10月1日起施行。

[2] 《外商投资法》，2019年3月15日于第十三届全国人民代表大会第二次会议通过。

[3] 《外商投资法实施条例》(中华人民共和国国务院令第723号)，2019年12月26日发布，2020年1月1日起施行。

府采购的采购人、采购代理机构以不合理的条件对外商投资企业实行差别待遇或者歧视待遇的,依照《政府采购法》及其实施条例的规定追究其法律责任;影响或者可能影响中标、成交结果的,依照《政府采购法》及其实施条例的规定处理。

另外,《财政部关于在政府采购活动中落实平等对待内外资企业有关政策的通知》[1]对外商投资企业平等参与政府采购的要求进一步予以明确。第一,保障内外资企业平等参与政府采购的资格。在中国境内生产的产品,无论其供应商是内资还是外资企业,均应依法保障其平等参与政府采购活动的权利。具体而言,各级预算单位在政府采购活动中,不得在政府采购信息发布、供应商资格条件确定和资格审查、评审标准等方面,对内资企业或外商投资企业实行差别待遇或者歧视待遇,不得以所有制形式、组织形式、股权结构、投资者国别、产品品牌以及其他不合理的条件对供应商予以限定,切实保障内外资企业公平竞争。第二,不对外资企业提供的产品或服务进行歧视。政府采购依法对内外资企业在中国境内生产的产品(包括提供的服务,下同)平等对待。各级预算单位应当严格执行《政府采购法》和《外商投资法》等相关法律法规,在政府采购活动中,除涉及国家安全和国家秘密的采购项目外,不得区别对待内外资企业在中国境内生产的产品。第三,外资企业享有与内资企业平等的《政府采购法》上的诉权。内外资企业在政府采购活动中,凡认为采购文件、采购过程、中标或者成交结果使自身权益受到损害的,均可依照相关规定提起质疑和投诉。各级财政部门应当严格落实《政府采购质疑和投诉办法》(中华人民共和国财政部令第 94 号),畅通投诉渠道,依法受理并公平处理供应商的投诉,不得在投诉处理中对内外资企业实施差别待遇或者歧视待遇,维护政府采购供应商的合法权益。

综上,可以得出以下结论。第一,我国《政府采购法》要求采购本国

---

〔1〕《财政部关于在政府采购活动中落实平等对待内外资企业有关政策的通知》(财库〔2021〕35 号)。

货物、工程和服务,因此外国供应商参与我国政府采购市场的资格存在极大的法律不确定性,这也是我国加入 GPA 背景下需要进行的一项重要的法律调整内容。第二,我国有关外商投资企业平等参与国内政府采购市场的政府规则,在加入 GPA 前已经满足了 GPA 的有关要求。

4.4 供应商资格审查规则的适应性

4.4.1 一般要求

4.4.1.1 GPA 的一般要求

GPA 对成员方政府采购法律的要求主要侧重于可能对外国供应商参与国家政府采购构成歧视或差别待遇的领域。GPA 对资格审查程序提出了一般性要求,具体如下:第一,资格审查程序的采用或适用不能以阻碍外国供应商参与国家采购市场为目的,也不得因资格审查程序的运用而造成阻碍外国供应商参与国家政府采购市场的效果(2012GPA 第 9 条第 3 款);第二,GPA 成员方应当保证其采购实体努力缩小资格审查程序之间的差异[2012GPA 第 9 条第 2 款(a)项]。

4.4.1.2 我国规则的符合性

《政府采购法实施条例》第 20 条禁止对供应商采取不同的资格审查或者评审标准。这一原则性要求与 GPA 所要求非歧视原则一致。当然,在加入 GPA 之前,外国供应商参与我国政府采购市场的权利具有极大的不确定性。在加入 GPA 之后,我国政府采购法律可以将现行法律在资格审查方面的非歧视性原则扩展至适用于外国供应商。

鉴于我国是统一法治国家,政府采购法律统一适用于各级政府的各个采购实体,因此在采购实体层面,有关资格审查程序之间应不会存在实质性的差异,这一点与联邦制国家形成鲜明的对比。另外,GPA 所施加的是一项"努力"的义务,因此我国现行政府采购法律满足 GPA 的这项义务不成问题。与之相反,一些联邦制国家在满足这项义务方面存在巨大挑战。

4.4.2 供应商登记制度

4.4.2.1 GPA 要求

GPA 规定,GPA 成员方(包含其采购实体)可以设立供应商登记制度,要求感兴趣的供应商进行登记并提供某些信息。[1] GPA 对供应商登记制度的要求是:(1)如果采购实体运用供应商登记制度,GPA 成员方应当保证这些实体努力缩小其供应商登记制度之间的差异性。(2)供应商登记制度的采用或适用不能以阻碍外国供应商参与我国采购市场为目的,也不得因供应商登记制度的运用而造成阻碍外国供应商参与我国政府采购市场的效果。[2]

4.4.2.2 我国规则的符合性

《政府采购法》和《政府采购法实施条例》都没有规定“供应商登记制度”。有些地方政府颁布了有关政府采购供应商注册制度的规范性文件,如浙江省政府、上海市政府、汉中市政府等。这些规范性文件呈现以下几个方面的特征:第一,供应商登记时需要提供的信息范围不一致。例如,在上海市,申请信息登记的供应商在登录上海市政府采购网时需要填写的内容较为简单。[3] 在浙江省,供应商注册时应当提交的信息和

---

〔1〕 参见 2012GPA 第 9 条第 1 款。

〔2〕 参见 2012GPA 第 9 条第 3 款。

〔3〕 参见《上海市政府采购供应商登记及诚信管理办法》(沪财发〔2017〕2 号),2017 年 5 月 10 日发布和施行。其第 8 条规定:在上海市,申请信息登记的供应商,应登录上海市政府采购网填写“单位名称、统一社会信用代码(或组织机构代码)、法定代表人(或主要负责人)、机构类型、统一社会信用代码(或组织机构代码)的有效期、注册地址、经营地址、联系人、联系电话等基本信息,并声明在提出登记申请前 3 年内没有重大违法记录”。

材料较为复杂。[1] 第二，加入供应商登记制度所适用的程序不一致。例如，在上海市只需要进行网上申请，但是在浙江省则需要进行网上初审和书面再审。第三，供应商的权利不同。有些供应商登记制度规定供应商仅享有《政府采购法》上所赋予的一般性的平等参与、公平交易、询问、质疑、投诉等各项权利，而有些供应商登记制度则与其他政府采购制度相衔接并赋予供应商其他权利，例如，已经登记的供应商可以直接参加网上政府采购活动，可以直接被系统随机抽取为竞争性谈判、询价采购的受邀供应商、在相关政府采购网站优先开设网上商铺等。第四，有些供应商登记制度明确了未登记的供应商是否能够参与政府采购活动的情形。例如，上海市明确，"未登记的供应商，可以先获取采购文件，再补办登记手续，但应在投标截止或提交响应文件截止时间之前完成登记手续"[2]。浙江省也明确，"采购单位及其委托的采购代理机构采取网上采购或协议供货时，必须使用注册入库的供应商；未注册入库的供应商拟参与网上采购活动的，可以先获取采购文件，再补办注册登记手续，并在采购响应截止时间前注册入库"[3]。

可见，在地方政府的采购实践中至少存在两种类型的供应商登记制

---

〔1〕《浙江省政府采购供应商注册及诚信管理暂行办法》（已失效）第13条规定，供应商注册时，应当将以下基本信息登记入库：供应商基本情况信息、相关资质信息、资产财务信息、出资人（或股东）和分支（或服务）机构信息以及供应商认为可以提供的其他信息。此外，该办法第14条规定，供应商在注册登记的同时，应在网上扫描录入以下资料：企业法人营业执照（或事业等其他法人证书）；税务登记证；社会保险登记证；组织机构代码证和法定代表人身份证；最近年度的资产负债表、损益表和验资（出资）报告；特许生产、经营或安全卫生许可，特定技术或业务资质，ISO质量和环保管理认证，品牌授权代理等有助于证明其经营和管理能力的证书；审查机构认为需要提交的供应商认为可以提供的其他资料（如公司章程、信用报告等）。该办法第23条规定，除供应商已注册登记的本办法第13条规定的基本信息外，供应商库中还应当注册登记以下信息：（1）产品、服务及价格信息，包括当前可提供的政府采购产品或服务的名称、类别、简要技术规格或型号、产地和市场价格等信息；（2）项目业绩（案例）信息，包括近3年签约成交或承揽的政府采购合同和非政府采购合同目的项目名称、采购单位（项目业主）、履约验收情况等信息；（3）政府采购诚信档案信息，包括近3年参与政府采购活动中的奖惩记录（含不良行为记录）、质疑投诉记录、采购单位对其考核评价记录等信息。

〔2〕《上海市政府采购供应商登记及诚信管理办法》（2017年）第5条第1款。

〔3〕《浙江省政府采购供应商注册及诚信管理暂行办法》（浙财采监字〔2009〕28号，已失效）第30条第2款。

度,一类仅限于对供应商基本信息的收集和管理,并不涉及将供应商登记库作为一种参与某类采购活动的供应商名单进行使用;而另一类则是要求供应商提供更多的信息并据此作为使用竞争性谈判和询价采购方式时选择供应商参与政府采购活动的供应商名单,或者据此作为实施网上采购或者协议供货、定点采购的供应商名单进行使用。

从 GPA 的要求来看,其所指的供应商登记制度应当是一种最为基本的对供应商有关信息进行登记和管理的制度。目前我国各级地方政府层面所实施的供应商登记制度都具有这一特征。因此,中国在加入 GPA 之后应当保证有关机构努力缩小其供应商登记制度之间的差异性,如供应商应当提供的信息内容和供应商登记程序之间的差异性。

从上述分析中也可知,中国地方政府层面实施的供应商登记制度并非以阻碍外国供应商参与国家政府采购市场为目的,而是旨在对供应商的管理(尤其是诚信管理),目前也尚未发现有对外国供应商进行歧视的供应商登记规则。未来只要外国供应商依照相关规则进行登记,就不会造成阻碍外国供应商参与国家政府采购市场的效果。

此外,将供应商登记库作为常用供应商名单来运用的情形则应当满足 GPA 有关常用供应商名单的要求。该问题将在下文有关"常用供应商名单"的第 4.4.4 部分进行讨论。

4.4.3 GPA 选择性程序中的资格审查程序

4.4.3.1 GPA 选择性程序的资格审查程序

前述有关供应商登记制度和资格审查程序的要求适用于所有的公开招标和选择性招标,但 GPA 也对选择性招标的资格审查程序规定了特别要求。

首先,GPA 对采购公告及后续采购通知中应当包含的内容进行了规制,如前文第 4.2.1 部分所述。

其次,采购实体原则上应当允许所有合格供应商参加某一特定采购。这表明在选择性招标中,原则上采购实体应当允许所有满足资格条件的供应商参加具体的采购项目。这也从另一个角度说明,GPA 下的公开招标是不包含任何资格预审程序的。如果采购实体希望通过事先选择符合资格条件的供应商参与投标,即使最终所有符合条件的供应商都被允许参与投标,也应当遵守 GPA 项下有关选择性招标的规则。

再次,如果采购实体在采购公告中明确列出了允许进行投标的供应商数量的任何限制,以及选择有限数量供应商的标准,则其可以限制参与投标的供应商数量。值得注意的是,这里 GPA 并未对应当允许参加投标的供应商的最小限额进行规制,也并未对选择有限数量供应商的标准进行规制。GPA 的规制重点在于要事先在采购公告中公开这些信息,从而让潜在的供应商事先知晓。

最后,GPA 对选择性招标中招标文件的获取时间提出了要求,即如果在选择性招标发布采购公告(一般指资格预审通知)之时未能同时公开发布招标文件,那么采购实体应当保证所选择出来的合格供应商同时获得招标文件。

4.4.3.2 我国规则的符合性

在资格审查方面,我国作出了一系列的规定。

《政府采购法》及其实施条例并未对资格预审的标准和方法进行规制,《政府采购法实施条例》对发布资格预审公告的媒体、资格预审公告应当包含的内容进行了简单规制。《政府采购货物和服务招标投标管理办法》对资格预审进行了具体规定。

我国政府采购法律对资格审查的规定主要包含以下几个方面:第一,公开招标进行资格预审的,招标公告和资格预审公告可以合并发布,招标文件应当向所有通过资格预审的供应商提供。[1] 第二,对资格预审文件的编制进行了规制。采购人或者采购代理机构应当根据采购项目的特点和采购需求编制资格预审文件,且规定了资格预审文件应当包含

---

〔1〕《政府采购货物和服务招标投标管理办法》(中华人民共和国财政部令第 87 号)第 18 条第 2 款。

的主要内容[1],并要求免费提供资格预审文件。此外,还要求“资格预审文件的内容不得违反法律、行政法规、强制性标准、政府采购政策,或者违反公开透明、公平竞争、公正和诚实信用原则”[2]。第三,对资格预审文件的澄清和修改进行了规制。[3] 第四,对发布资格预审公告之后,因重大变故需要取消采购任务而终止招标的活动进行了规制。[4]

整体而言,我国政府采购制度中有关资格预审的规则仅适用于国内政府采购法律上的“公开招标”和“邀请招标”两种方式。《政府采购货物和服务招标投标管理办法》的有关规则更是对资格预审文件的制订、澄清和修改进行了类似于对招标文件一样的严格规制。

对资格审查问题的符合性研究,应当区别对待以下两类情形:一是含资格预审的公开招标方式;二是限制供应商参与数量的竞争性采购方式。前者不对参与投标的合格供应商数量进行限制,所有满足了资格条件的供应商都可以参加特定采购项目;后者则对参与投标的合格供应商数量进行限制。本文附件 4 列明了对应 GPA 选择性招标,我国类似采购程序中资格审查程序之符合性。不同采购方式与 GPA 间的符合性研究如下。

4.4.3.2.1　不限制合格供应商数量的采购方式与 GPA 规则之间的符合性

首先,在发布采购公告及后续采购通知相关要求方面,我国政府采购法律基本符合 GPA 要求。无论是公开招标公告还是资格预审公告,

---

[1] 《政府采购货物和服务招标投标管理办法》(中华人民共和国财政部令第 87 号)第 21 条第 1 款。

[2] 《政府采购货物和服务招标投标管理办法》(中华人民共和国财政部令第 87 号)第 25 条第 1 款。

[3] 《政府采购货物和服务招标投标管理办法》(中华人民共和国财政部令第 87 号)第 27 条。

[4] 《政府采购货物和服务招标投标管理办法》(中华人民共和国财政部令第 87 号)第 29 条。

都包含了供应商应当满足的资格条件。[1] 只不过，如前文所述，这些公告还应当包含对供应商需要提交的与之相关的特定文件或证书的任何要求。

其次，含资格预审的公开招标方式允许所有满足了资格条件的供应商参加特定的采购项目，因此其符合 GPA 要求。

最后，《政府采购货物和服务招标投标管理办法》明确规定，“公开招标进行资格预审的，招标公告和资格预审公告可以合并发布，招标文件应当向所有通过资格预审的供应商提供”，因此符合有关合格供应商同时获取招标文件的 GPA 要求。

4.4.3.2.2 限制供应商参与数量的竞争性采购方式与 GPA 规则之间的符合性

第二类情形则比较复杂，包含多类采购实践，即限制合格供应商参与数量，可以对应 GPA 上选择性招标的各类采购方式，其包括：(1)含资格预审的“邀请招标”；(2)“从供应商库选取参与供应商”的邀请招标；(3)“通过采购人书面推荐方式选取参与供应商”的邀请招标；(4)包含资格预审的竞争性谈判；(5)“从供应商库随机抽取参与谈判供应商”的竞争性谈判；(6)包含资格预审的询价采购方式；(7)“从供应商库随机抽取参与竞争供应商”的询价采购方式。

因此，需要逐一分析上述有关采购方式的具体规则是否符合 GPA 的相关要求，即要事先在采购公告中公开有关“允许进行投标的供应商数量的任何限额”以及“选择有限数量供应商的标准”的信息。具体分析如下：

第一，含资格预审的“邀请招标”。

《政府采购法》第 34 条要求，对于邀请招标，应“从符合相应资格条件的供应商中，通过随机方式选择三家以上的供应商，并向其发出投标

[1] 《政府采购货物和服务招标投标管理办法》(中华人民共和国财政部令第 87 号)第 13 条和第 15 条。

邀请书”。“随机”方式为“随机抽取”,其是指通过抽签等能够保证所有符合资格条件供应商机会均等的方式选定供应商。[1] 这意味着,在邀请招标方式下,采购人需要通过资格预审的方式邀请参与投标的供应商,并且实际受到邀请的合格供应商的数量应受到限制。

我国政府采购制度符合 GPA 的这一要求。

第二,“从供应商库选取参与供应商”的邀请招标。

对于这类采购方式,选择参与投标的供应商标准是“随机方式”。《政府采购货物和服务招标投标管理办法》并未对是否应当公布参加条件、公布选择标准及数量进行规制,而是仅要求——若以这种方式产生符合资格条件供应商名单的,备选的符合资格条件供应商总数不得少于拟随机抽取供应商总数的 2 倍。

这种供应商选择的过程包含以下几项流程:(1)潜在供应商申请加入供应商库;(2)采购人或采购代理机构从供应商库中选取 N 个供应商作为符合资格条件的供应商名单;(3)从符合资格条件的供应商名单中采用随机抽取方式确定参与投标的供应商名单。这几个流程可以被视为从“长名单”(供应商库)向“短名单”(实际参与采购的供应商)转化的过程。采购人或采购代理机构从供应商库选取的潜在供应商构成“长名单”,并需从“长名单”中通过随机抽取方式确定“短名单”。在这几项流程中需要明确两点,第一,申请加入供应商库需要满足的条件;第二,采购人或者采购代理机构从供应商库选取供应商时是否进一步设置了参加条件以及选择的标准。

这里所提及的供应商库是指省级以上人民政府财政部门建立的供应商库。在全国层面还尚未存在对参与供应商库的条件进行统一规制的规则,但从浙江省、上海市等地的实践来看,供应商参与供应商库的条件都会事先向潜在供应商公开,且遵循的基本规则为,凡是符合条件的

---

[1] 《政府采购货物和服务招标投标管理办法》(中华人民共和国财政部令第 87 号)第 14 条第 4 款。

供应商,都可以加入供应商库,并不会对入库供应商的数量进行限制。但目前在法律法规层面尚不明确的是,首先,采购人或者采购代理机构以何种标准从供应商库中选取供应商,即是否对供应商库中的供应商施加了进一步的条件约束？其次,采取何种方式进行选取？最后,最终被随机抽取参与采购的供应商数量应该在哪里公开、何时公开？在 GPA 的背景下,法律需要对此予以进一步明确。

第三,“通过采购人书面推荐方式选取参与供应商”的邀请招标。

这种采购方式也类似于从“长名单”到“短名单”转换的模式,但由采购人书面推荐形成“长名单”。推荐供应商的理由和条件并不向所有潜在的供应商公开,即供应商应当满足哪些条件才能被推荐并未事先公开。“长名单”中供应商的数量并未事先公开,但是如果合同机会和参与条件未对外公开,那么事先采购人推荐的供应商数量也并无意义。此外,最终被随机抽取参与采购的供应商数量应该在哪里公开、何时公开亦未明确。

第四,包含资格预审的竞争性谈判。

值得注意的是,《政府采购货物和服务招标投标管理办法》仅适用于招标采购方式。这意味着,《政府采购货物和服务招标投标管理办法》有关资格预审的规则并不适用于运用资格预审的非招标采购方式,其适用且仅适用于“含资格预审的公开招标”和运用资格预审程序实施的“邀请招标”两类采购方式。

为此,如果运用资格预审实施竞争性谈判,依据《政府采购法实施条例》第 21 条的规定,资格预审公告应当包含对供应商的资格要求,但何处及何时公布选择标准及数量限制并未得到规制。

第五,“从供应商库随机抽取参与谈判供应商”的竞争性谈判。

这种采购方式的具体操作为从供应商库随机抽取不少于 3 家符合相应资格条件的供应商参与竞争性谈判。这里的供应商库也指“省级以上财政部门建立的供应商库”[1]。这意味着在该采购方式下，符合供应商入库条件的供应商就是符合资格条件的供应商，参与采购的资格条件就是入库的资格条件，而其中目前尚不明确的是：(1)是否还对外发布公告公开采购机会？除了发布供应商入库通知之外是否还对具体的采购发布采购公告并包含有关资格条件的信息？(2)如果公开采购机会，是否允许尚未入库的供应商参加，如何参加？(3)选择供应商的数量是否公开以及何时、何地公开？

第六，包含资格预审的询价采购方式。

这种采购方式与前述“包含资格预审的”竞争性谈判方式类似。资格预审公告中应当包含对供应商的资格要求，但何处及何时公布选择标准及数量限制并未得到规制。

第七，“从供应商库随机抽取参与竞争供应商”的询价采购方式。

这种采购方式与“从供应商库随机抽取供应商”的竞争性谈判类似。供应商的参加条件就是加入供应商库应当满足的资格条件。选择参与采购供应商的方式是随机抽取，但是尚不明确之处在于，除了发布供应商入库通知之外是否还对具体的采购发布采购公告并包含有关资格条件的信息？选择供应商的数量是否公开以及何时、何地公开？

可见，GPA 有关资格审查程序的规则适用于所有的公开招标采购程序和选择性招标采购程序。对于选择性招标采购程序，GPA 原则上要求采购实体允许所有满足参加条件的供应商参加某一特定采购。但与此同时，GPA 也允许对参与采购的供应商数量进行限制，只不过提出了约束性条件。由此可总结出 GPA 的逻辑则为，如果要限制参与投标的供应商数量，有关采购机会的信息应当与选择供应商参与采购的条件、数量及标准一起向供应商公布。

但是在我国政府采购实践中，选择供应商参与政府采购活动的方式不只有发布资格预审公告并且进行资格预审这一种，还有从供应商库选

---

[1] 《政府采购非招标采购方式管理办法》(中华人民共和国财政部令第 74 号)第 12 条。

取候选名单后再随机抽取、直接从供应商库随机抽取、采购人书面推荐候选名单后再随机抽取等多种方式。

从《政府采购法》及其实施条例和财政部发布的相关部令来看，只有发布资格预审公告这类方式得到了某些规制，但有关规则又只适用于公开招标和邀请招标适用资格预审的情形。从有关资格预审的具体规则来看，其逻辑是：公布采购机会和供应商参与条件的同时并不公布选择的数量及标准，而是在资格预审公告发布之后的一定期限内在资格预审文件中提供。可见，有关资格预审的规则所要求提供的信息内容符合 GPA 要求，只不过这些信息是前后而非同时发布的，其在内容本质上也是免费向所有供应商开放的。因此综上所述，有必要对这些信息发布的方式，包含信息发布的平台和信息发布的时间进行调整，使其满足 GPA 要求。

判断"从供应商库选取候选名单后再随机抽取""直接从供应商库随机抽取""采购人书面推荐候选名单后再随机抽取"等多种方式选择供应商参与具体采购活动的实践是否符合 GPA 要求则比较复杂。但基于法律规则确定性的考虑，在未来采购法律改革过程中，应当明确相关规则，如制定适合于所有采购方式的资格预审程序；要求所有限制参与采购的供应商数量的采购项目也对外同时公开合同机会、参与条件以及选择供应商的标准和数量限制。

4.4.4 常用供应商名单

4.4.4.1 GPA 的基本要求

供应商名单的目的在于简化采购流程管理，从而节约成本，扩大竞争，提高信息管理效率[1]。在采购实践中存在两大类供应商名单：(1)强制性名单，即供应商只有在注册后才能保证具有参与特定采购的

〔1〕［英］苏·艾茹史密斯：《WTO 中的政府采购》，曹富国译，经济科学出版社 2017 年版，第 223 页。

资格;(2)选择性名单,即供应商有权选择是否进行注册,进行注册并不是参加投标的必要条件。

供应商名单在运用过程中可能面临下述问题:首先是注册供应商数量的不足,可能难以产生适当的竞争。其次为注册程序的实施可以有意或者无意地限制竞争。这种限制竞争可能是由于不合理的延误造成的,也可能是过于烦琐的资格审查条件或者程序要求造成的,还可能是因为评估程序和评估标准缺乏透明度。最后是注册程序的实施可能会增加外国供应商的成本。因为如果没有出现供应商感兴趣的合同,强制性名单会增加其成本。[1]

GPA 将常用供应商名单(multi-use)界定为:采购实体已经确定名单中的供应商满足列入该名单的条件且采购实体有意使用一次以上的供应商名单。常用供应商名单有以下两个核心要素:第一个核心要素为名单中的供应商已经被采购实体确定满足被列入名单的条件,这意味着供应商名单是资格审查的结果,凡是名单中的供应商都需满足一定的参与条件。但这并不表示采购人不能基于供应商名单进行进一步资格审查。第二个核心要素为采购实体打算多次使用该供应商名单。因此供应商名单的确立是为了多次采购活动的实施,而非仅适用于某项特定的采购活动。

GPA 允许采购实体设立常用供应商名单,但是其也对常用供应商名单进行了以下几个方面的规制:

首先,对邀请感兴趣的供应商申请加入名单的通知的发布和内容进行规制。

GPA 要求,第一,该项通知应当每年在 GPA 附录Ⅲ所列明的有关媒体上进行公布,并且如果是通过电子方式公布,则应当使该项通知可以被持续获得。但是如果一份常用名单在 3 年或者 3 年以内有效,则采购实体可以在名单有效期开始时仅公布该通知一次,但条件是,该通知中

〔1〕 [英]苏·艾茹史密斯:《WTO 中的政府采购》,曹富国译,经济科学出版社 2017 年版,第 223 页。

规定有有效期,且规定不再公布进一步的通知;同时,通过电子方式公布且在有效期内可以持续获得。第二,该项通知应当包含下述内容:(1)对名单可能用于的货物或服务或者货物或服务类别的描述;(2)供应和列入名单所需满足的条件和采购实体用以验证供应商满足此类条件的方法;(3)采购实体的名称和地址及其他与实体联系和获得与名单有关的所有相关文件所必要的信息;(4)名单的有效期和展期或终止的方法,如未规定有效期,则为关于就名单使用终止做出通知的方法的说明;(5)关于名单可能用于本协定涵盖采购的说明。

其次,对常用供应商名单的动态管理进行规制。GPA要求采购实体应当允许供应商随时申请列入常用名单,并应在合理的较短时间内将所有合格供应商列入名单。这表明,常用供应商名单应当是动态管理的,并应当允许随时申请加入并且在合理的较短时间内作出决定。

最后,及时审查供应商加入常用供应商名单的申请。即使在具体采购活动开始之后,未列入常用供应商名单的供应商仍然有权利在一定期限内申请参加该项采购活动,采购实体也有义务在投标截止期限之前对其申请进行审查。除非在特殊情形下,由于采购项目的复杂性无法在该期限截止之前进行审查。[1]

此外,可以注意到上述要求仅对选择性采购方式适用,因为在GPA公开招标方式下即使运用了供应商登记制度,所有感兴趣的供应商都可以参与投标而不需要进行额外申请。

4.4.4.2 我国规则的符合性

《政府采购法》既有运用竞争性谈判方式时的“确定邀请参加谈判的供应商名单”的内容,也有运用询价采购方式时的“确定被询价的供应商名单”的内容。但这些“供应商名单”的术语在本质上都并非GPA项下所指的“常用供应商名单”。但这并非意味在我国政府采购实践中不存在GPA中所规制的“常用供应商名单”。从本质上来看,至少下述采购

〔1〕 参见2012GPA第9条第11款。

实践中存在应当被视为 GPA 中所规制的“常用供应商名单”:(1)协议供货;(2)定点采购;(3)资格入围采购/招标;(4)作为常用供应商名单使用的供应商库;(5)电子卖场(网上超市)供应商征集/承诺入围。这些采购实践虽已存在,但中央层面的法律法规并未对其进行规制,因此若要分析这些采购实践是否符合 GPA 要求,还需要具体查看地方层面的法规、规范性文件和具体案例。

4.4.4.2.1 协议供货

最早在2003 年我国就已经开始了有关协议供货的政府采购实践。首先,2003 年 2 月 27 日河北省财政厅已经印发了《河北省省级行政事业单位购置交通工具、办公自动化设备政府采购协议供货管理暂行办法》[1]。之后,浙江省、黑龙江省发布了在全省范围内实施政府采购协议供货的实施办法[2];广西壮族自治区、北京市、广东省、山东省[3]、陕西省[4]、河北省[5]等出台了适用于省本级的有关协议供货的规范性文件;许多市级政府也出台了适用于市本级的有关协议供货的规范性文件[6];有些

---

〔1〕《河北省财政厅关于印发〈河北省省级行政事业单位购置交通工具、办公自动化设备政府采购协议供货管理暂行办法〉的通知》,2003 年 2 月 27 日发布,2003 年 4 月 1 日起施行。

〔2〕参见《浙江省财政厅关于印发〈浙江省政府采购协议供货制实施办法(试行)〉的通知》(浙财建字〔2004〕70 号),2003 年 12 月 26 日发布,2003 年 12 月 26 日起施行;《黑龙江省财政厅关于印发〈黑龙江省政府采购协议供货管理办法〉的通知》(黑财采〔2005〕12 号),2005 年 12 月 6 日发布,2006 年 1 月 1 日起施行。

〔3〕参见《山东省财政厅关于印发〈山东省省级政府采购协议供货管理办法〉的通知》(鲁财库〔2008〕13 号,已失效),2008 年 5 月 4 日发布,2008 年 5 月 4 日起施行。

〔4〕参见《陕西省财政厅关于印发〈陕西省省级单位协议供货和定点采购管理办法〉的通知》(陕财办采管〔2009〕22 号),2009 年 12 月 17 日发布,2009 年 12 月 17 日起施行。

〔5〕参见《河北省财政厅关于印发〈河北省省级政府采购协议供货管理暂行办法〉的通知》(冀财采〔2016〕17 号),2016 年 5 月 18 日发布和实施。

〔6〕参见《齐齐哈尔市政府采购协议供货管理办法》,2006 年 4 月 1 日发布和施行;《徐州市财政局关于印发〈徐州市市级政府采购货物类协议供货管理规定〉的通知》(徐财购〔2007〕6 号),2007 年 3 月 12 日发布,2007 年 4 月 1 日起施行;《珠海市政府采购协议供货管理暂行规定》(珠财采管〔2008〕11 号),2008 年 7 月 11 日发布,2008 年 10 月 1 日起施行;《无锡市人民政府办公室关于印发〈无锡市市级政府采购协议供货管理暂行办法〉的通知》(锡政办发〔2010〕316 号),2010 年 12 月 20 日发布和施行;《南宁市财政局关于规范南宁市本级政府采购协议供货和定点采购管理的通知》(南财采〔2017〕103 号),2017 年 8 月 7 日发布和施行。

省级政府或者市级政府出台了对某些特定货物实施协议供货的管理办法。

从现有的地方性法规层面来看,“协议供货”大多具有以下几个特征:(1)通过“公开招标”方式确定采购项目中标供应商及其所供货物的品名、规格型号、价格、供货期限、服务承诺等内容。(2)协议供货方式一般适用于规格或者标准相对统一、产品品牌较多且市场货源充足的大宗通用类产品。集中采购目录中所涉货物、服务大多运用协议供货方式实施采购。(3)采购人在供货有效期内自主选择中标供应商及其货物。(4)采购人产生具体需求之后,只能向协议供货范围内的供应商采购协议供货范围内的产品。(5)在某些地区(如广东省、浙江省),协议供货项目的中标价格或者优惠率是有效期内供应商承诺的最高限价或最低优惠幅度,采购人在实施具体采购时可以与供货商就价格或优惠率进行谈判;但是也有某些地区(如无锡市)对数量较大、金额较高的采购项目,要求在协议供货框架内运用电子反拍、谈判等二次竞争方式在中标供应商或更大范围内根据符合采购需求、报价最低的原则选择确定产品和服务。

可见,协议供货制度在中国具有双重含义,其不仅仅只是供应商名单,也是货物或服务清单,只不过提供货物或服务的供应商被限定为特定的一个或者几个供应商。这种意义上,协议供货制度确定的是提供具体货物或服务的供应商名单。发出协议供货采购公告之时,采购人对于采购标的物是确定的,其不确定的是采购的数量。此外,协议供货制度确定的也不仅只是一个满足特定条件的供应商名单,其还会在符合条件的供应商中选择出最优的一个或者多个供应商。

在以下几个角度,可以分析出我国协议供货制度与 GPA 要求之间的符合性。

首先,有关邀请供应商加入协议供货的通知及其发布。由于协议供货采购一般是通过公开招标方式实施,协议供货采购公告一般需要包含公开招标公告中所应当包含的信息。也正因如此,有关协议供货的地方政府规范性文件并未将协议供货采购公告作为规制的重点。《政府采购货物和服务招标投标管理办法》第 13 条规定了公开招标公告应当包含的主要内容,如采购人的采购需求和投标人的资格要求等。但是相对于协议供货的特征而言,公开招标中应当包含的内容并不包含具体协议供货的有效期、展期或终止的办法等信息。

其次,对协议供货采购的动态管理。中国的协议供货清单在本质上属于强制性供应商清单,即采购人仅能从协议供货清单中选择采购人及其所供应的特定产品。同时,协议供货清单也是封闭式清单,清单中的供应商名单一经确定一般不得更改,更不允许新的采购人申请加入该清单。为此,在这一点上我国的协议供货制度与 GPA 的要求并不一致。

最后,由于协议供货制度的封闭性,其不允许非清单中的供应商申请加入采购活动,更无须提及对该请求的审查。此外,需要注意的是,协议供货制度在执行的过程中,采购人在采购具体采购项目时,并不会再对外发布其采购需求,而是直接与协议供货清单中的供应商进入该项采购的申请。

为了进一步了解协议供货制度的采购实践并分析这些采购实践与 GPA 要求之间的符合性,本书在"中国政府采购网"上选取了一些有关协议供货采购的招标公告进行了研究分析。[1] 该项研究一共收集到了 27 个有关协议供货采购的采购公告,[2] 这些采购公告与 GPA 相关要求之间的符合性如下:

第一,仅有 23 个采购公告中包含了对可能用于的货物或服务的描述或者是货物或服务类别的描述。其中有相当一部分采购公告中仅提及了有关货物或服务的类别,如"办公用品"或"办公电器",但是并未提及具体的商品品目。还有 4 个采购公告甚至未提及所涉货物或服务的

---

〔1〕 这些协议供货招标采购公告的发布日期为 2019 年 8 月 11 日至 9 月 11 日,检索关键词为"协议供货",检索范围为"公开招标公告"的标题。

〔2〕 这些公告的名称并不一致,有些是"招标公告",有些是"采购公告",有些仅为"公告"。本报告将其统称为"采购公告"。

类型。其中有些采购公告将对采购对象的描述指向了招标文件,但是附件中的招标文件是空白或者是需要在网站上注册之后才能获取的。

第二,所有 27 个采购公告中都包含了有关资格条件的要求。

第三,27 个采购公告中仅有 16 个采购公告提及了采购人用以审查供应商满足资格条件的方法。

第四,27 个采购公告中有 26 个采购公告提及了采购人的名称和地址以及其他与实体联系和获得与名单有关的所有相关文件所必要的信息。但是有 1 个采购公告并未显示采购人的信息,而仅提供了采购代理机构的信息。该项采购的采购人是军事部队单位,使用的是军事财政资金,采购标的物是办公用品。

第五,27 个协议供货采购项目中,有 8 个未提及协议供货的有效期限;[1]有 11 个仅在采购公告的标题中提及了协议供货所适用的年度,如 2019－2020 年,2020－2021 年等;[2]有 8 个在采购公告中明确提及了协议供货的适用期限,其中有 1 个提及了展期的方法。从明确提及了有效期的公告来看,这些协议供货的有效期为 1 年、2 年或 3 年。

第六,27 个协议供货采购项目中有 4 个项目在发布采购公告的同时发布了招标文件。并且这 4 个项目中,有 2 个项目没有在采购公告中发布协议供货的有效期限,但是在招标文件中发布了这一期限。

第七,27 个协议供货采购项目中仅有 3 个项目在采购公告或者与采购公告同时发布的招标文件中提及了对协议供货所涵盖供应商数量的限制。其中有 2 个项目直接列明了限制的数量,另外 1 个采购项目则是制定了确定数量的规则——具体数量根据投标合格供应商的数量而定。对于未表明协议供货供应商数量的采购项目存在以下两种可能性,一种为凡是符合资格条件的供应商都可以列入协议供货框架;另一种为仅选择 1 名供应商作为该协议供货供应商。

---

〔1〕 其中有 1 个项目同时发布了招标文件,并且在招标文件中提及了具体的适用期限。

〔2〕 其中有 1 个项目同时发布了招标文件,并且在招标文件中提及了具体的适用期限。

第八,27 个协议供货采购项目中有 10 个项目需要在网上报名获取招标文件,且都涉及在公共资源交易网站实行电子化招标投标。

第九,27 个协议供货采购项目中有 7 个采购项目需要感兴趣的供应商在供应商库中进行登记。这些供应商库并非相同,有些是省级政府层面的供应商库,有些是市级政府层面设立的供应商诚信库。其中仅有 1 个采购项目表明,允许未入供应商库的供应商参与投标,其余的 6 个采购项目都表明仅有入库的供应商才允许参与投标。

第十,27 个协议供货采购项目都未提及允许在协议供货招标采购完成后,在协议供货的协议期限内允许其他供应商随时申请加入并在合理的较短时间内作出决定。

第十一,从协议供货采购项目所涉及的采购对象来看,其既包括单价金额较低的办公用品这类货物,也包括单价金额较高的汽车这类货物;既包括维修、保险这类单价较低的服务,也包括规划设计、工程勘察、工程测绘这类单价较高的服务。

从上述对 27 个协议供货采购项目发布采购公告的情况可知,为了满足 GPA 要求,有必要在以下几个方面改善规制:首先,区分协议供货制度可以适用于哪些采购规模的采购项目。例如,区分协议供货制度是否适用于受 GPA 规制的大额采购项目。其次,如果适用协议供货的采购可能受 GPA 规制,则应当在采购公告中表明。又次,各地有关发布协议供货采购公告的实践各异,这些实践并未全部都符合 GPA 要求,为了满足 GPA 有关要求,应当在全国层面制订有关协议供货的规制规则,至少在发布有关协议供货采购公告的内容方面要有相关规制规则。再次,要求对受 GPA 涵盖的协议供货所涉供应商清单进行动态管理。最后,要求受 GPA 规制的协议供货,在发生具体采购需求时,允许非清单中的供应商申请参与采购活动。

考虑到未来更进一步的法律改革,还应当重点研究协议供货制度所涉及的下述几个问题:(1)协议供货制度所涉及的竞争性问题,即是否允许协议供货中仅包含一名供应商?以及协议供货制度下是否要求必须进行二次竞争?(2)协议供货制度与采购方法之间的关系,这可能是在中国协议供货制度下的二次采购并未要求强制二次竞争的原因,因为其认为在发布协议供货采购公告时已经运用公开招标方式实现过竞争。(3)协议供货协议签订之后的价格调整程序和机制、所涉产品目录的调整程序和机制。(4)协议供货框架下,投标供应商必须是生产商所指定的处于采购人地域范围内的经销商,或者投标人必须是在本地注册的供应商且在本地有经营场所。因协议供货不仅涉及货物的提供还涉及售后的配套服务,这种要求具有合理性和必要性。(5)如果将协议供货采购的适用仅限于特定货物或服务限额标准以下或以内的采购活动,即单项采购项目的规模,还应当考虑在协议供货有效期内的总采购规模是否需要限制在 GPA 门槛价以下。

4.4.4.2.2 定点采购

对定点采购,中央层面并无法律、法规或规范性文件对其进行规制。在地方政府层面,有关定点采购的规范性文件也要远少于有关协议供货的规范性文件。为数不多的规范性文件包括四川省财政厅 2003 年 8 月针对省级定点采购颁布了一般性的规范文件[1]和福建省财政厅 2005 年 1 月颁布过《关于福建省省级政府协议定点采购管理暂行办法》[2]。此外,虽然在总体上有关定点采购的规制少之又少,但各级地方政府仍颁布了针对定点采购的工作文件。

从有关定点采购的规范性文件和工作文件的内容来看,定点采购与协议供货类似。有些地方出台的规范性文件或者工作文件中甚至将两者并列而不进行区分[3];有些地方则试图对两者进行界定,但在定义内

〔1〕《四川省省级定点采购管理办法(试行)》(川财库〔2003〕19 号),2003 年 8 月 13 日发布,2003 年 9 月 1 日起施行。

〔2〕《福建省财政厅关于福建省省级政府协议定点采购管理暂行办法》(闽财购〔2005〕3 号,已失效),2005 年 1 月 7 日发布。

〔3〕《陕西省财政厅关于印发〈陕西省省级单位协议供货和定点采购管理办法〉的通知》(陕财办采管〔2009〕22 号),2009 年 12 月 17 日发布和施行。

容上实质难以将两者区分开来[1];有些地方则试图以适用范围的不同来区分协议供货和定点采购。[2] 但在某些地方适用协议供货的货物,在其他地方则被适用于定点采购。例如,办公耗材在天津被视为适用协议供货的范围,但是在中央国家机关政府采购中心则被视为适用定点采购的范围。可见,很难对定点采购与协议供货进行明确区分。

从发布的工作文件来看,仅有以下定点采购与前文所述协议供货有所不同,即对预订机票服务、会议服务和印刷服务的定点采购。这类定点采购所确定的只有供应商以及供应商所提供的服务类别和优惠率,但并不事先明确仅涵盖这些服务供应商的哪些具体服务。例如,对会议服务定点采购,并不会事先明确仅涵盖某个酒店所提供的会议室租赁费而不包含茶歇费用。

因定点采购与协议供货在采购实践中具有相似性,可以推断在协议供货制度中所面临的规制问题也是在定点采购规制中所面临的问题。同理,其与 GPA 要求之间的符合性亦是如此。

4.4.4.2.3　资格入围采购/招标

中央和地方政府层面的规范性文件或者工作文件都并未对“资格入围采购/招标”(以下简称“资格入围”)这种采购实践进行规制。“资格入围”在采购实践中有两种不同的表现形式。第一种是以非公开招标方式(尤其是竞争性磋商采购方式)选择参与谈判或磋商的合格供应商名单,与“资格预审”相同。第二种是与协议供货或定点采购类似,通过公开招标方式确定一个或多个供应商,在一定期限内采购人可以从该名单中选择供应商实施采购。但是目前尚不明确采购人实施单个采购项目时在选择供应商的过程中是否还需要进行第二次竞争,以及如何实施第二次竞争。

---

[1] 《南宁市财政局关于规范南宁市本级政府采购协议供货和定点采购管理的通知》(南财采〔2017〕103 号),2017 年 8 月 7 日发布和实施。

[2] 例如,《天津市国土资源和房屋管理局关于市级预算单位协议供货和定点采购有关事项的通知》(津国土房财〔2008〕171 号),2008 年 2 月 19 日发布和实施。

本书以“资格入围”为关键词，在中国政府采购网检索 2019 年 8 月 13 日至 9 月 13 日发布的公开招标公告。一共检索到了 19 条公告。其中有 2 条公告也出现在了前文有关“协议供货”的检索结果中，这证明在采购实践中确实难以将“资格入围”这种采购实践与协议供货区分开来。还有 1 条公告属于重复二次公告。剔除这 3 个招标公告之后，对剩余的 16 条公告，笔者研究了其与 GPA 相关要求之间的符合性。

研究结果显示了以下几点内容：(1)10 条公告提及了“资格入围”名单可能用于的货物或服务，或者货物或服务类别；6 条公告对此没有提及。(2)14 个招标公告中列明了供应商列入“资格入围”名单所需要满足的条件。(3)仅有 6 个招标公告中列明了采购人用以验证供应商满足资格条件的方法。(4)所有 16 个招标公告中都列明了采购实体的名称和地址及采购代理机构的联系方式。(5)有 13 个招标公告提及了名单的有效期，一般为 1 年、2 年或者 3 年。(6)仅有 8 个招标公告提及了最终选择的供应商数量，其中有 1 个招标公告表明不限制供应商数量。4 个招标公告中公布了所涵盖采购的预算金额，40 万元至 500 万元不等。

以上研究内容表明，“资格入围”清单同样是一种封闭式的、强制性的常用供应商名单，供应商若想要获取合同机会必须入围该清单并且在该清单有效期内不允许新的供应商申请加入该项清单。“资格入围”清单与“协议供货”在符合 GPA 要求方面面临着相同的问题，包括公告的内容、清单的动态管理以及单个采购发生之时允许供应商提交参与采购的申请和采购人在一般情形下有义务对其申请进行审查等方面。

4.4.4.2.4　作为常用供应商名单使用的供应商库

作为常用供应商名单使用的供应商库包含两种情形。第一，财政部在有关部令中所规定的，采购人在运用邀请招标方式和竞争性谈判方式采购的过程中可以从省级政府组织的供应商库中选取或者抽取 3 家供应商进行邀请招标或竞争性谈判（还有询价、竞争性磋商）。在这种情形下省级供应商库已经被用来作为 GPA 下所规制的“常用供应商名单”。

第二,在采购实践中,针对具体采购品目所成立的“供应商库”。这种情形下,“供应商库”与前述“协议供货”、“定点采购”或者“资格入围”极为相似,本质上也是 GPA 下所规制的“常用供应商名单”。

对于第一种情形下的“作为常用供应商名单使用的供应商库”,设立供应商库的规则应当符合 GPA 有关设立“常用供应商名单”的要求。如前文第 4.4.1.2 部分所述,目前并不存在对供应商库制度进行全国统一规制的规则,各地区之间所实施的供应商登记制度存在差异性,如供应商应当提供的信息内容和供应商登记程序之间的不同。但从整体上来看,目前我国有关供应商登记制度的公告一般不会包含有关其可能涉及的货物或者服务类别的描述,且并非所有供应商登记制度都允许非供应商库中的供应商对某项采购项目提出参与申请。此外,从将供应商库作为常用供应商名单进行使用的具体情形来看,非供应商库中的供应商无法知晓具体的采购机会或者根本无法申请参与。可见,在加入 GPA 的背景下,如果将省级供应商库作为常用供应商名单进行使用,相关规则应当进行一系列调整。

对于第二种情形下的“作为常用供应商名单使用的供应商库”,笔者在中国政府采购网用“供应商库”作为检索词检索了 2019 年 8 月 13 日至 9 月 13 日发布的公开招标公告,并一共检索到了 25 条公开招标记录。鉴于中央和地方层面都并未对这类供应商库进行任何规制,因此可以推断其招标公告的发布内容应当与前述有关“协议供货”和“资格入围”发布招标公告存在类似问题。

同时,本书也发现了这 25 条公开招标公告所包含的某些特有信息。(1)25 个公开招标公告中有 16 个公告中的采购人均为国有企业;其中有 9 个招标公告为同一个国有企业对不同采购对象发布。为此笔者又进一步在此基础上将检索期间扩大为 2019 年 3 月 18 日至 9 月 16 日这 6 个月左右的范围,最终共计检索到 127 条公开招标公告,其中 67 条由国有企业类采购实体发布,5 条由部队实体发布,其余由政府机关、学校和其他事业单位发布。这进一步证实了国有企业类采购实体在采购活动中运用“供应商库”这类采购实践的比例较高，尤其是烟草系统的国有企业。(2)并无招标公告表明，入围“供应商库”之后，如何授予单个政府采购合同。其中有一个公开招标采购公告中附上了招标文件。在该招标文件中，只是提及中标人受“委托”后双方按照合同约定开展相应的业务。这表明，通过公开招标方式选择了加入“供应商库”的供应商之后，采购人有权利选定被委托实施某项具体采购活动的供应商。选取的过程并未明确表明需要进行二次竞争。

4.4.4.2.5　电子卖场供应商征集/承诺入围

在采购实践中存在两大类型的电子卖场，一类是将协议供货、定点采购、网上超市、电子竞价、网上询价等都包括在内，并以网上超市为重要组成部分的电子卖场。另一类是通过公开招标方式吸纳多个电商并且将电商平台与政府采购平台相对接。

具体来说，第一类政府采购电子卖场的规制情况及其特征如下。

中央政府并未出台有关电子卖场的规范性文件。在地方政府层面，浙江省财政厅、广西壮族自治区财政厅、新疆维吾尔自治区财政厅分别于近年发布了有关管理政府采购电子卖场的通知[1]。鉴于浙江省在政府采购电子卖场实践方面的典型性，本部分选取浙江省政府采购电子卖场的模式进行进一步分析。

就整体而言，浙江省实施的政府采购电子卖场为实施网上超市、协议供货、定点采购、在线询价、反向竞价等政府采购活动提供了电子化服务平台，其特征主要体现在以下几个方面：

第一，在电子卖场中实施的采购活动一般均为预算金额在公开招标数额以下的采购项目。

---

〔1〕　参见《浙江省财政厅关于印发〈浙江省政府采购电子卖场采购管理暂行办法〉的通知》(浙财采监〔2017〕29 号)，2017 年 12 月 20 日发布，2018 年 3 月 1 日起施行；《广西壮族自治区财政厅关于启用自治区本级政府采购电子卖场系统有关事项的通知》(桂财采〔2018〕42 号)，2018 年 10 月 29 日发布和实施；《新疆维吾尔自治区财政厅关于印发〈新疆维吾尔自治区政府采购电子卖场管理暂行办法〉的通知》(新财购〔2019〕27 号)，2019 年 4 月 1 日发布和施行。

第二，相关采购方式的协调适用。首先，一般而言，如果采购项目属于协议供货、定点采购项目，则应通过协议供货、定点采购系统进行。其次，如果预算金额在采购限额标准以上、公开招标数额标准以下的采购项目，则可以在在线询价或反向竞价系统进行采购，但协议供货、定点采购项目除外。再次，对采购限额标准以下的货物、服务类采购项目，应通过网上超市系统进行采购，但协议供货、定点采购项目除外。最后，经协议供货、定点采购、在线询价、反向竞价流程后，拟成交价格高于网上超市相同商品价格的，或者在线询价、反向竞价失败的，可转为网上超市采购。

第三，常用供应商名单的类型。从“常用供应商名单”的角度而言，浙江省电子卖场存在三大类供应商名单——网上超市供应商名单、协议供货供应商名单和定点采购供应商名单。此外，可能还有“资格入围”供应商名单，但是在浙江省颁布的相关规范性文件中并未明确提及何为“资格入围”方式，并将“资格入围”方式限制性地适用于因项目或技术特殊等原因需要且经同级财政部门同意的采购项目。

第四，常用供应商名单的引用。有关常用供应商名单可以被其他地区直接引用。值得注意的是，“各级财政部门或其委托的集采机构可以通过协商谈判，引用省内其他地区的网上超市、协议供货、定点采购征集结果。省本级网上超市征集结果鼓励各地直接引用”[1]。

第五，网上超市原则上仅适用于采购限额以下的采购项目，但是可能因为其价格具备竞争优势，也可以适用于采购限额以上、公开招标限额以下的那部分采购活动。

第六，在网上超市模式下，不需要进行二次竞争，但可以协商

---

〔1〕《浙江省政府采购电子卖场采购管理暂行办法》（浙财采监〔2017〕29 号）第 8 条第 4 款。

议价。[1]

第七,在网上超市模式下,“相同商品在其他市场价格更低的,可从其他市场采购,在报销时提供网上超市价格截屏”[2]。

为了研究电子卖场(网上超市)这类采购方式的公告发布情况和相关常用供应商名单进行进一步分析,本书使用“电子卖场”这一关键词(对“公开招标”类型的采购文件“搜标题”)在中国政府采购网上检索了2018 年 9 月 17 日至 2019 年 9 月 16 日这 1 年期间所发布的公开招标公告。本次一共检索到了 28 条公开招标公告,其中 24 条属于邀请供应商申请入围“政府采购云计算服务平台”(以下简称“政采云”)平台电子卖场(网上超市)的招标公告。

在整体上,这些有关“电子卖场(网上超市)供应商征集/承诺入围”的采购实践构成了具备下列特征的“常用供应商名单”:(1)包含了经评审符合事先公布的资格条件的供应商。(2)对入围供应商的数量没有限制,凡是符合资格条件的供应商都可以入围。(3)该“常用供应商名单”一般适用于标准货物的采购,如办公设备、耗材,车辆,家居建材,文化用品,日用百货等。(4)该“常用供应商名单”在一定期限内有效,可以被多次适用。(5)该“常用供应商名单”有效期限内不允许其他供应商申请加入,是一个封闭的“常用供应商名单”。(6)该“常用供应商名单”适用于电子卖场商品目录以内、单项或者批量预算金额属于“小额采购”范畴的采购项目。一般适用于低于 20 万元(不含 20 万元)的采购货物项目。(7)基于与该“常用供应商名单”有关的采购活动,包括公开招标公告的发布、潜在供应商的报名和投标,以及采购中标公告的发布、成交供应商的选择和成交供应商的发布都是依托互联网服务平台进行的电子化政府采购活动。(8)单个项目的采购过程中不进行二次定价,而是采

---

〔1〕 参见《浙江省政府采购电子卖场采购管理暂行办法》(浙财采监〔2017〕29 号)第 14 条规定:“网上超市实行直接订购。采购人择优选定供应商及商品,通过网上超市系统发起订购,供应商在约定时间内确认订单并供货。网上超市商品价格为采购最高限价,采购人可通过协商议价方式降低采购成本。……”

〔2〕 《浙江省政府采购电子卖场采购管理暂行办法》(浙财采监〔2017〕29 号)第 14 条。

取订购方式。当具体采购发生时,采购人根据采购需求择优选定供应商及商品发起订购,供应商在约定时间内确认订单并供货。(9)电子卖场(网上超市)中确定的价格为最高限价,采购人可以通过协商议价方式降低采购成本。(10)单个采购项目发生时不再发布采购公告,而是在采购成交之后发布成交公告。例如,2018 年 9 月 17 日至 2019 年 9 月 16 日这 1 年期间虽然中国政府采购网只发布了 28 条有关电子卖场(网上超市)的公开招标公告,24 条有关电子卖场的中标公告,但是却发布了 7937 条通过电子卖场采购的成交公告。(11)这种"常用供应商名单"只包括供应商名单而不包含具体的货物清单。这表明,一旦供应商被列入名单,其可以在电子平台上发布指定商品品目内的具体货物。

第二类电子卖场(网上商城)的规制情况及其特征则如下。

从规制层面来看,目前天津市已经出台了《天津市政府采购中心电子卖场管理办法》,其从总则、采购人的职责、电商的职责、电子卖场采购程序、电子卖场商品及价格管理、监督管理、电子卖场在线评价及处罚管理等方面进行了规制。

从实施层面来看,中央国家机关、天津市以及深圳市都采用了"网上商城"这类电子卖场模式。

以中央国家机关所实施的电子卖场为例,电子卖场具有下述特征:[1](1)其选择的是电子卖场企业,即拥有自己电子商务平台的企业,而非货物的生产厂家或者承销商,并且要求入围的是电子卖场企业自营的特定产品。(2)其并未对入选的供应商数量进行限制。(3)如果适用电子卖场(网上商城)的货物也在协议供货、网上竞价、定点采购产品范围内,则可以在协议供货、网上竞价、定点采购和网上商城中择优选择适用,但这并非强制性要求。(4)这种模式只选择供应商,而不确定供应商可以供应的具体货物,即供应商自行在既定品目范围内上架具体商品。

---

〔1〕 中央国家机关发布了有关 2018 年电子卖场定点采购的招标公告,并在此基础上印发了《关于中央国家机关 2018 年网上商城定点采购有关事宜的通知》(国机采〔2018〕6 号),2018 年 6 月 21 日印发。

(5)实施单个采购项目时,采购人直接在电子卖场(网上商城)下单,并不需要进行二次竞争。(6)这类采购方式适用于采购金额上限为 100 万元的采购项目。如果是采购的预算在 100 万元(含)至 200 万元(不含)之间的采购项目,按照政府采购非招标方式管理办法单独组织;预算超过 200 万元(含)的采购项目,按照公开招标方式单独组织。(7)有效期 1 年,可延长。(8)这种模式下供应商名单一旦确定,不吸收新的供应商。(9)在具体单个采购项目发生时也不再发布采购公告,未加入供应商名单的供应商也不存在获取合同的机会。

天津市和深圳市与中央国家机关之间的做法并不完全相同,如在深圳市的网上商城可以实现不同品牌型号、不同电商供货商之间的横向比较。深圳市预算金额在 300 万元以上的采购项目也可以从网上商城的电商处进行采购。深圳市根据采购预算金额的大小区分了是否需要进行二次竞争。[1] 天津市和深圳市都强调对电商进行动态管理,但是其也只都强调了对电商进行监管和考核,若不符合有关条件则需要被取消参与网上商城的电商资格。但是,二者都并未允许在有效期内新的供应商提交加入申请。

在政府采购电子卖场的采购实践与 GPA 要求之间的符合性分析上,就整体而言,两类政府采购电子卖场涉及的供应商名单都应当被视为 GPA 项下的"常用供应商名单",理由如下:首先,所有入驻电子卖场的供应商都是符合一定资格条件的供应商,即使这些供应商之间有所区别,对于"网上超市"而言是经营范围内包含既定商品品目的供应商,对于"网上商城"而言则是电商。其次,该名单可能被使用多次。一般而言,这些名单可以被使用至少 1 年或者 2 年,在特定情形下可以展期。

政府采购电子卖场(网上超市或网上商城)涉及的常用供应商名单与 GPA 要求之间存在与前述协议供货类常用供应商名单一样的问题。

---

〔1〕《深圳市财政委员会、深圳市政府采购中心关于做好 2018 - 2020 年度电商采购的通知》(深财购〔2018〕35 号)规定对实行电商采购的通用类商品。

进一步而言，如果这些政府电子卖场都涉及 GPA 门槛价以上的货物、服务采购，那么这些常用供应商名单将面临以下几个基本矛盾：第一，其是封闭性的而非开放性的供应商名单，并不能允许供应商随时申请列入这些名单。第二，不存在要求采购实体应当在合理的较短时间内将所有合格供应商列入名单的情形；也不存在允许未列入清单的供应商在投标截止期限之前提交参与采购申请的情形。

4.4.4.2.6 小结

经过上文分析可以观察到，我国实施的协议供货、定点采购、资格入围、作为常用供应商名单使用的供应商库及电子卖场中的供应商征集/承诺入围等采购实践中存在的供应商名单都属于 GPA 所规制的"常用供应商名单"范畴。这些"常用供应商名单"被广泛运用于《政府采购法》所适用的采购范围内。此外，其不仅适用于采购限额以下的采购项目，也适用于采购限额以上的、公开招标限额以下的采购项目。

我国政府采购实践中实施的各类"常用供应商名单"与 GPA 要求之间的符合性在很大程度上与其所适用的采购金额相关。如果采购金额达到 GPA 门槛价，则它们必须符合 GPA 相关要求；而如果采购金额在门槛价以下，则不需要符合 GPA 有关常用供应商名单的要求。

如果这些"常用供应商名单"被适用于 GPA 门槛价以上的采购项目，那么目前我国各级政府采购人的相关实践及规范性文件在有关透明度的规则方面符合 GPA 要求，如有关名单的公布期限及其可及性，以及有效期限、展期或终止的方法等。

但是这些"常用供应商名单"制度也需要按照下列要求做出相应调整：(1)在邀请感兴趣的供应商申请列入常用供应商名单的通知中表明该项采购活动受到 GPA 规制；(2)在该项通知中说明名单可能适用的货物或服务的类别，以及所涉及的供应商应当满足的条件；(3)应当对这些常用供应商名单进行动态管理，即采购实体应当允许供应商随时申请列入常用名单，并应在合理的较短时间内将所有合格供应商列入名单；(4)在具体单个采购项目的实施过程中，应当允许清单外的供应商在投标截止时间之前申请参与采购活动;(5)采购人不得以没有充足时间审查请求为由而将该供应商排除在考虑范围之外,除非在特殊情况下,由于采购的复杂性,该实体不能在允许提交投标的时限内完成对请求的审查。

在政府采购制度深化改革的背景下,有必要对各类“常用供应商名单”进行统一的规制,在具体的规制过程中应当注意以下几个方面的问题:(1)“常用供应商名单”并不等同于协议供货、框架协议等采购方式本身,而是属于这些采购方式的构成要素之一。(2)“常用供应商名单”可以与多种采购方式或者采购安排相结合。因此,“常用供应商名单”可以体现在一种或者多种采购方式中。举例来说,其既可以被运用于适用公开招标限额以上的采购方式中,也可以被运用于适用采购限额以下的采购方式中。(3)应当在中央政府层面就“常用供应商名单”的使用颁布统一的规则。“常用供应商名单”制度涉及采购过程的透明度和非歧视,它不仅是 GPA 规制的要点,也是我国深化政府采购制度改革、优化政府采购营商法治环境的重点。

4.4.5 适用于 GPA 附件 2 和附件 3 实体的常用供应商名单的特殊规则

4.4.5.1 GPA 适用于附件 2 和附件 3 实体的特殊规则

常用供应商名单对于 GPA 附件 2 和附件 3 实体而言具有一项特殊的功能,即它们在满足条件的情况下可以被视为是针对具体采购项目的采购公告。附件 2 和附件 3 实体可以邀请供应商申请加入常用名单,而这一邀请的通知可以被视为采购公告。简言之,GPA 将两个“邀请”——加入常用供应商名单的邀请与具体采购项目的邀请合二为一了。这种情况也为附件 2 和附件 3 实体提供了一个额外的便利,即它们在维持一个常用名单的情况下,不需要单独为某一具体采购项目再发布一项采购邀请(采购公告)。

加入常用供应商名单的邀请若被视为采购邀请(采购公告),需满足三个条件。第一,首先应该满足加入常用供应商名单邀请通知的要求,包括该通知中内容的要求；第二，要尽可能包含“采购公告”应当包含的内容，当然这项要求限于采购实体所能获取的有关信息；第三，应声明邀请加入常用名单的通知将构成具体采购项目的采购公告，或者采购实体将只向常用供应商名单中的供应商发布具体采购的采购邀请。换句话说，它应该事先向供应商传递一个信息，即供应商如果不加入常用供应商名单，它将失去被邀请参与具体采购项目的机会。

当然，由于供应商可以随时申请加入常用供应商名单（2012GPA 第 9 条第 10 款），未响应前述邀请的供应商也不一定会失去参与具体采购项目的机会。相反，对于附件 2 和附件 3 实体而言，如果供应商已经申请加入供应商名单（但是还尚未被批准加入），并且采购实体有充分的时间来审查这些供应商是否满足参与条件，那么这些采购实体可以允许该申请加入的供应商参与既定采购项目的投标。

然而，相对于附件 1 实体，GPA 对附件 2 和附件 3 实体所施加的允许名单外的供应商参与具体采购的要求降低了。申言之，附件 2 和附件 3 实体能够以时间不充分为由拒绝邀请这些供应商参与投标，但是对于附件 1 实体而言，其不能以该理由拒绝其投标，因为 2012GPA 第 9 条第 11 款明确规定，采购实体不得以没有足够时间审查供应商加入常用名单的请求为由，将供应商排除在采购考虑之外，除非在特殊情况下，由于采购的复杂性，该实体无法在允许提交投标书的期限内完成对请求的审查。

4.4.5.2 我国规则的符合性

需要明确的是，GPA 附件 2 实体一般是地方政府实体，附件 3 实体一般是国有企业等实体。

就常用供应商名单制度而言，GPA 为附件 2 实体和附件 3 实体提供了至少两项便利措施。一是这些实体可以将邀请加入常用供应商名单的通知当成具体采购邀请公告来使用，从而增加采购效率。二是对于名单外供应商加入常用名单并参与具体采购项目的请求，赋予采购实体较大的裁量权来决定其是否满足。如果采购实体没有足够时间来评估供应商的加入请求,则可以拒绝供应商的参与请求。由于中国实施统一的政府采购法治,不太可能对中央政府和地方政府采购活动进行区别规制。因此,从一般意义上来看,GPA 对附件 2 实体和附件 3 实体所列出的有关"常用供应商名单"的特殊规则似乎与我国并不相关。

然而,利用 GPA 提供的这一差别规制安排,可以为我国出价中的附件 2 和附件 3 实体提供灵活的制度安排,其对于附件 3 实体而言尤其重要。主要由国有企业构成的附件 3 实体可能需要更加灵活的采购制度安排,从而使其提高采购效率。同时,我国某些国有企业也在运用常用供应商名单实施采购活动。虽然,目前我国《政府采购法》并不适用于国有企业,但是这些国有企业也可能受到 GPA 谈判进程的影响,主动适用《政府采购法》实施其采购活动。考虑到国有企业的特性,未来在对其采购活动进行规制的过程中,同样可以考虑融入 GPA 中相关条款所赋予的灵活性。

因此,类似于 GPA 所特别加以规制的常用供应商名单制度在我国尚不发达,并可能存在规范和清理的问题。比如,财政部的规范性文件清理了有关供应商库,清理的范围包括除小额零星采购适用的协议供货、定点采购外,对于政府采购限额标准以上或集中采购目录以内的采购项目,通过入围等方式设置的、作为参加政府采购活动资格条件的各类备选库、名录库、资格库等供应商库[1]。

这说明,类似于 GPA 常用供应商名单制度的价值需要被进一步发现,也更需要国家统一的法律规范。如前所述,目前我国并不存在对常用供应商名单进行规制的法律、法规和中央政府颁布的规范性文件,只有某些地方政府发布了少数规范性文件并开展了相关采购实践。在加入 GPA 的背景下,尤其是在考虑到利用 GPA 对附件 2 和附件 3 实体所提供的便利措施这点下,我国未来有关常用供应商名单制度的法律规

〔1〕 参见《财政部办公厅关于开展政府采购备选库、名录库、资格库专项清理的通知》(财办库〔2021〕14 号)。

范,需要至少考虑两个方面:第一,"邀请加入常用供应商名单的通知"并不满足 GPA 对该项通知应当包含的内容的要求;第二,加入常用供应商名单库的邀请通知并未声明,该通知将构成具体采购项目的采购公告,或者采购实体将只向常用供应商名单中的供应商发布具体采购的采购邀请。

4.4.6 资格审查结果的通知

4.4.6.1 GPA 要求

2012GPA 第 9 条第 14 – 15 款要求采购实体迅速(promptly)告知供应商有关其资格审查的结果,即采购实体应供应商的申请,应当迅速向供应商提供其作出相应决定的书面解释。这也意味着,就资格审查的结果,采购实体首先承担了迅速告知的义务,其次承担了迅速解释的义务。如果资格审查的结果对某一供应商不利,则采购实体承担了迅速解释的义务,这是一种应请求而非主动解释的义务。结合资格审查决定的具体情形,采购实体在以下四种情形下承担这种解释义务:(1)拒绝供应商参与采购的请求;这意味着供应商没有通过资格审查。(2)不再认可某一供应商为合格供应商;这意味着供应商曾为合格供应商,但因故不再符合合格供应商的要求。(3)拒绝供应商加入常用供应商名单的申请;这意味着供应商不符合加入常用供应商名单的资格要求。(4)将某一供应商从常用名单中移除;这意味着,供应商曾经符合加入常用名单库的条件,但之后不再符合条件而被采购实体从常用名单中移除。

4.4.6.2 我国规则的符合性

我国在资格审查规则方面与 GPA 间的符合性如下。

(1)将资格审查的结果迅速告知供应商。我国政府采购法律未就及时向资格预审申请人发出资格预审结果作出规定。《招标投标法实施条例》第 19 条规定,资格预审结束后,招标人应当及时向资格预审申请人发出资格预审结果通知书。考虑到可以将《招标投标法实施条例》适用于政府采购的招标项目,可以认为我国法律的规定就招标采购而言,能够满足 GPA 的要求。

(2)如果资格审查的结果对某一供应商不利,则采购实体承担迅速解释的义务。《政府采购货物和服务招标投标管理办法》第 69 条第 5 款规定,“在公告中标结果的同时,采购人或者采购代理机构应当向中标人发出中标通知书;对未通过资格审查的投标人,应当告知其未通过的原因”。这表明:第一,在公开招标和邀请招标中,采购人应当告知未通过资格审查的投标人其未通过资格审查的原因;这也意味着,这一要求仅适用于公开招标和邀请招标采购方式,不适用于竞争性谈判、竞争性磋商等其他非招标采购方式。第二,这是一项主动履行而非应请求履行的义务,并高于 GPA 的要求。第三,在公告中标结果时,告知未通过的原因。那么其是否能够满足 GPA 所要求的迅速告知的义务?如果从供应商权利救济的角度来看,这显然是不足的。供应商迅速获得其未通过资格审查及原因解释有关的信息,有利于它利用质疑投诉程序行使救济自己的权利。

另外,我国有关政府采购法律未明确规定,采购人应当尽快告知拒绝加入常用供应商名单的申请,停止承认某一供应商为合格供应商或者将某一供应商从常用名单中移除的结果,并且应供应商申请书面解释其理由。这将导致采购实践中的不同做法,有些采购人在发布入围供应商名单公告时并未说明供应商被拒绝入围的理由,而有些采购人则在这类公告中说明了拒绝供应商入围的理由。就原因而言,其在很大程度上与对“常用供应商名单”的性质理解有关。在实践中,“常用供应商名单的征集或者入围”往往被作为一个采购项目,并以此对待与运用公开招标方式。为此,有些采购人并未在“常用供应商名单”入围/征集结果公告中说明供应商未入选理由。但如果将“常用供应商名单”入围/征集视为一种资格审查制度,那么依照前述《政府采购货物和服务招标投标管理办法》的规定,采购人应当告知其未通过资格审查的理由。那么,就有采购人会在“常用供应商名单”入围/征集结果公告中告知供应商未入围的理由。

供应商能够依据《政府采购法》上的质疑制度,询问或者质疑对其不利的资格审查结果,请求得到解释。如果供应商对于采购人作出的有关资格审查程序的决定以及有关入围和征集"常用供应商名单"的决定有疑问或者质疑,采购人也应当及时作出答复。

综上所述,供应商资格审查制度是 GPA 重点规制的领域,GPA 中相关法律规则完整明细,相反我国政府采购法律在这一重要问题上规制不足,有很多方面不能满足 GPA 的要求。具体而言,一是现行法律缺乏非招标采购方式下及时告知资格预审结果的规定,不能够满足 GPA 要求;二是现行法律在不再认可供应商资格、基于常用供应商名单的资格审查结果告知及解释等方面缺乏规制,不能够满足 GPA 要求;三是对未通过资格预审的原因进行解释的时间,不能满足 GPA 的要求;四是对非招标方式下是否需要迅速解释未通过资格审查的原因缺乏规制,不能满足 GPA 要求。

4.5 技术规格规则的符合性

在政府采购中,技术规格一般被用来界定采购人所需要的货物、服务或工程。技术规格一般包括以下三大类:(1)以法定的标准为基础的技术规格;(2)以自愿标准为基础的技术规格;(3)采购人自行确定或编写的技术规格。"以法定的标准为基础的技术规格"是指法律法规强制要求特定货物、服务或工程必须达到的安全、性能、质量等方面的标准。"以自愿标准为基础的技术规格"是指行业组织或者各类国际性、区域性和国内标准化组织、机构所制定的不具有强制约束力的标准。"采购人自行确定或编写的技术规格"是指采购人基于采购项目的特殊性,就采购标的物的某些特征所确定或编写的"自己的"标准。

技术规格有可能构成三种不同类型的国际贸易壁垒——歧视性行

为、缺乏透明度及对市场准入的不合理限制[1]。例如,技术规格的制订过程以保护本国产品、歧视外国产品为目的,就构成歧视性行为类的国际贸易壁垒。若涉及技术规格的具体要求、评定是否符合技术规格的程序规则不向外国供应商公开,则因缺乏透明度而构成国际贸易的壁垒。即使规格的制订并不以歧视外国供应商为目的,或者说不构成歧视性行为,但却造成了对市场准入的不合理限制,也会构成国际贸易壁垒。

正是考虑到了技术规格的制订、采用或适用有可能会构成政府采购领域的国际贸易壁垒,GPA也对其进行了一些规制。

4.5.1 GPA有关确定技术规格的要求

根据GPA的定义,技术规格是指下列招标(采购)要求:(i)规定拟采购货物或服务的特征,包括质量、性能、安全、尺寸或者其生产或者提供的流程和方法;(ii)关于适用于货物或服务的术语、符号、包装、标志或标签要求。[2]

GPA有关采购人确定技术规格的要求,主要体现在以下几个方面。

(1)不对国际贸易造成不必要的壁垒。

2012GPA第10条第1款对技术规格提出了下列要求:"采购实体不得以对国际贸易造成不必要的壁垒为目的或产生此种效果的方式制订、采用或适用任何技术规格或规定任何符合性评审程序。"这表明,采购实体不得以对国际贸易造成不必要壁垒为目的来实施下述行为,或者采购人下述行为的实施不得造成对国际贸易产生不必要壁垒的效果:①技术规格的制订;②技术规格的采用或适用;③任何符合性评审程序的制订。

2012GPA文本本身并未解释何为"不必要的"国际贸易壁垒。但是结合2012GPA第4条的非歧视要求来看,其至少应当包含以下几个方面:①给予本国货物或服务优于来自其他GPA成员方货物或服务的待

---

〔1〕 参见[英]苏·艾茹史密斯:《WTO中的政府采购》,曹富国译,经济科学出版社2017年版,第295页。

〔2〕 参见2012GPA第1条(u)项。

遇;②给予来自某一个或几个 GPA 成员方货物或服务优于来自其他 GPA 成员方的货物或服务的待遇。再进一步具体而言,“不必要的”国际贸易壁垒可以涵盖以下几类情形:①若不具备政策的正当性,将完全满足政府有关功能和性能要求的产品或服务排除在外的技术规格;②所采用或者适用的自愿性标准仅在方法上而非程度上或者实现的水平上区别于其他类似的自愿性标准;③所适用的符合性评审程序构成国际贸易的壁垒〔1〕。

此外应当注意的是,GPA 的前述条款仅针对采购实体制订技术规格、采用或适用技术规格以及制订任何符合性评审程序的行为,并不包含 GPA 成员方自身为货物或服务制定具备强制约束力的安全、效能等标准。有关强制性标准所带来的国际贸易壁垒问题一般在 WTO 多边框架下解决。例如,某个政府采购供应商认为某项采购中的技术规格反映了与 WTO 规则不一致的技术法规,那么该供应商可以根据国家程序提出该项法规的合法性问题,其他政府也可以根据 WTO 的政府间争端解决机制程序对该法规提出挑战。但是,该供应商可能很难援引 GPA 投诉程序,因为 GPA 的投诉程序只适用于违反 GPA 规则的情况〔2〕。

(2)应在适当时依据性能和功能性要求列出技术规格,而非依据设计或描述特征。

GPA 要求,在适当时,应当依据性能和功能性要求列出技术规格,而非依据设计或者描述特征来列出技术规格。这表明 GPA 识别并进一步区分了两类定义技术规格的方式,且倾向于基于性能和功能性要求来制订技术规格。基于性能的技术规格(Performance-based specifications, PBS)对拟实现的性能水平或性能目标有特别描述,其对如何实现性能水平或性能目标提出具体要求。这并非从投入的角度来确定需要,而是

〔1〕 参见[英]苏·艾茹史密斯:《WTO 中的政府采购》,曹富国译,经济科学出版社 2017 年版,第 303 ~ 306 页。

〔2〕 参见[英]苏·艾茹史密斯:《WTO 中的政府采购》,曹富国译,经济科学出版社 2017 年版,第 297 页。

用产出来描述。同样，功能性要求规定了产品所要实现的功能，而非产品应该如何实现这一功能。与之相反的是，依据设计或描述性特征来制订技术规格，则倾向于以投入要素来定义技术规格。

政府采购法律之所以倾向于依据性能和功能性要求来描述技术规格，是因为它不会导致“可以提供满足性能和功能要求的货物、服务、工程的供应商或承包商”被排除在采购机会之外，也不会构成不必要的歧视。例如，如果使用其他材料、其他设计的办公家具同样能满足采购人的需求，那么在技术规格中仅要求使用某种特定的材料和某种特定的设计则构成了对其他潜在供应商的歧视。

对“适当时”或者“条件具备时”的理解一般可以从难度与成本的角度出发。具体如何理解“适当时”，GPA文本并未列出具体的适用情形，实际上是赋予了GPA成员方和采购人很大的裁量权。

(3)若运用设计或描述特征来确定技术规格，则应在适当时通过“或与之相当的”(or equivalent)等措辞指明，采购人将考虑与可以满足采购需求相当的货物或服务。

如前所述，在某些情形下采购人仍然可以运用设计或描述特征来确定技术规格。为了避免在这种情形下造成对供应商不合理的市场准入限制，GPA要求“在适当时”应当通过在招标文件中运用“或与之相当的”之类的措辞指出采购人将考虑与可以满足采购需求相当的货物或服务。也就是说，采购人原则上应当考虑所有能够满足其采购需求的货物或服务，除非其具备合理性。从GPA文本的措辞也可以看出，这一要求也赋予了GPA成员方和采购人一定的裁量权来解释何为“适当时”。

(4)在适当时，如果存在国际标准则应当依据国际标准来制订技术规格；如无国际标准，则技术规格应依据国家技术法规、公认的国家标准或者建筑守则来制订。

2012GPA第2条(s)项对什么是“标准”进行了界定。“标准”指经公认机构(a recognized body)批准的、规定非强制执行的、供通用或重复使用的包括货物或相关工艺或生产方法的规则、指南或特性的文件。该文件还可以包括或者专门适用于货物、服务、工艺或生产方法的专门术语、符号、包装、标志或标签要求。对何为“公认机构”(a recognized body),GPA 则并未进行界定,公认机构可能包括政府设立的、得到政府支持的机构,或者是其资质得到政府认可的机构,也有可能包括在一定范围内得到广泛认可的机构。

GPA 并未明确何者应当属于国际标准的范畴,但是从其对“标准”的界定和该条款本身的内容来看,“国际标准”应当指国际标准化组织(ISO)和其他一些国际标准化机构制定的标准。“国家标准”应当是指该项政府采购合同授予实体所属 GPA 成员方所制定的国家标准。对一些区域性标准,例如欧洲标准化委员会(CEN)和欧洲电工标准化委员会所制定的标准,是否属于“国际标准”的范畴,则有一些争议。有些学者认为,这些区域性标准也应当属于“国际标准”的范畴,因为要求 GPA 成员方可以参考国家标准却不能参照区域性机构制定的标准将是有违常理的[1]。但是,也有学者认为并不包括此类标准,因为参与这些标准制定过程的国家数量有限[2]。这些区域性标准对于自身所涵盖区域内国家的适用具有适当性,但对于其他非区域内国家的适用则是不适当的。这也意味着,如果要求他国采购实体适用某项欧洲标准化委员会制定的区域性标准来制订技术规格则是不适当的。

此外,GPA 并未界定何为“国家技术法规”与“建筑守则”,因此“国家技术法规”“公认的建筑守则”的范畴也是不明确的。

GPA 向采购实体所施加的“依据”上述标准和法规来制订技术规格的义务,是指采购实体在解释其采购需求时,必须参考这些法规或标准,提高透明度。需要明确的是,GPA 所施加的要求并非指向采购需求本身,即 GPA 不要求采购实体必须采购达到或者只能达到某种安全水平

---

〔1〕 参见[英]苏·艾茹史密斯:《WTO 中的政府采购》,曹富国译,经济科学出版社 2017 年版,第 310 页。

〔2〕 See Reich, *International Public Procurement Law: The Evolution of International Regimes on Public Purchasing*, Kluwer Law Internationa, 1999, p. 302.

的货物或服务。GPA 所施加的要求是用技术规格来描述采购需求时,其技术规格的制订本身应当依据相关标准和法规。该内容在适用时可能会存在一系列问题。首先,如果采购实体的采购需求要高于某国际或国家标准,或者技术法规中的标准、要求,那么是否仍旧有必要依据这些标准或法规来制订技术规格?或者说这些高要求的技术规格是否会被认为构成国际贸易壁垒?其次,如果采购实体的采购需求低于某国际或国内标准,或者技术法规中的标准、要求,那么是否仍旧有必要依据这些标准或法规来制订技术规格?

还需要注意的是,GPA 并未要求采购实体完全遵守该项义务,而只是规定其在"适当时"遵守该项义务。这意味着,当依据国际标准、国内标准和技术法规及建筑守则是"适当时",则应当据其制订技术规格。对于哪些情形属于"适当时",哪些情形属于"不适当时",GPA 则并未进行规制,而是留给 GPA 成员方和采购实体来实施其裁量权。从 GPA 文本及其规制目的角度来看,采购实体的采购需求确定之后,在运用技术规格来描述其采购需求的过程中,如果存在的国际标准与采购需求的要求相一致,则采购人应当依据该国际标准来描述该项采购需求,从而实现使其技术规格更为透明的目的;如果没有国际标准,但存在国家技术法规、公认的国家标准和建筑守则,则应当依据其制订技术规格;如果不存在国际、国内标准或国家技术法规、建筑守则描述采购需求所要求的标准或水平,则不适用这些标准、法规和守则。

(5)采购实体不得在制订的技术规格中要求或者参考某一特定的商标或商号(trade name)、专利、版权、设计、型号,以及特定的原产地、生产商或供应商,除非不存在足够准确或者易懂的用于描述采购需求的方式,且在此类情形下,该采购实体应当使招标文件中包含如"或与之相当的"等措辞。

GPA 的这一要求主要是为了防止因为采购实体在技术规格中包含特定的商标或商号、专利、版权、设计、型号,以及特定的原产地、生产商或供应商,从而对其他供应商、货物、服务产生歧视或不合理地限制市场准入的效果。即使在不存在足够准确或者易懂的方式来制订技术规格时,采购人也应当在招标文件中包含“或与之相当”等措辞,以确保那些提供与某一特定专利产品或服务在功能上相当的产品或服务的供应商也可能会对此采购机会感兴趣。

(6)采购实体不得以产生妨碍竞争效果的方式,寻求或者接受来自可能对该项具体采购具有商业利益的人所提出的,可能被用来制订或者适用任何技术规格的建议。

这一要求为针对采购实体与市场主体讨论技术规格的情形。因采购实体不具备相应的专业知识,其往往借助专家、企业或者其他市场主体的意见制订技术规格,而这个过程会存在两方面的风险:第一,从采购实体的角度而言,可能采购人具有优待被邀请参与讨论的企业的意图;第二,从供应商角度来看,如果参与讨论的供应商对该项采购感兴趣,或者参与讨论的供应商与该项采购之间可能存在其他商业利益,那么其所参与制订的技术规格难以确保中立性,而是更偏向于该供应商的利益而非采购人的真实需求。

GPA 对该问题的规制主要体现在以下几个方面:①不禁止对采购项目具有商业利益的供应商参与制订技术规格;②向具有商业利益的供应商寻求或者接受有关制订或适用技术规格的建议,并不得以产生妨碍竞争效果的方式实施。对此,GPA 强调的是“以具有妨碍竞争效果的方式寻求建议的情况”。实际上从 GPA 的规制目的来看,对上述问题的规制应当包含以下几种情形:①不得以因接受了来自具有商业利益的供应商的建议而导致采购人错误地认定该项采购活动应当适用“有限招标”方式实施采购。例如,该建议使采购人相信由于技术原因缺乏竞争而仅有一个特定供应商,且不存在合理的可替代或者可选货物、服务,从而适用单一来源方式实施采购项目。②不得以接受了来自具有商业利益的供应商的建议为理由,导致采购人制订的技术规格使得大部分潜在的供应商被排除在外。

此外,应当注意的是,这里指的是来自“对采购项目具有商业利益的人的建议”。而“对采购项目具有商业利益的人”并非一定是指与采购项目有直接利益关系的潜在供应商,其利益主体也可能是分包商等主体。

(7)明确可以运用技术规格来促进保护自然资源或者保护环境。

鉴于GPA成员方绿色政府采购实践的发展,GPA成员方及其采购实体希望通过政府采购促进自然资源保护或环境保护的需求和实践正日益增长。然而,在技术规格中明确要求采购绿色货物或服务,有可能会对满足同等功能或性能要求的其他货物或服务构成歧视,从而违背GPA有关非歧视性的要求。例如,无论是不是节能灯泡都能满足照明的需求,但如果在技术规格中要求采购的灯泡必须达到某个既定的能耗标准,则会对其他未达到该能耗水平但同样能够满足照明需求的灯泡构成歧视。包括促进节能减排、降低温室气体排放和缓解全球变暖等在内的持续发展是全球社会共同致力的目标。为此,通过运用技术规格来促进保护资源或者保护环境可能会构成歧视或者对市场准入的限制,但是这种歧视或者限制具备政策上的合理性。因此,2012GPA用单独一项条款进一步明确,GPA成员方及其采购实体可以依照GPA有关技术规格的条款,制订、采用或者适用技术规格,以促进保护自然资源或保护环境。该项要求包含以下两个层面:第一,采购人可以运用技术规格来促进自然资源保护或者环境保护;第二,但是该类技术规格的制订、采用或者适用需要符合GPA有关技术规格的要求。

4.5.2 我国规则的符合性

4.5.2.1 描述采购需求(制订技术规格)

《政府采购法》使用“规格”这一术语来表示对所需的采购对象(采购标的物)特征的描述。例如,《政府采购法》第30条规定,技术复杂或者性质特殊,不能确定详细规格或者具体要求的,可以采用竞争性谈判方式采购;第32条规定,采购的货物规格、标准统一、现货货源充足且价格变化幅度小的政府采购项目,可以依照本法采用询价方式采购。可以认为,《政府采购法》上的“规格”即“技术规格”。《政府采购货物和服务招标投标管理办法》使用了“技术规格”这一术语。但“技术规格”这一术语在该办法中的使用有时候比较狭义,不包含采购标的需满足的质量、安全、物理特征等方面的要求,而是对采购标的物的技术要求,[1]有时候比较广义,包含了质量、安全、物理特征等方面的要求[2]。

从具体条文来看,我国政府采购法律侧重于对确定采购需求的规制,而非技术规格的制定、采用或者使用;但规制确定采购需求的规则中包含了对制定、采用或者使用技术规格的要求。比如,《政府采购需求管理办法》[3]第 6 条规定,本办法所称采购需求,是指采购人为实现项目目标,拟采购的标的及其需要满足的技术、商务要求。其中,技术要求是指对采购标的的功能和质量要求,包括性能、材料、结构、外观、安全,或者服务内容和标准等。比较 GPA 的规则可以发现,GPA 不太关注采购需求本身的确定,但重视采购需求确定之后使用技术规格来描述采购需求的环节。而中国政府采购法律同时关注采购需求的确定和采购标的的描述两方面,并将两者一体规制。

概言之,《政府采购法》未对采购需求的确定和采购标的的描述进行规制。《政府采购法实施条例》仅对采购需求的确定进行了规制,不涉及对采购标的的描述。[4]《政府采购货物和服务招标投标管理办法》对采购需求的确定[5]和采购标的的描述都进行了规制[6]。《政府采购货物

---

[1] 《政府采购货物和服务招标投标管理办法》(中华人民共和国财政部令第 87 号)第 11 条第 3 项。

[2] 《政府采购货物和服务招标投标管理办法》(中华人民共和国财政部令第 87 号)第 20 条第 7 项。

[3] 《财政部关于印发〈政府采购需求管理办法〉的通知》(财库〔2021〕22 号)。

[4] 《政府采购法实施条例》(中华人民共和国国务院令第 658 号)第 15 条规定,采购需求应当符合法律法规以及政府采购政策规定的技术、服务、安全等要求。政府向社会公众提供的公共服务项目,应当就确定采购需求征求社会公众的意见。除因技术复杂或者性质特殊,不能确定详细规格或者具体要求外,采购需求应当完整、明确。必要时,应当就确定采购需求征求相关供应商、专家的意见。

[5] 《政府采购货物和服务招标投标管理办法》(中华人民共和国财政部令第 87 号)第 10 条规定,采购人应当对采购标的的市场技术或者服务水平、供应、价格等情况进行市场调查,根据调查情况、资产配置标准等科学、合理地确定采购需求,进行价格测算。

[6] 参见《政府采购货物和服务招标投标管理办法》(中华人民共和国财政部令第 87 号)第 11 条。

和服务招标投标管理办法》规定，采购需求应当完整、明确包括以下内容：(1)采购标的需实现的功能或者目标，以及为落实政府采购政策需满足的要求；(2)采购标的需执行的国家相关标准、行业标准、地方标准或者其他标准、规范；(3)采购标的需满足的质量、安全、技术规格、物理特性等要求；(4)采购标的的数量、采购项目交付或者实施的时间和地点；(5)采购标的需满足的服务标准、期限、效率等要求；(6)采购标的的验收标准；(7)采购标的的其他技术、服务等要求。

《政府采购货物和服务招标投标管理办法》适用于公开招标和邀请招标方式下采购技术规格的制订。对于非招标方式而言，其采购需求应当是完整且明确的。《政府采购非招标采购方式管理办法》对询价采购方式中采购需求的描述进行了下述规制：询价采购需求中的技术、服务等要求应当完整、明确，符合相关法律、行政法规和政府采购政策的规定。[1]

4.5.2.2 我国规则的符合性

技术规格作为GPA详细规制的重点领域用以消除可能构成国际贸易壁垒的三种情形——歧视性行为、缺乏透明度及对市场准入的不合理限制。我国政府采购法律所确立的公平竞争和非歧视等原则也适用于制订技术规格的行为，因而我国有关技术规格的规则与GPA的要求也是一致的。但总的来看，我国现行政府采购法律规则对技术规格问题规制在以下几个方面仍有不足，需要在今后的法律改革中加以完善。

第一，关于非歧视与采购国货政策。我国关于采购需求确定和采购标的描述的规则坚持非歧视标准，与GPA的要求相一致。然而，为执行《政府采购法》上采购“本国”的政策，有关“本地”含量的要求会与GPA的非歧视原则相冲突，这需要在未来我国加入GPA承诺的范围内进行法律调整。

第二，关于两种类型的技术规格的使用。我国政府采购法律没有明确区分确定技术规格的两类方法，并提出不同的立法政策要求，同时要

[1] 《政府采购非招标采购方式管理办法》(中华人民共和国财政部令第74号)第44条。

求确定采购标的需实现的功能或者目标。这似乎意味着需要基于性能或者功能性要求来制订技术规格,但在我国采购实践中,对采购标的的描述更多地还是侧重于采购标的的设计或描述特征。因此,在加入 GPA 的背景下,我国应更加明确地确立依据性能和功能性要求来制订技术规格的法律政策,并且这也符合我国国内改革的要求。我国最近几年提出的全面实施预算绩效管理的要求,也明显有利于或倾向于基于产出而非投入要素来制订技术规格,而且绩效目标不仅要包括产出,还要包括经济效益、社会效益、生态效益、可持续影响和服务对象满意度等绩效指标。[1] 同时,基于性能和功能性要求制订技术规格还有利于发挥政府采购促进创新的政策功能。

第三,关于使用设计或描述特征确定技术规格。在运用设计或描述特征确定技术规格的情形下,我国采购法律未要求在适当时通过运用"或与之相当的"等措辞来指明采购人将考虑可以满足其采购需求的或与之相当的货物或服务。为了满足 GPA 要求,我国政府采购法律中应该新增这一要求,并且明确在什么条件下适用该项要求。

第四,关于制订技术规格所依据或参照的标准。根据我国有关政府采购法律,对采购需求的描述应当包含采购标的需执行的国家相关标准、行业标准、地方标准或者其他标准、规范。这些所指的标准或规范可能既包含国家强制性标准也包括自愿性标准。我国现行政府采购法律未提及 GPA 所要求的对国际标准的参照——在适当时,如果存在国际标准则技术规格应当依据国际标准来制订;如无国际标准,则技术规格应依据国家技术法规、公认的国家标准或者建筑守则来制订。在加入 GPA 的背景下,可以在 GPA 下承诺的范围内提及参照国际标准制订技术规格的要求。

第五,关于《招标投标法》领域技术规格制订的规则。我国《工程建设项目货物招标投标办法》(2013 年修正)第 25 条规定,招标文件规定

〔1〕《中共中央、国务院关于全面实施预算绩效管理的意见》2018 年 9 月 1 日发布。

的各项技术规格应当符合国家技术法规的规定。招标文件中规定的各项技术规格均不得要求或标明某一特定的专利技术、商标、名称、设计、原产地或供应者等，不得含有倾向或者排斥潜在投标人的其他内容。如果必须引用某一供应者的技术规格才能准确或清楚地说明拟招标货物的技术规格时，则应当在参照后面加上“或相当于”的字样。这一规定符合 GPA 的要求，但其仅适用于工程建设项目货物招标。因此，未来可以将这一规定扩展至整个政府采购法律的适用范围内，这不仅是满足 GPA 要求的需要，也是实现我国政府采购法律所要求的公平竞争等原则的需要。

第六，关于技术规格制订中供应商参与的规则。我国政府采购法律允许在确定采购需求的过程中向相关供应商或专家征求意见[1]，但不清楚是否也可以就采购需求的描述向相关供应商或者专家征求意见。但是，一般而言在征求意见的过程中难以将采购需求的确定和描述进行明显区分。为了满足 GPA 要求，我国政府采购制度应当明确考虑到基于这些征求意见所制订的技术规格可能会产生妨碍竞争的效果并进行规制。我国政府采购制度应当确定一种机制来保证一方面鼓励供应商和专家参与采购需求的确定和制订，另一方面又不会导致产生妨碍竞争的效果。

第七，关于运用技术规格促进自然资源保护或者环境保护的规则。GPA 明确采购人可以运用技术规格来促进自然资源保护或者环境保护，但是该类技术规格的制订、采用或者适用需要符合 GPA 有关技术规格的要求。目前，我国政府采购法律要求在确定采购需求和采购标的时落实政府采购政策。其中有关节能产品采购政策和环境标志产品采购政策应当符合 GPA 的要求。但在 GPA 的视野下，通过政府采购实施更广泛的可持续发展政策，还是一个有争议的问题。在加入 GPA 的背景下，

---

〔1〕《政府采购法实施条例》(中华人民共和国国务院令第 658 号)第 15 条规定，采购人必要时应当就确定采购需求征求相关供应商、专家的意见。

我国可以在 GPA 的出价中对这些政策的实施要求提出例外性排除适用。

4.6 招标文件的编制、发布、澄清和修改规则的符合性

4.6.1 招标文件的编制

4.6.1.1 GPA 规则

GPA 对制订招标文件提出了一般性要求——采购实体应当使供应商获得招标文件,并且招标文件应包含允许供应商准备和提交响应性投标书的所有必要信息。因此,GPA 对招标文件必须包含的内容进行了规制,除非已在采购公告中提供,招标文件应当包含下列内容的完整描述。

(1)对采购标的物属性和数量的描述,即对该项采购的描述,包括拟采购货物或服务的性质和数量(如果数量不可知,则为估计的数量),以及任何需要满足的需求,包括任何技术规格、符合性评定认证(conformity assessment certification)、计划、设计图纸或者说明性材料。

(2)对供应商参加的任何条件的描述,包括要求供应商提供的与参加条件相关的信息和文件清单。

(3)实体在授予合同过程中将适用的所有评估标准,及除价格是唯一标准的情况外,其余适用标准的相对重要性,即需要对将适用的评估标准及其权重进行描述。

(4)如果采购实体将通过电子方式进行采购,则需要提供任何有关认证和加密的要求,或者与通过电子方式提交信息相关的其他要求。

(5)如果采购实体举行电子拍卖,则为拍卖据以进行的规则,包括与评估标准有关的投标要素的确认。

(6)如将举行公开开标,则为开标的日期、时间和地点,及授权参加的人员。

(7)任何其他条款或条件,包括付款条件及关于投标提交方式的任

何限制,如纸质或电子方式。

(8)交付货物或提供服务的任何日期。

此外,GPA 特别对设定交货日期或者提供服务日期进行了规制。在为所采购货物的交付或者服务的提供设置任何日期时,采购人应当考虑采购的复杂性、预期分包的程度以及生产、缩减库存和自供货点运输货物或提供服务所需的可行时间等因素。这表明,GPA 要求采购人在设置相关日期时考虑上述因素,从而不至于设置过短的交货日期或者服务履行日期。这样的依据是,在采购实践中设置过短的交货或者服务履行日期可能会构成对供应商的一种歧视,尤其是对非本地供应商的歧视。

GPA 也对设置评估标准进行了规制。GPA 明确,在采购公告或者招标文件中所列评估标准可以包括价格和其他成本因素、质量、技术优势(technical merit)、环境特征和交付条件等其他因素。这表明,采购人可以通过设置技术优势、环境特征等评标因素,选择出技术水平更高或者环境保护水平更高的货物或者服务。可见,GPA 认同通过评标因素的设置来促进技术改善和环境保护水平提高的采购实践。

4.6.1.2 我国规则的符合性

从我国制度的规定来看,GPA 语境下的"招标文件"至少应当包含我国政府采购法律语境下的"招标文件""谈判文件""询价通知书"。《政府采购法》并未对招标文件的制定进行具体规制。《政府采购法实施条例》对"招标文件"进行了下述规制:(1)应当公开采购项目的预算金额;[1](2)采购人或者采购代理机构应当按照国务院财政部门制订的招标文件标准文本编制招标文件;[2](3)招标文件应当包括采购项目的商务条件、采购需求、投标人的资格条件、投标报价要求、评标方法、评标标准以及拟签订的合同文本等。[3]《政府采购货物和服务招标投标管理办法》则进一

---

〔1〕《政府采购法实施条例》(中华人民共和国国务院令第 658 号)第 30 条。

〔2〕《政府采购法实施条例》(中华人民共和国国务院令第 658 号)第 32 条第 1 款。

〔3〕《政府采购法实施条例》(中华人民共和国国务院令第 658 号)第 32 条第 2 款。

步规定了“招标文件”应当包含的主要内容。[1]《政符采购非招标采购方式管理办法》则规定了“谈判文件”和“询价通知书”应当包含的内容。[2]

将我国政府采购法律中的上述规定与 GPA 要求进行比较可知（本文附件 5：有关招标文件、谈判文件及询价通知书内容的规则之符合性），我国有关“招标文件”、“谈判文件”和“询价通知书”内容的规定基本符合 GPA 要求。但我国政府采购法律仍需要在以下几个方面进行完善：第一，招标文件不仅需要包含采购项目所适用的评估标准，并且还应当包含评估标准的相对权重。第二，若运用电子方式进行采购，则需要提供任何有关认证和加密的要求，或者与通过电子方式提交信息相关的其他要求。第三，若采购实体举行电子拍卖，则为拍卖据以进行的规则。

此外，也应当注意到以下几个方面的要求：

首先，GPA 要求，采购人在为所采购货物的交付或者服务的提供设置任何日期时，应当考虑采购的复杂性，预期分包的程度以及生产、缩减库存和自供货点运输货物或提供服务所需的可行时间等因素。我国政府采购法律并未存在类似要求，但《政府采购货物和服务招标投标管理办法》第 25 条第 1 款规定，“招标文件、资格预审文件的内容不得违反法律、行政法规、强制性标准、政府采购政策，或者违反公开透明、公平竞争、公正和诚实信用原则”。如果采购人利用设置较短或者不合理期限而不合理地限制竞争，则有违公平竞争原则。为了进一步在我国政府采购法律中明确该项要求，可以增加一项具体规则，要求采购人在确定货物交付日期或者服务提供日期的过程中进行上述考量，不得确定过短的、不合理的日期。

其次，GPA 要求评估标准可以包括价格和其他成本因素、质量、技术优势、环境特征和交付条件等其他因素。这表明，GPA 是允许从全生命周期成本角度进行评标，也允许将质量、技术优势、环境特征和交付条件等作为评标要素进行考量的。《政府采购货物和服务招标投标管理办

---

〔1〕《政府采购货物和服务招标投标管理办法》（中华人民共和国财政部令第 87 号）第 20 条。

〔2〕《政府采购非招标采购方式管理办法》（中华人民共和国财政部令第 74 号）第 11 条。

法》第 55 条第 2 款对哪些因素可以作为评审因素进行了规制,[1]它并未明确可以将价格之外的其他成本因素以及环境特征作为评标要素。在促进可持续公共采购发展的当今时代,我国公共采购法律改革的深层次发展应当考虑从公共采购的评标因素环节促进可持续发展的可能性,并且赋予采购人这一裁量权。

4.6.2 招标文件的发布

4.6.2.1 GPA 规则

在 GPA 的公开招标方式下,所有感兴趣的供应商都可以参与投标。这意味着所有感兴趣的供应商都可以获取招标文件。GPA 要求采购实体迅速向供应商提供招标文件,以保证感兴趣的供应商有充分的时间提交响应性投标书。

在 GPA 的选择性招标方式下,只有符合资格条件的供应商才会被采购实体邀请提交投标书。因此 GPA 要求,采购实体应请求应当迅速向任何感兴趣的供应商提供招标文件。

此外,GPA 并未规定需要无偿向供应商提供招标文件,因此采购实体可以对索要招标文件的供应商收取一定的费用。

4.6.2.2 我国规则的符合性

《政府采购法实施条例》[2]和《政府采购货物和服务招标投标管理办法》[3]对招标文件的发布提出了以下要求:第一,发布招标文件的时间和地点会在招标公告或者投标邀请书中规定;第二,提供招标文件的期限自招标公告、资格预审公告发布之日起计算不得少于 5 个工作日;第三,提供期限届满后,若获取招标文件的潜在投标人不足 3 家的,可以

---

〔1〕《政符采购货物和服务招标投标管理办法》第 55 条第 2 款规定:评审因素的设定应当与投标人所提供货物服务的质量相关,包括投标报价、技术或者服务水平、履约能力、售后服务等。资格条件不得作为评审因素。评审因素应当在招标文件中规定。

〔2〕参见《政府采购法实施条例》(中华人民共和国国务院令第 658 号)第 31 条第 1 款。

〔3〕参见《政府采购货物和服务招标投标管理办法》(中华人民共和国财政部令第 87 号)第 18 条第 1 款。

顺延提供期限，并予公告；第四，招标文件的售价依制作和邮寄成本确定，不以营利为目的。

由此可知，我国政府采购法律对招标文件发布的要求是：告知发布招标文件的时间、地点和期限；必须保证在一定期限内供应商可以获取招标文件。因此，我国相关政府采购法律符合 GPA 的要求。

但相较于 GPA 要求，我国政府采购法律还对获取招标文件的期限提出规定——若超过采购实体设置的获取招标文件的期限，一般而言，供应商不得再获取招标文件；但是期限届满后，如果获取招标文件的潜在投标人不足 3 家的，可以顺延提供期限，并予公告。招标文件的最短期限是自招标公告、资格预审公告发布之日起计算，不得少于 5 个工作日。这一规定存在其合理的一面，因为当潜在投标人不足 3 家时，可以顺延提供期限，从而降低废标率、提高采购效率。但是，这一规定同时会减少潜在投标人参与采购合同的机会，因为虽然没有超过“投标截止时间”，但是已经超过了投标书的购买或者获取期限，从而也会失去参与投标的机会。未来中国在加入 GPA 之后，期限可能会因为过短而对于国际供应商来说存有不合理之处。

值得注意的是，在采购实践中，公开招标方式下，若未在采购人指定地点、期限内获取招标文件，而从其他途径获取招标文件的供应商一般不能递交投标书。这使超出获取招标文件期限之后的潜在投标人从其他途径获取招标文件之后的投标行为无效。同时，必须在指定期限内从采购人处获取招标文件的要求可能会导致串通投标等违法行为的发生。

此外，还应当注意到，关于 GPA 强调迅速向供应商提供招标文件的要求，一个可能的原因是 GPA 计算投标截止期限的起算点是采购公告发布之时，而我国政府采购法律当中对应的要求是自发布招标文件之时。

因此，从 GPA 符合性的角度来看，我国有关招标文件发布的规则可能会不利于国际供应商参与中国政府采购市场，因为其规定了不确定的获取招标文件的期限，并且如果没有在该期限内获取招标文件或者在该期限外从其他途径获取招标文件的情形下，将失去提交投标文件的资格。

4.6.3 招标文件的澄清

4.6.3.1 GPA规则

GPA规定，对任何感兴趣的或者参与采购的供应商提出的提供相关信息的任何合理提问，采购实体应当迅速答复，只要这些信息不会给予该供应商任何优于其他供应商的有利条件。因此，如果是感兴趣的供应商或者参与采购的供应商提出的、对与招标文件有关的、任何合理的请求，采购实体都应当迅速答复。但如果这些信息会给与提出请求的供应商以有利条件，则采购实体不应该给予答复。

4.6.3.2 我国规则的符合性

我国政府采购法律也允许采购人或采购代理机构对招标文件、谈判文件和询价通知书进行澄清。澄清可以分为以下几种情形：第一，采购人或者采购代理机构可以在招标文件提供期限截止后，组织已获取招标文件的潜在投标人现场考察或者召开开标前答疑会。第二，提交投标文件等响应文件截止日期之前采购人或采购代理机构的澄清。可见，我国政府采购法律同时对采购人的主动澄清和应供应商的请求而进行的澄清作出了规定。此外，对于招标采购方式，法律还要求采购人在原公告发布的媒体上发布澄清公告，并且要求澄清行为本身不得改变采购标的和资格条件的规定。这些规定都符合GPA有关澄清活动不会给予提出澄清请求的供应商任何优于其他供应商有利条件的要求。

同时，我国政府采购法律强调需要给予供应商充分的时间来提交响应性投标书。这点也符合GPA有关采购人应当对澄清请求进行及时答复的要求。

4.6.4 招标文件的修改

4.6.4.1 GPA有关修改采购公告和招标文件的规则

如果在授予合同之前，采购实体对已经提供给供应商的采购公告或招标文件中的标准或要求进行修改(modifies)、修订(amends)或者重新发布采购公告或者招标文件,那么该采购实体应当以书面形式将所有此类修改、修订重新发布的公告或招标文件,发送给正在参加采购的所有供应商。换言之,如果知晓参与采购的所有供应商,采购实体应向参与采购的所有供应商发布有关这些修改、修订或重新发布采购公告或者招标文件的新信息;如果采购实体并不完全知晓参与采购的所有供应商,GPA 要求以与发布原信息相同的方式发布这些新信息,例如在指定的电子网站或者媒体进行公开发布。

GPA 还要求,采购实体应当提供充足的时间,使此类供应商能够酌情修改投标书并重新提交改后的投标书。

4.6.4.2 我国规则的符合性

《政府采购法实施条例》第 31 条第 2 款规定,采购人或者采购代理机构可以对已经发出的招标文件进行必要的修改;采购人或者采购代理机构应当在投标截止时间至少 15 日前,以书面形式通知所有获取招标文件的潜在投标人;不足 15 日的,采购人或者采购代理机构应当顺延提交投标文件的截止时间。

《政府采购货物和服务招标投标管理办法》第 27 条进一步规定,这些必要的修改或澄清不得改变采购标的和资格条件,并且应当在原公告发布媒体上发布澄清公告。

《政府采购非招标采购方式管理办法》第 32 条规定,在竞争性谈判方式中,谈判小组可以根据谈判文件和谈判情况实质性变动采购需求中的技术、服务要求以及合同草案条款,但不得变动谈判文件中的其他内容。实质性变动的内容,须经采购人代表确认。对谈判文件作出的实质性变动是谈判文件的有效组成部分,谈判小组应当及时以书面形式同时通知所有参加谈判的供应商。供应商应当按照谈判文件的变动情况和谈判小组的要求重新提交响应文件。

可见,我国政府采购法律也允许对招标文件、谈判文件进行修改,并且需要在原公告发布媒体上发布澄清公告,或者及时以书面形式通知所有参加谈判的供应商。此外，我国政府采购法律也规定需要给予供应商以充分的时间来提交响应性文件。因此，我国政府采购法律中有关修改招标文件、谈判文件的规则符合 GPA 要求。

4.7 期限设置规则的符合性

4.7.1 GPA 有关期限设置的规则

4.7.1.1 GPA 有关期限的一般规定

一般而言，由于外国企业在评估合同信息、翻译文件等方面都面临特殊问题，不管有意还是无意，较短的准备和提交参与请求和响应性投标书的期限都会构成对外国供应商的贸易壁垒，为此，2012GPA 第 11 条对这一期限的设置提出了要求。

GPA 要求，采购实体应当在与其自身合理需要相一致的情况下，为供应商提供充足的时间以准备和提交参加请求和响应性投标书。[1] 采购实体在设置期限的时候可以考虑下列因素：(1)采购的性质和复杂性；(2)预期分包的程度；(3)在不使用电子方式的情况下，自国外和国内各地以非电子方式传送投标书所需的必要时间。这些因素仅仅只是一个示例清单，在必要时也可以考虑其他要素，例如进行现场勘验所需的时间。GPA 强调的是，期限的设置必须与采购实体的合理需求相一致。

GPA 的前述要求适用于所有期限的设置，尤其适用于与供应商准备、提交参加请求和响应性投标书有关的期限，如获取招标文件的期限、向采购实体提出询问的期限、各阶段提交参加请求书或者投标书的期限、采购实体答复询问的期限等。

此外，GPA 还要求这些期限，包括这些期限的任何展期，应当对所有

---

〔1〕 参见 2012GPA 第 11 条第 1 款。

感兴趣的或者参加采购的供应商一致。

4.7.1.2 GPA 有关截止期限的具体规定

GPA 有关截止期限的具体规定如下。

(1)选择性招标下的提交参与请求的最短期限。

在运用选择性招标的情形下,采购实体应当将提交参加请求的最后日期设定为自采购公告之日起原则上不得少于 25 天。如果采购实体能够证明,因紧急状态的存在,这一期限不可行,那么该期限可以缩短至不少于 10 天。

(2)提交投标书的截止期限:一般性规定。

一般而言,提交投标书的截止期限应当自下列日期起不得少于 40 天:对于公开招标,自采购公告发布之日;或者对于选择性招标,自采购实体通知供应商其将被受邀递交投标书之日,无论是否使用了常用名单。

(3)提交投标书的截止期限:可以缩短为至少 10 日的特殊情形。

在下列情况下,采购实体可以将提交投标书的截止期限缩短至不少于 10 天:第一,采购实体在采购公告发布之日前 40 日但是不超过 12 个月,已经发布了“计划采购公告”(2012GPA 第 7 条第 4 款),并且“计划采购公告”中包含了下述内容:①关于采购的描述;②提交投标书或者参加请求的大致最后日期;③关于感兴趣的供应商向采购实体表明对此项采购感兴趣的说明;④可获得与采购有关文件的地址;⑤可获得的尽可能多的 2012GPA 第 7 条第 2 款要求的有关采购公告的信息(此种情形简称为“已经按要求发布计划采购公告”)。第二,对于延续性项目采购合同(recurring contracts),采购实体曾在原采购公告中指出,后续公告将根据本款规定的(缩短的)投标期限。第三,采购实体能够证明的紧急状态表明,依照一般性规定设定的投标截止期限不可行(此种情形简称为“涉及紧急状态的采购”)。

(4)提交投标书的截止期限:电子采购可以缩短 5 日。

若存在下述情形之一,采购实体可以将提交投标书的一般至少 40

天的期限缩短 5 天:①通过电子方式发布采购公告;②所有招标文件自采购公告公布之日起通过电子方式可获得;③采购实体通过电子方式接收投标书。

这意味着,如果采购实体实现了电子方式发布采购公告、电子方式发布招标文件、电子方式接收投标书,那么提交投标书的截止期限可以由至少 40 日缩短至至少 35 日。但同时也应当注意到,如果既存在因运用电子方式实施政府采购而可以缩短提交投标书截止期限的情形,又存在可以将提交投标书的截止期限缩短为至少 10 天的特殊情形[1],那么采购实体不得将最后确定的投标期限缩短为自采购公告发布之日起少于 10 日。

(5)提交投标书的截止期限:涉及商业货物或服务采购的特殊规则。

根据 2012GPA 第 1 条(a)项的定义,"商业货物或服务"(commercial goods or services)是指"在商业市场中普遍被销售或者提供的一类货物或服务,且通常由非政府购买者为非政府目的而购买"。2012GPA 第 11 条第 7 款对商业货物或服务采购的投标书截止期限规定了特殊规则。

一般而言,如果采购实体购买商业货物或服务,又或者两者的组合,采购实体可以将提交投标书的截止期限缩短至不少于 13 日,条件是该采购实体通过电子方式同时发布采购公告和招标文件。此外,如果该采购实体也通过电子方式接收对商业货物或服务的投标,那么该采购实体可以将提交投标书的截止期限缩短至不少于 10 日。

(6)提交投标书的期限:涉及 GPA 附件 2 和附件 3 实体的特殊规则。

GPA 规定,如果附件 2 实体和附件 3 实体已经选择了所有或者有限数量的合格供应商,那么可以通过在该采购实体与被选择供应商之间达成协议的方式设定投标期限。如果未达成协议,则该期限不得少于 10 天。这意味着,附件 2 和附件 3 实体可以与被选择的供应商之间通过自

[1] 即 2012GPA 第 11 条第 4 款所规定的情形。

由约定的方式来确定具体提交投标书的期限。

4.7.2 我国规则的符合性

在投标截止期限上，GPA 关于期限的规定，侧重于准备和提交参与采购申请或响应投标书期限，尤其是提交投标书截止期限的要求，并不涉及发出中标、成交通知书之后至签订政府采购合同这段期限，以及可以提起质疑和投诉的期限等方面的要求。

从我国政府采购法律来看，目前《政府采购法》和《招标投标法》都对“公开招标”和“邀请招标”采购方式设置了投标截止期限〔1〕——自招标文件开始发出之日起至投标人提交投标文件截止之日止，不得少于 20 日。《政符采购非招标采购方式管理办法》规定，在“竞争性谈判”采购方式下，从谈判文件发出之日起至供应商提交首次响应文件截止之日止不得少于 3 个工作日；〔2〕在“询价”采购方式下，从询价通知书发出之日起至供应商提交响应文件截止之日止不得少于 3 个工作日。〔3〕

可见，我国政府采购法律中计算投标截止期限的起始时间不同于 GPA 规则。在 GPA 下，对于公开招标，从采购公告发布之日起计算；对于选择性招标，无论是否使用常用名单，都应从采购实体通知供应商其将被受邀递交投标书之日（发布投标邀请书之日）计算。我国政府采购法律则是从发布招标文件之日起计算。由于发布采购公告之日或者发布投标邀请书之日并不一定就是发布招标文件之日，并且我国政府采购法律并未对发布采购公告之日或发布投标邀请书之日至发布招标文件之日这个期间的最短时间进行规制，因此无法认定我国采购法律的规定是否符合 GPA 要求。为了满足 GPA 要求，我国政府采购法律可以进行相关修订，并就 GPA 所涵盖的项目作出与 GPA 一致的规定，也即在一般情形下，

〔1〕 参见《政府采购法》第 35 条；《招标投标法》第 24 条。

〔2〕 参见《政府采购非招标采购方式管理办法》（中华人民共和国财政部令第 74 号）第 29 条第 1 款。

〔3〕 参见《政府采购非招标采购方式管理办法》（中华人民共和国财政部令第 74 号）第 45 条第 1 款。

自发布采购公告或投标邀请书之日起至投标截止之期限不少于 40 日。

此外,我国政府采购法律未考虑到重复性合同、紧急状态的采购[1]等特殊情况下设置特定期限的情形;也未考虑到运用电子方式实施政府采购的情形下,允许降低最短投标截止期限的要求;亦未考虑到涉及商业货物、服务的采购以及 GPA 附件 2 和附件 3 实体的采购活动在设置投标截止期限方面设置特殊的规则。未来我国政府采购法律的修订可以考虑在这些特殊情形下缩短采购期限的规定,这些期限的缩短有利于更好地实现采购效率价值的提升。

值得注意的是,我国政府采购制度中的竞争性谈判、询价在某些情形下也应当被视为 GPA 框架下的公开招标或者选择性招标。但我国政府采购法律对竞争性谈判和询价采购方式下的"投标截止期限"(或者被称为提交响应文件的期限)的要求要远短于对公开招标方式或邀请招标方式下的要求。未来我国政府采购法律的改革,应当使得这些采购方式下的投标截止期限的设置符合 GPA 要求。而这一目的的实现可以通过在国家层面对政府采购方式的重构,或者将询价采购方式限制性适用于一定金额以下的采购合同来完成。

最后也需要注意,各类有关常用供应商名单的采购实践与 GPA 有关投标截止日期要求之间的符合性。例如,有关征集常用供应商名单的"公开招标"是否能够算得上真正意义上的公开招标。[2]

其他期限设置上,除了投标截止期限之外,我国政府采购法律还在公开招标和邀请招标采购方式下,设置了可能影响供应商准备和提交响

---

〔1〕 可见,GPA 对紧急状态的采购与我国采购法律的规制角度不一致。在我国,在紧急状态下可以不适用招标采购方式,而是适用竞争性谈判、单一采购采购方式或者可以不受政府采购法的规制。但是在 GPA 下,紧急状态下的采购,首先考虑的是提供较短的等标期,其次才是转而运用有限招标方式实施采购,即在尽可能不限制竞争的情形下先缩短采购时间;在特别情形下,可以允许进行有限招标采购。

〔2〕 在欧盟,框架协议的缔结应当遵守欧盟公共采购指令中所规定的基于框架协议授予合同之前的所有阶段的程序性规则。这表明,在授予合同阶段之前,缔结框架协议的程序规则与授予一般公共采购合同的规则相同,如发布合同公告、关于递交投标书的条件和期限等方面的规定。

应性文件的其他期限。例如,《政府采购法实施条例》规定,提交资格预审申请文件的时间自公告发布之日起不得少于5个工作日;[1]招标文件的提供期限自招标文件开始发出之日起不得少于5个工作日。[2] 采购人或者采购代理机构对已发出的招标文件进行澄清或者修改的内容可能影响投标文件编制的,采购人或者采购代理机构应当在投标截止时间至少15日前,以书面形式通知所有获取招标文件的潜在投标人;不足15日的,采购人或者采购代理机构应当顺延提交投标文件的截止时间。[3] 又如《招标投标法实施条例》规定,资格预审文件或者招标文件的发售期不得少于5日;[4]招标人应当合理确定提交资格预审申请文件的时间,且依法必须进行招标的项目提交资格预审申请文件的时间,自资格预审文件停止发售之日起不得少于5日;[5]对资格预审文件或招标文件的异议提出期限以及采购人的答复期限进行了规制。[6]《政府采购货物和服务招标投标管理办法》则进一步规定招标公告、资格预审公告的公告期限为5个工作日;[7]采购人或者采购代理机构应当按照招标公告、资格预审公告或者投标邀请书规定的时间、地点提供招标文件或者资格预审文件,提供期限自招标公告、资格预审公告发布之日起计算不得少于5个工作日。[8]

如前所述,GPA 并未对这些期限提出具体的最短期限要求,其仅提出了一般性要求,即与采购人的合理需求相一致并且对所有的潜在供应商适用一致的期限要求。因此,我国政府采购法律应当被视为是符合 GPA 要求的,只不过在未来政府采购法改革中应当注意法律条文之间的一致性。例如,当前《政府采购货物和服务招标投标管理办法》与《政府

---

〔1〕《政府采购法实施条例》(中华人民共和国国务院令第658号)第21条第2款。
〔2〕《政府采购法实施条例》(中华人民共和国国务院令第658号)第31条第1款。
〔3〕《政府采购法实施条例》(中华人民共和国国务院令第658号)第31条第2款。
〔4〕《招标投标法实施条例》(中华人民共和国国务院令第709号)第16条。
〔5〕《招标投标法实施条例》(中华人民共和国国务院令第709号)第17条。
〔6〕《招标投标法实施条例》(中华人民共和国国务院令第709号)第22条。
〔7〕《政府采购货物和服务招标投标管理办法》(中华人民共和国财政部令第87号)第16条。
〔8〕《政府采购货物和服务招标投标管理办法》(中华人民共和国财政部令第87号)第18条。

采购法实施条例》之间计算招标文件提供期限的起始时间不一致，前者是指招标公告发布之日起不少于 5 个工作日，后者是指招标文件开始发出之日起不得少于 5 个工作日。

4.8 谈判规则的符合性

4.8.1 GPA 采购程序中的谈判

在 GPA 中，"谈判"不是一种政府采购方式，而是采购实体与供应商之间进行的一种交流。这种交流可能发生在不同的采购阶段，例如在供应商正式提交投标文件或者其他响应性文件之前；在提交投标文件或者响应性文件之后，开始正式评标之前；或者在评标之后，正式确定中标人之前；又或者在确定中标人之后，正式授予合同之前。展开这种交流的目的也可能是多样的，其可能是采购人并不能确定和界定其采购需求，因此希望通过与供应商的讨论进一步明确，并在此基础上邀请供应商投标；也有可能是采购人希望投标人能够进一步完善其投标书；亦有可能是其所邀请的投标并未涵盖所有问题，而是在确定中标人之后再与其讨论其中的一些问题；或者只是为了允许中标供应商在合同签订之前修改或者完善其报价。

结合 2012GPA 第 12 条以及从 GPA 整体上来看，GPA 所规制的"谈判"主要涉及供应商提交投标书（无论是概要投标还是完整投标）之后、确定中标候选人之前的谈判。[1] 具体而言，GPA 对谈判的规制主要体现在两个方面，一是 GPA 成员方可以允许采购实体开展谈判的情形；二是如果采购实体展开谈判，应当遵循哪些规则。

4.8.1.1 允许谈判的情形

GPA 允许采购实体开展谈判（GPA 第 12 条第 1 款），而开展谈判需

---

〔1〕 至于其他期间的谈判活动，GPA 没有重点规制，但是其也理应符合 GPA 文本所提出的一般要求和其他相关具体要求。

要进一步满足以下前提条件:第一,采购实体在采购公告中已经表明谈判意向;第二,根据采购公告或者招标文件中所列的具体评估标准进行评估,没有投标书具有明显"优势"。这表明 GPA 并未限制采购实体将谈判纳入采购程序的条件,而是将在透明度与其他政策之间寻求恰当平衡点的问题留给了 GPA 成员方自己来考虑[1]。GPA 成员方只要确保采购实体在采购公告中已经表明了其将在该项采购过程中进行谈判的意向。或者,如果采购实体虽未在采购公告中表明将进行谈判的意向,但是在依据事先公布的评估标准对投标书进行评估之后,发现没有任何投标书最具优势,此时也可以展开谈判。

4.8.1.2 谈判规则

GPA 并未对采购实体应当如何展开谈判进行结构性规制,但仍然提出了两项基本要求。第一,采购实体保证对参加谈判供应商的任何排除应当依照采购公告或者招标文件中所列出的评估标准进行;第二,在谈判结束时,应向仍然参加谈判的供应商规定提交任何新的或者经修改的投标书的一个共同截止期限。这意味着谈判过程中排除供应商的标准必须是事先公开的评估标准,即对选择投标书标准的透明度和一致性提出了要求。"共同截止期限"一方面要求平等对待供应商,另一方面也给供应商一个明确的信号:在这一截止时间之前,供应商应提交其最优和最后的投标,而且之后再无谈判。

4.8.2 我国规则的符合性

我国政府采购制度将是否允许"谈判"作为划分采购方式的重要标准之一。从目前来看,公开招标与邀请招标这两种采购方式都不允许开展谈判。"竞争性谈判"和"竞争性磋商"这两种政府采购方式允许采购人在采购过程中与供应商展开谈判。其中,"竞争性谈判"是《政府采购法》规定的采购方

[1] 参见[英]苏·艾茹史密斯:《WTO 中的政府采购》,曹富国译,经济科学出版社 2017 年版,第 248 页。

式;“竞争性磋商”是财政部依据《政府采购法》的授权而规定的采购方式。

4.8.2.1 谈判的前提条件

谈判的前提条件包括以下几方面内容。

第一,事先在采购公告中表明谈判意向。

从与 GPA 要求之间的符合性角度来看,我国政府采购法律对什么情形下采购人可以被允许适用竞争性谈判采购和竞争性磋商采购方式进行了规制。[1] 这也意味着我国政府采购法律对可以展开谈判的情形进行了规制,并且明确禁止采购人在招标过程中与投标人展开谈判。[2] 一般而言,采购活动在发布采购公告时就已经明确将运用哪类采购方式。如果采购人运用竞争性谈判或者竞争性磋商方式来实施采购活动,那么在采购公告中就已经明确其将适用带谈判的政府采购方式。因此,我国政府采购法律符合 GPA 有关采购人应事先在采购公告中表明将要展开谈判意向的要求。

第二,在“无明显优势投标书的情形”下所展开的谈判。

《政府采购货物和服务招标投标管理办法》第 68 条第 2 款规定[3],中标候选人并列的,由采购人或者采购人委托评标委员会按照招标文件规定的方式确定中标人。招标文件未规定的,采取随机抽取的方式确定。可见,如果存在“无明显优势投标书的情形”,采购人应事先在招标文件中明确确定中标人的方式;如果未事先确定,则采取随机抽取的方式。那么,采购人有没有可能在招标文件中约定与排名并列的投标人通过谈判的方式来确定最终中标候选人呢?在这种情形下,采购人通过谈判可以获得更优惠的交易条件,从而确定中标人或者中标候选人。我国政府采购法律对此没有明确规定,但现有法律政策似乎不允许采购人在评标结果出来后为获得更有利的条件而进一步与投标人进行谈判。因

[1] 《政府采购法》第 30 条;《政府采购竞争性磋商采购方式管理暂行办法》第 3 条。

[2] 《政府采购法》第 71 条;《招标投标法》第 43 条。

[3] 《政府采购货物和服务招标投标管理办法》(中华人民共和国财政部令第 87 号)第 68 条第 2 款。

此，相对于 GPA 来说，我国政府采购法律政策要求更高的透明度，但有可能也会减少采购人可以通过谈判获得更高资金价值的机会。未来我国政府采购法律改革可以考虑利用 GPA 所提供的这种灵活机制。

4.8.2.2 谈判程序规则

谈判程序规则包括以下几方面内容。

第一，竞争性谈判采购方式。

《政府采购法》[1]及其实施条例[2]，以及财政部令第 74 号[3]都涉及竞争性谈判采购方式下如何展开谈判以及如何确定最终成交供应商的规定。根据这些规定，竞争性谈判采购方式分为两种情况，即谈判文件能够详细列明采购标的技术、服务要求的和谈判文件不能详细列明采购标的技术、服务要求的。对于第一种情况，谈判结束后，谈判小组应当要求所有继续参加谈判的供应商在规定时间内提交最后报价，提交最后报价的供应商不得少于 3 家。对于第二种情况，需经谈判由供应商提供最终设计方案或解决方案的，谈判结束后，谈判小组应当按照少数服从多数的原则投票推荐 3 家以上供应商的设计方案或者解决方案，并要求其在规定时间内提交最后报价。

在竞争性谈判采购方式中，确定成交供应商的原则是"符合采购需求、质量和服务相等且报价最低"。谈判小组从质量和服务均能满足采购文件实质性响应要求的供应商中按照最后报价由低到高的顺序提出 3 名以上的成交候选人。最后根据质量和服务均能满足采购文件实质性响应要求且最后报价最低的原则确定成交供应商。

可见，我国政府采购法律满足 GPA 有关谈判程序的要求。

第二，竞争性磋商采购方式。

从《政府采购竞争性磋商采购方式管理暂行办法》的规定来看，[4]

---

[1] 《政府采购法》第 38 条第 5 项。

[2] 《政府采购法实施条例》(中华人民共和国国务院令第 658 号)第 35 条。

[3] 《政府采购非招标采购方式管理办法》(中华人民共和国财政部令第 74 号)第 30 条、第 33 条、第 35 条、第 36 条。

[4] 《政府采购竞争性磋商采购方式管理暂行办法》第 21 条、第 24 条、第 25 条、第 28 条。

竞争性磋商与竞争性谈判程序类似，最主要的区别在于前者运用综合评分法对提交最后报价供应商的响应文件和最后报价进行综合评分。因此，竞争性磋商采购方式也符合2012GPA第12条有关展开谈判的要求。

4.8.2.3 小结

通过以上分析可知，我国政府采购法律有关谈判的规定符合GPA要求，并具体体现在以下几个方面：(1)我国采购法律符合GPA有关采购人应事先在采购公告中表明谈判意向的要求；(2)相对于GPA来说，我国政府采购法律政策要求更高的透明度，因为现有法律政策似乎不允许采购人在评标结果出来后为获得更有利的条件而进一步与投标人进行谈判；(3)竞争性谈判采购方式中有关展开谈判的规则符合GPA的要求；(4)竞争性磋商采购方式中有关展开谈判的规则也符合GPA的要求。

4.9 电子拍卖规则的符合性

4.9.1 GPA有关电子拍卖的规则

根据GPA第1款第(f)项的定义，电子拍卖指一种迭代过程(iterative process)[1]，涉及供应商使用电子手段，提出与评审标准有关的投标书中新价格或可量化非价格要素的新价值(也可两者兼有)，导致投标书的排序或重新排序。

GPA并未对电子拍卖进行系统性规制，例如，它并未对如何具体实施电子拍卖进行规制。GPA对电子拍卖的规制主要是基于透明度的考量，其仅要求有意运用电子拍卖实施GPA所涵盖采购活动的采购实体，在电子拍卖开始实施之前向每一位参加者提供下述信息：(1)自动评估

[1] 而一般意义上的“迭代”是指重复反馈过程的活动，其目的通常是接近并达到所需的目标或者结果。每一次对于“过程”的重复被称为一次“迭代”，而每次迭代得到的结果会被用来作为下一次迭代的初始值。

方法(包含数学公式),且其必须是基于招标文件中所列明的评估标准并将被用于拍卖过程中的自动排序或者自动重新排序;(2)如果依据最具优势投标书的标准来授予合同,那么采购人还应当告知供应商根据评标因素对其投标书所进行的初步评审结果;(3)与实施拍卖有关的任何其他相关信息。

根据2012GPA 第9 条第2 款第(f)项以及第10 条第7 款第(e)项的有关规定,GPA 对电子拍卖主要提出了三项要求:第一,一般而言,GPA 要求在采购公告中告知潜在供应商其所运用的采购方式中将涉及电子拍卖;第二,在招标文件中,采购人需要规定实施电子拍卖的具体规则,包括确认投标书中哪些要素与评估标准相关(与评估标准有关的投标要素);第三,在电子拍卖之前,告知参加者所使用的自动评估方法、对其投标书的初步评审结果(若适用)及其他任何相关信息。

4.9.2 我国规则的符合性

从 GPA 对电子拍卖的定义来看,我国政府采购实践中常用的"电子反拍"、"网上竞价"及"反向竞价"等都属于其范畴。《政府采购法》及其实施条例,以及财政部颁布的部门规章和规范性文件都并未对"电子反拍"、"网上竞价"及"反向竞价"等电子拍卖流程进行规制。从地方政府制订的规章和规范性文件来看,上海市浦东新区最早于 2002 年就制定了《浦东新区政府采购网上竞价采购管理办法》[1];武汉市财政局于2004 年年底发布了《武汉市政府采购网上竞价管理暂行办法》;湖南省财政厅于 2011 年 11 月发布了《关于明确政府采购网上竞价采购有关事项的通知》[2];青岛市于 2011 年 7 月发布了《青岛市政府采购网上竞价

〔1〕 参见浦东新区政府采购中心:《浦东新区政府采购网上竞价管理办法》,载中国政府采购网,http://www.ccgp.gov.cn/zcfg/dffg/shanghai/201311/t20131113_3591881.htm。

〔2〕《湖南省财政厅关于明确政府采购网上竞价采购有关事项的通知》(湘财购〔2011〕33 号),2011 年 11 月 4 日发布和施行。

采购管理暂行办法》[1];宁波市财政局于 2013 年 5 月发布了《宁波市政府采购网上竞价管理暂行规定》[2];中央国家机关政府采购中心于 2017 年 12 月发布了修订版的《中央国家机关政府采购中心网上竞价管理办法》[3]等。

可见,我国大部分有关电子拍卖采购活动的实践缺乏较高层面的法律规制。因此,有必要以 GPA 要求为基础进一步研究我国有关电子拍卖的采购实践活动与 GPA 要求之间的符合性。

从已有的规范性文件来看,我国目前所实施的电子拍卖具有以下几个方面的特征:(1)其本质是我国《政府采购法》所规定的询价采购方式,只不过是以电子方式实施的;(2)一般适用于规格、标准统一且采购金额较低的项目(如 50 万元以下);(3)价格是唯一的评审要素,按照符合采购需求且报价最低的原则确定成交供应商。

因此,我国政府采购法律改革有必要至少就以下问题进行立法政策选择:(1)对采购方式中电子拍卖的流程进行规制并使其在透明度方面符合 GPA 的基本要求;(2)在满足 GPA 要求的基础上,有必要进一步考虑是否可以在运用综合评分法的采购项目中运用电子拍卖方式,或者是否将电子拍卖方式适用范围限制在一定门槛价以下的政府采购项目中。

4.10 投标书处理规则的符合性

4.10.1 GPA 的要求

根据 GPA 第 15 条的规定,GPA 对处理投标书的规制主要体现在以

---

〔1〕《青岛市财政局关于印发〈青岛市政府采购网上竞价采购管理暂行办法〉的通知》(青财采〔2011〕8 号),2011 年 7 月 27 日发布,自 2011 年 8 月 1 日起施行,有效期至 2015 年 12 月 31 日。

〔2〕《宁波市财政局关于印发〈宁波市政府采购网上竞价管理暂行规定〉的通知》(甬财政发〔2013〕478 号),2013 年 5 月 23 日发布,已失效。

〔3〕《中央国家机关政府采购中心关于印发〈中央国家机关政府采购中心网上竞价管理办法〉(修订版)的通知》(国机采〔2017〕16 号),2017 年 12 月 29 日发布和施行,已失效。

下几个方面:第一,采购实体应当通过可以保证采购程序公正和公平及保密的程序接收、开启和处理所有投标;第二,如果投标书的延迟接收完全是采购实体处理不当造成的,那么该采购实体不得使该供应商承担不利后果;第三,如果采购实体在开标至授予合同期间向某个供应商提供了更正表格中非故意错误的机会,那么该采购实体应当向所有参与的供应商提供相同的机会。

可见,GPA 对处理投标书的规制并不复杂,它一方面主要提出了一般性要求——确保相关采购程序的公正、公平及投标书的保密性;另一方面确立了一个基本规则,即不能因采购实体自身原因导致的接收投标书延迟而惩罚供应商,以及给予所有供应商相同的机会来允许更改表格中的非故意错误。

4.10.2 我国规则的符合性

4.10.2.1 《政府采购法》规则的符合性

《政府采购法》及其实施条例都并未对处理投标书进行专门规制。《政府采购货物和服务招标投标管理办法》对货物和服务公开招标和邀请招标采购方式下的接收投标书[1]、开启投标书[2]和处理投标书[3]提出了要求,并明确了违反这些要求应当承担的法律责任[4]。这些相关规则可以确保接收、开启和处理投标书程序的公正和公平。

此外,《政府采购货物和服务招标投标管理办法》还规定,投标人应当将投标文件密封送达投标地点;采购人或者代理机构应当在收到投标文件后如实记载投标文件的送达时间和密封情况,签收保存,并向投标人出具签收回执;要求任何单位和个人不得在开标前开启投标文件;在开标时,应当由投标人或者其推选的代表检查投标文件的密封情况。如

---

〔1〕《政府采购货物和服务招标投标管理办法》(中华人民共和国财政部令第 87 号)第 33 条。

〔2〕《政府采购货物和服务招标投标管理办法》(中华人民共和国财政部令第 87 号)第 39 条、第 40 条、第 41 条、第 42 条。

〔3〕《政府采购货物和服务招标投标管理办法》(中华人民共和国财政部令第 87 号)第四章。

〔4〕《政府采购货物和服务招标投标管理办法》(中华人民共和国财政部令第 87 号)第六章。

果采购人或采购代理机构在开标前泄露已经获取招标文件潜在投标人的名称、数量或者其他可能影响公平竞争的有关招标投标情况,《政府采购货物和服务招标投标管理办法》还设置了行政处罚措施。以上相关规则可以确保投标书的保密性。

对迟延接收投标书的情况,《政府采购货物和服务招标投标管理办法》(中华人民共和国财政部令第 87 号)第 33 条第 2 款规定,“逾期送达或者未按照招标文件要求密封的投标文件,采购人、采购代理机构应当拒收”。该法令并未考虑到因采购人自身处理不当而造成的、在投标截止时间之后接收到投标书的情形。

对更正表格中非故意错误(unintentional errors)的机会问题,《政府采购货物和服务招标投标管理办法》第 50 条第 1 款、第 2 款分别规定,“对于投标文件中含义不明确、同类问题表述不一致或者有明显文字和计算错误的内容,评标委员会应当以书面形式要求投标人作出必要的澄清、说明或者补正”[1]“投标人的澄清、说明或者补正不得超出投标文件的范围或者改变投标文件的实质性内容”[2]。可见,对“投标文件中含义不明确、同类问题表述不一致或者有明显文字和计算错误的内容”进行必要澄清、说明或者补正的机会并非给予所有参加供应商,而是仅给予评标委员会发现评标书中出现了这些问题的供应商。此外,《政府采购货物和服务招标投标管理办法》还确定了投标文件中报价出现不一致的情形时修正的规则[3]。在这种情形下,不需要供应商进行更正,而是评标委员会依据法定规则自行修正,然后由投标人确认。

通过上述对比我国政府采购制度中的相关规则与 GPA 的要求可知:(1)我国政府采购有关接收、开启和处理投标书的规则能够确保其程序的公正和公平,因此符合 GPA 的相关要求。(2)我国政府采购法律能

---

[1] 《政府采购货物和服务招标投标管理办法》(中华人民共和国财政部令第 87 号)第 50 条第 1 款。

[2] 《政府采购货物和服务招标投标管理办法》(中华人民共和国财政部令第 87 号)第 50 条第 2 款。

[3] 《政府采购货物和服务招标投标管理办法》(中华人民共和国财政部令第 87 号)第 59 条。

够确保对投标书的保密性，因而也符合 GPA 的相关要求。(3) 我国政府采购法律应当新增规则，以处理有关因采购人处理不当而造成在投标截止时间之后接收到投标书的情形，并要求采购人不得处罚该投标书的投标人，即应当仍然接受该项投标书。(4) 对更正表格中非故意错误（unintentional errors）的机会问题，应当进一步解释何为“非故意错误”，以及“表格”（form）所指代范围。如果“表格”（form）仅指报价表格，那么我国采购法律符合 GPA 的要求，因为其并未给予供应商更正的机会，而是采取法定修正的方式——只需投标人确认，如果投标人不确认则视其投标无效。如果“表格”可以被扩张解释为“投标书”，且“非故意错误”包含了“投标文件中含义不明确、同类问题表述不一致或者有明显文字和计算错误”，则我国采购法律不符合 GPA 的要求，因其仅给予了个别供应商澄清、说明或者补正的机会。

此外，值得注意的是，上述我国采购法律仅对纸质化政府采购活动中的投标、开标和评标进行了规制，而并未规制电子化政府采购背景下电子化投标、开标和评标的情形。因此，在电子化政府采购发展的背景下，我国政府采购法律的深化改革必须考虑到对电子化投标、开标和评标的规制，及其与 GPA 要求之间的符合性。

4.10.2.2 《招标投标法》规则的符合性

《招标投标法》及其实施条例都对投标、开标和评标活动进行了详细规制[1]。这些规定能够确保为投标、开标和评标活动提供一个公平、公正的程序，因此符合 GPA 的相关要求。

在确保投标书的保密性方面，《招标投标法》及其实施条例的相关规则与《政府采购货物和服务招标投标管理办法》的相关规则绝大部分相似，也满足 GPA 有关确保投标书保密性的要求[2]。

---

[1] 《招标投标法》第三章和第四章，《招标投标法实施条例》（中华人民共和国国务院令第 613 号）第三章和第四章。

[2] 《招标投标法》第 28 条、第 36 条，《招标投标法实施条例》（中华人民共和国国务院令第 709 号）第 36 条。

对迟延接收投标书的情况,《招标投标法》及其实施条例也并未考虑由于采购人处理不当而造成在投标截止时间之后接收到投标书的情形。因此,对GPA所涵盖的那部分招标采购活动,《招标投标法》及其实施条例的相关规则应当进行相应调整。

对更正表格中非故意错误(unintentional errors)的机会问题,《招标投标法》及其实施条例仅提及了"投标文件中有含义不明确的内容、明显文字或者计算错误"的情形[1],评标委员会仅需通知其认为需要作出必要澄清、说明的投标人,而非涉及所有投标人。其并未提及对前后不一致的报价表格进行法定修正的规则。

《招标投标法》及其实施条例也并未涉及对电子化投标、开标和评标的规制。

4.11 合同授予规则的符合性

4.11.1 GPA有关合同授予的规则

GPA对政府采购合同授予的规制主要体现在以下几个方面。

(1)授予合同的前提条件。一项投标书被授予合同的前提条件是该项投标书满足下列所有条件:①应当以书面形式提交;②开标时,投标书符合采购公告和招标文件设定的实质性要求;③投标书来自满足参与条件的供应商。[2] 这表明投标书应当以书面形式提交,并且在开标时投标书就应该满足实质性要求,投标人应当满足参与采购的资格条件。

(2)授予合同的标准。除非采购实体认定合同的授予将不符合公共利益,采购实体应当将合同授予被采购实体认为有能力履行合同条款的供应商,并且仅根据公告(采购公告或计划采购公告)和招标文件中规定

〔1〕《招标投标法》第39条,《招标投标法实施条例》(中华人民共和国国务院令第709号)第52条。

〔2〕2012GPA第15条第4款。

的评估标准,已经提交了最具优势投标书的供应商,或者当价格作为唯一评估标准时提交了最低价投标书的供应商。[1] 该条款旨在规定授予合同的标准与基于公共利益不授予合同(或者称为“在无合同授予的情况下终止采购程序”)的情形[2]。

首先,就授予合同的标准而言,其具体是指,被采购实体认为有能力履行合同条款的供应商,并且根据公告(采购公告或计划采购公告)和招标文件中规定的评估标准,已经提交了最具优势投标书的供应商,或者当价格作为唯一评估标准时提交了最低价投标书的供应商。

这意味着 GPA 确立了两种授予合同的标准,一是“价格最低的投标”的标准,二是最具优势的投标的标准。前者在评标中仅考虑投标价格,合同将授予满足投标书的前提条件、提交了最低价投标书的供应商。将合同授予“最具优势的投标”允许采购实体考虑非价格因素。对于“非价格因素”的范围,比如在多大程度上考虑可产业、环境和社会政策因素等,GPA 似乎赋予了其广泛的裁量权。当然,GPA 的发展也表明,将广泛的可持续采购政策融入 GPA 尚未达成共识(因而它其实是一个 GPA 谈判的未来议题)。另外,“非价格因素”也受到国民待遇和非歧视原则的制约,比如 GPA 成员方将优惠“本地”的因素纳入评标的“非价格因素”中。然而,GPA 并没有提供有助于解决有关非价格标准问题的任何解释。GPA 成员方究竟在多大程度上考虑类似于可持续采购的“非价格因素”在很大程度上取决于成员方之间的谈判。当然,至少在 GPA 文本上,“最具优势的投标”的授予合同标准具有足够的包容性,可以涵盖 GPA 成员方在非价格因素确定上的多样化实践。[3]

---

〔1〕 2012GPA 第 15 条第 5 款。

〔2〕 值得注意的是,这里并非指采购人也可以在合同授予阶段以公共利益为由,不将合同授予提交了满足授予标准投标书且满足参与条件的供应商。

〔3〕 比如,欧盟公共采购指令下一个授予合同的标准是“经济上”最具优势的投标。将最具优势的投标因素限定在“经济上”,可能会限制那些非经济性因素,比如环境或者社会政策因素。当然,欧盟公共采购指令的发展也表明,即使有“经济上”的限制,欧盟公共采购指令也允许将环境和广泛的社会政策纳入评标因素之中。

其次,就基于公共利益不授予合同而言,鉴于采购实体在启动一项 GPA 授予程序后可能会在授予程序过程中或最后环节决定不授予任何合同,又或决定放弃本次采购程序,并启动一个新的采购程序。采购实体决定终止采购合同授予的理由可能是多样的,例如由于资金供应变化或者是项目成本明显高于预期成本而导致采购实体缺乏资金支持;又如存在串通投标问题、投标人都不符合资格条件、没有符合要求的投标书;或者受到中标人的国籍等非商业因素的影响[1]。

为了禁止采购实体滥用终止采购合同授予程序的权利歧视其他成员方的供应商,GPA 第 15 条第 5 款规定,在存在符合条件的供应商及其投标书的情形下,除非不符合公共利益,采购实体应当授予采购合同。也就是说,采购实体不能决定不授予合同,除非基于公共利益的考量。当然,GPA 并未对何为"公共利益"进行解释。

(3)异常低价投标书的处理。根据 GPA 的规定[2],如果采购实体收到了一份投标书,其价格异常低于其他被提交的投标书,那么该采购实体可以要求提交了该份投标书的供应商验证(verify)其满足参与条件并且有能力履行合同条款。如果供应商能够对此作出验证证明,则该份提交了异常低价的投标书仍然有效。

可见,第一,GPA 赋予了 GPA 成员方及其采购实体决定是否接受某些异常低价投标书的裁量权。但值得注意的是,如果 GPA 成员方的法律并未允许采购实体这类裁量权,那么即使供应商能够证明其满足参与条件且有能力履行合同条款,采购实体也不得接受异常低价的投标书。第二,如果 GPA 成员方法律也赋予了采购实体该项裁量权,GPA 亦对该项裁量权的行使进行了规制,即应当向供应商验证其满足参与条件并且有能力履行合同条款。

从 GPA 文本的措辞来看,"异常低价投标"是指相对于其他供应商

---

〔1〕［英］苏·艾茹史密斯:《WTO 中的政府采购》,曹富国译,经济科学出版社 2017 年版,第 264 页。

〔2〕2012GPA 第 15 条第 6 款。

的投标而言价格异常低。但是 GPA 并未指出导致这些价格异常低的理由或者具体情形。价格异常低有可能是供应商意图在合同履行中偷工减料所致,有可能是投标人所具有的成本优势(如较低的劳动成本)所致,还有可能是产品在生产过程中接受了合法或违法补贴所致等。GPA 对于异常低价投标书所持的立场是,无论异常低价的原因是什么,若采购人怀疑以异常低价投标的供应商的合同履行能力,则可以验证其能力。

(4)采购实体不得以规避 GPA 项下义务方式来运用选择权(options)、取消采购或者变更已经授予的政府采购合同[1]。

GPA 的这项要求实际上已经超越了合同授予阶段而涉及合同授予之后的合同管理或履行阶段。一般而言,GPA 并不对 GPA 合同履行阶段的行为进行规制,而仅侧重于关注合同授予阶段,但 2012GPA 相较于 1994GPA 在这个方面有所突破。1994GPA 仅规定在合同履行过程中不得以规避 GPA 条款的方式来适用合同中的选择权条款[2],但 2012GPA 已经将对合同选择权条款的规制扩展至对取消采购及修订已经授予的政府采购合同的规制。此外,GPA 要求不得运用选择权、取消采购或者修订已经授予的政府采购合同这些方式来规避 GPA 项下的义务。

这一发展反映了现代公共采购法的一项共识,即国际社会普遍认识到合同履行阶段也有可能会对合同授予阶段产生逆向影响,从而导致歧视外国供应商或外国产品或服务的后果。例如,在采购实体与供应商合谋的情形下,供应商通过提交有竞争力的投标书获取合同,但是在合同被授予之后通过变更合同提高价格,或者以非常丰厚的报酬来获取一份额外的任务,又或者提供不符合合同约定标准的标的物等。当然,在某些情形下对已经授予的采购合同进行变更也具备正当理由,如由于采购项目复杂,出现了事先并未在采购合同中约定的情形。

当然,GPA 并不禁止取消采购和对已经授予的合同进行变更,只不

[1] 2012GPA 第 15 条第 7 款。
[2] 1994GPA 第 13 条第 5 款。

过这些行为的实施不能以规避 GPA 项下的义务为目的。

4.11.2 我国规则的符合性

在授予合同的前提条件方面,根据我国政府采购法律,尤其是有关供应商参与采购的资格条件、投标、评标和中标等条文,被授予合同的供应商应当满足资格条件,其投标书应当以书面形式提交,并且在开标时供应商的投标应该是实质上响应招标文件的投标。因此,我国政府采购法律在这一方面符合 GPA 的要求。

在授予合同的标准方面,《政府采购法实施条例》确定政府采购招标评标方法为最低价评标法和综合评分法[1];《政府采购法》确定在竞争性谈判采购方式下和询价采购方式下都是"根据符合采购需求、质量和服务相等且报价最低的原则确定成交供应商"的;财政部相关规范文件中也规定,在竞争性磋商采购方式下,"经磋商确定最终采购需求和提交最后报价的供应商后,由磋商小组采用综合评分法对提交最后报价的供应商的响应文件和最后报价进行综合评分"[2]。《招标投标法》第 41 条规定:"中标人的投标应当符合下列条件之一:(一)能够最大限度地满足招标文件中规定的各项综合评价标准;(二)能够满足招标文件的实质性要求,并且经评审的投标价格最低;但是投标价格低于成本的除外。"虽然 GPA 文本并未解释何为"最具优势的投标书",但是上述"综合评分法"或者《招标投标法》中有关评标标准的表述可以被理解为属于这一范畴。因此,我国政府采购法律有关授予合同的标准符合 GPA 的要求。

同时,基于公共利益也可不授予合同。我国《政府采购法》规定,在招标采购过程中若因重大变故采购任务取消,则应当予以废标,[3]并且

---

[1] 《政府采购法实施条例》(中华人民共和国国务院令第 658 号)第 34 条第 1 款。

[2] 《政府采购竞争性磋商采购方式管理暂行办法》(财库〔2014〕214 号)第 23 条第 1 款。

[3] 《政府采购法》第 36 条,《政府采购货物和服务招标投标管理办法》(中华人民共和国财政部令第 87 号)第 29 条。

在这种情形下采购实体并不负有重新组织招标的义务。[1] 值得注意的是,《政府采购法》仅对采用招标方式的采购活动规定了这种可能性。后来发布的财政部令第 74 号将这一要求扩展至非招标采购方式。[2] 有关废标的这一规定似乎可以适用于发布采购公告之后确定中标候选人之前,也可以适用于已经确定中标候选人之后签订合同之前。

此外,还需要澄清的是何为“重大变故”,但《政府采购法》及其条例和规范性文件都并未明确其含义。如果《政府采购法》及其相关规则被解释为可以在确定中标人之后因存在重大变故而终止授予采购合同,那么该法及其相关规则是否符合 GPA 要求的关键就在于“重大变故”是否仅限于涉及“公共利益”。鉴于“公共利益”的广泛含义,且“重大变故”为我国法律确定的利益,似乎可以判断“重大变故”与 GPA 要求相符合。

另外,《政府采购法》第 1 条已经明确了“维护国家利益和社会公共利益”是其立法目标,并且第 50 条也规定,如果政府采购合同继续履行将损害国家利益和社会公共利益,双方当事人应当变更、中止或者终止合同。[3] 因此可以推断,如果在合同授予之前采购人已经发现若不终止合同授予将不符合公共利益,那么采购人应当有权终止采购合同授予程序。

与之相似而又有所不同的是,《招标投标法》第 1 条显示其也将保护国家利益和社会公共利益作为立法目标之一。但其并未规定可以因国家利益和社会公共利益变更、中止或者终止合同。考虑到中国加入 GPA 之后更好地保护国家利益的要求,以及两法的协调,我国政府采购法律改革的过程中应当利用 GPA 所赋予的裁量权,明确允许在合同授予的最后阶段,采购人可以基于国家利益和公共利益的考虑终止采购合同的授予程序。

对异常低价投标,《政府采购货物和服务招标投标管理办法》的相关

---

〔1〕《政府采购法》第 37 条。

〔2〕《政府采购非招标采购方式管理办法》(中华人民共和国财政部令第 74 号)第 23 条。

〔3〕《政府采购法》第 50 条。

规则赋予了投标人证明其具备合同履行能力的权利。当出现异常低价的投标书时,评标委员会负有进一步核实的义务,不能仅因存在异常低价而拒绝该项投标书。[1] 如果投标人能够证明其报价的合理性,即使其价格异常低于其他投标书(含低于成本报价的情形),也不能将其作为无效投标处理。例如,因为清仓或者换季等原因而出现的异常低价投标的情形,报价具备合理性且并不会影响采购合同的履行。

但是,《招标投标法》要求投标人不得以低于成本的报价竞标;如果投标价格低于成本则会被评标委员会否决其投标。[2] 可见,《招标投标法》采取了不同的规制路径,明确不允许投标人低于成本报价,却并未从"异常低价"的角度进行规制。因此可以观察到,无论是GPA还是《政府采购货物和服务招标投标管理办法》,有关"异常低价"的认定都是与其他投标人的报价相比较产生的结果,但《招标投标法》所规定的"低于成本报价"是将投标人的报价与其成本相比较的结果。此外,"异常低价"所包含的可能情形要广于"低于成本报价",因为其既可能包含低于成本报价的情形,也包含高于成本但相较于其他投标人的报价而言异常低的情形(如投标人因劳动成本低于其他投标人而导致的报价异常低)。《招标投标法》之所以禁止低于成本报价是因为从工程项目采购的角度来看,不可能出现因清仓或换季而低于成本出售的情形,且按照理性经济人的假设,投标人不可能对工程采购项目进行低于成本的报价,申言之,若存在低于成本报价的情形,投标人无法证明其报价合理以及其还能诚信履约而不偷工减料。

从符合GPA要求的角度来看,GPA所采用的措辞是"采购实体可以……"这意味着采购人既可以允许继续评估异常低价的投标书,也可以否决异常低价投标书;只不过如果希望继续评估异常低价投标书,则

---

〔1〕《政府采购货物和服务招标投标管理办法》(中华人民共和国财政部令第87号)第60条。

〔2〕《招标投标法》第33条,《招标投标法实施条例》(中华人民共和国国务院令第709号)第51条。

应当对投标人的资格条件和履约能力进行验证。因此,可以认为《政府采购法》和《招标投标法》规定的这两种路径都不违背 GPA 的要求。

不得运用选择权(options)、取消采购或者变更已经授予的政府采购合同的方式来规避 GPA 项下的义务。

《政府采购法》与《招标投标法》及其相关条文并未对政府采购合同中有关选择权条款的设置进行规制。但是按 GPA 的考虑,选择权可能会被用来规避采购人在 GPA 项下的义务。

《政府采购法》对已经授予合同的变更、中止或者终止进行了规制。进一步而言,其不仅仅对追加合同的情形进行了规制[1],也对合同的变更、终止或者终止的一般规则进行了规制,[2]且规定政府采购合同的履行适用合同法律。[3]《招标投标法》则只是要求招标人和中标人不得再行订立背离合同实质性内容的其他协议。[4] 但这些规则无法约束政府采购合同当事人通过合意的方式对合同内容进行修订,从而规避采购人在 GPA 项下的义务。

为此,为了符合 GPA 的要求,可以进行最简单的法律调整,也即在相关采购法律中明确规定,采购人不得运用选择权(options)、取消采购或者修订已经授予的政府采购合同的方式来规避 GPA 项下的义务,或者也可以制订详细的合同变更规则。

4.12 采购信息透明规则的符合性

4.12.1 GPA 有关采购信息透明度的要求

GPA 第 16 条规定了采购信息透明度问题,主要包括以下几个方面。

---

〔1〕《政府采购法》第 49 条。

〔2〕《政府采购法》第 50 条。

〔3〕《政府采购法》第 43 条,《政府采购货物和服务招标投标管理办法》(中华人民共和国财政部令第 87 号)第 73 条第 2 款。

〔4〕《招标投标法》第 46 条。

(1)告知供应商合同授予决定及未中标理由。

GPA 要求采购实体迅速告知参与采购的供应商其授予政府采购合同的决定,并且应供应商的请求,采购实体应当以书面形式告知。但一般而言,GPA 仅要求迅速告知其授予决定,告知的形式可以是口头也可以是书面。只有在供应商请求用书面形式告知时,才需要采用书面形式告知其授予决定。

此外,依据 2012GPA 第 16 条第 1 款的规定,在不损害供应商之间公平竞争、特定个人合法商业利益、公共利益的前提下,[1]采购实体应供应商请求,应当向未中标供应商说明其未中标的理由,以及中标供应商的相对优势。

(2)合同授予公告的发布时间及其内容。

GPA 要求采购实体在 GPA 所涵盖的政府采购合同被授予之后,不迟于 72 日内在附件三所列明的适当纸质或者电子媒体上发布公告。如果采购实体仅在电子媒体上发布该公告,那么该信息应当在一个合理期限内方便获取。此外,该公告应当至少包括下列信息:①所购货物或服务的描述;②采购实体的名称和地址;③中标供应商的名称和地址;④中标价或在授予合同过程中予以考虑的最高和最低报价;⑤授予日期;⑥使用的采购方法,以及在依据 GPA 第 13 条适用有限招标的情况下,一份适用有限招标正当性的说明。

(3)文件、报告的保存及电子可追溯性。

GPA 要求每个采购实体应当从合同授予之日起至少 3 年内保存:①与 GPA 涵盖采购有关的采购程序和合同授予的文件和报告,包括 GPA 第 13 条所要求的报告(有关运用有限招标实施政府采购活动的合理说明);②确保运用电子方式实施涵盖采购具备适当可追溯性的数据。

(4)统计数字的收集和报告。

GPA 对其成员方施加了收集和报告统计数据的义务。虽然该义务

[1] 主要是依据 2012GPA 第 17 条第 2 款和第 3 款的规定。

并不直接与采购实体相关,但也涉及采购实体发布合同授予公告的方式等方面。

GPA 要求每个成员方收集并向政府采购委员会报告其有关 GPA 所涵盖政府采购合同的统计数字。其中每个报告应当涵盖 1 年期的政府采购合同,在报告期结束后的 2 年内向委员会提交。此外,该份报告应当包含:①对于附件 1 采购实体而言:所有此类实体所授予的属于 GPA 涵盖范畴所有合同的数量和金额;每个附件 1 实体所授予的属于 GPA 涵盖范畴所有合同的数量和总金额,依据国际公认的统一货物、服务分类系统列明各货物和服务类别所授予合同的数量和金额;每个附件 1 实体所授予的受 GPA 涵盖的运用有限招标方式采购的所有合同的数量和总金额。②对于附件 2 和附件 3 采购实体,所有此类实体授予的 GPA 所涵盖合同的数量和总金额,并按照附件进行分解。③如果提供的数据不可行,则为对①项和②项所要求数据的估计值,并附关于对作出估计所使用方法的说明。

如果 GPA 成员方以符合上述要求的方式在其某一官方网站公布其统计数字,则该参加方可以将需要提交的数据替换为向委员会提交关于该网址的通知,并附上访问和使用此类统计数字的任何必要使用说明。

如果 GPA 成员方通过电子方式公布有关授予合同的通知,且此类通知可以通过单一数据库被公众获取,同时该单一数据库允许对其所涵盖的合同进行分析,那么成员方可以将需要向委员会提交的数据替换为关于网址的通知,并且附加访问和使用此类统计数字的任何必要使用说明。

可见,GPA 所要求的统计义务仅覆盖了 GPA 所涵盖的那部分采购合同。这意味着并不统计 GPA 涵盖实体所授予的 GPA 门槛价以下的采购合同及其金额,且 GPA 所要求的报告义务也可以因为成员方网站已经提供了相关统计数字或可以进行简单统计的单一数据库而变得更容易实现。在提供数据不可行时,也可以提供估计值及估算的方法说明。

4.12.2 我国规则及符合性

在采购信息透明度方面,我国规则与 GPA 间的符合性如下。

(1)告知供应商合同授予决定及未中标理由。

《政府采购法》并未对这个问题进行规制。其仅规定“采购人与中标、成交供应商应当在中标、成交通知书发出之日起三十日内,按照采购文件确定的事项签订政府采购合同”[1]“中标、成交通知书发出后,采购人改变中标、成交结果的,或者中标、成交供应商放弃中标、成交项目的,应当依法承担法律责任”[2]。

《政府采购法实施条例》第 49 条也仅进一步规定:“中标或者成交供应商拒绝与采购人签订合同的,采购人可以按照评审报告推荐的中标或者成交候选人名单排序,确定下一候选人为中标或者成交供应商,也可以重新开展政府采购活动。”

《政府采购货物和服务招标投标管理办法》第 69 条[3]对这个问题进行了详细规制。第一,发布中标结果公告的时间。采购人或者采购代理机构应当自中标人确定之日起 2 个工作日内,在省级以上财政部门指定的媒体上公告中标结果,招标文件应当随中标结果同时公告。第二,中标结果公告的内容。中标结果公告内容应当包括采购人及其委托的采购代理机构的名称、地址、联系方式,项目名称和项目编号,中标人名称、地址和中标金额,主要中标标的的名称、规格型号、数量、单价、服务要求,中标公告期限以及评审专家名单。第三,中标公告期限为 1 个工作日。第四,如果采购人在邀请招标时采用书面推荐方式产生符合资格条件的潜在投标人,还应当将所有被推荐供应商的名单和推荐理由随中标结果同时公告。第五,在公告中标结果的同时,采购人或者采购代理

---

〔1〕《政府采购法》第 46 条第 1 款。

〔2〕《政府采购法》第 46 条第 2 款。

〔3〕《政府采购货物和服务招标投标管理办法》(中华人民共和国财政部令第 87 号)第 69 条。

机构应当向中标人发出中标通知书；对未通过资格审查的投标人，应当告知其未通过的原因；[1] 采用综合评分法评审的，还应当告知未中标人本人的评审得分与排序。财政部令第 74 号也对成交通知书的公告制订了类似规则。[2]

《招标投标法》要求将中标结果通知所有未中标的投标人。[3]《招标投标法实施条例》并未对中标通知进一步规制。

可见，GPA 所指的“授予政府采购合同的决定”在我国采购法律中应当被理解为确定中标人的决定，因为确定中标人之时采购人已经决定将合同授予该中标人。为此，政府采购法律中的中标结果公告和成交结果公告在本质上是公告采购人有关授予合同的决定。因此，我国政府采购法律都符合甚至高于 GPA 的要求。

在告知未中标人其未中标理由方面，我国采购法律要求在采用综合评分法评审时，采购人主动告知未中标人其本人的评审得分与排序。虽然该要求仅提及了告知评分与排序，并不涉及要求提供有关未中标人未中标的更为详细的理由，例如仅告知评审的综合得分而并未告知评审的单项得分，但是《政府采购法》第 51 条规定：“供应商对政府采购活动事项有疑问的，可以向采购人提出询问，采购人应当及时作出答复，但答复的内容不得涉及商业秘密。”该条文中规定的“询问”事项应当包含未中标理由。可见，《政府采购法》及其有关规定与 GPA 有关告知未中标人未中标理由的规定相符合。

至于属于《招标投标法》规制范畴的那部分政府采购工程活动，《招标投标法》要求将中标结果通知所有未中标的投标人，这一规定显然高于 GPA 的要求。虽然《招标投标法》未要求采购人告知未中标人其未中标理由，但该法适用的政府工程采购项目，也可以适用《政府采购法》第

---

〔1〕 值得注意的是，这里指的是告知未通过资格审查的投标人其未通过的原因，而非告知未中标人其未中标的理由。

〔2〕《政府采购非招标采购方式管理办法》（中华人民共和国财政部令第 74 号）第 18 条。

〔3〕《招标投标法》第 45 条。

51 条有关询问的条款[1]。因此我国对这部分政府采购活动的规制同样符合 GPA 的要求。

但是,考虑到"两法"的协调统一,政府采购法律在未来改革的过程中,应当对中标结果的公告和未中标理由的告知适用统一规则。

(2)合同授予公告的发布时间及其内容。

《政府采购法》仅规定了政府采购合同签订之后采购人应当向政府采购监督管理部门和有关部门备案的义务。[2]《政府采购法实施条例》则直接要求采购人自政府采购合同签订之日起 2 个工作日内,将政府采购合同在省级以上人民政府财政部门指定的媒体上公告。[3]《招标投标法》及其实施条例都并未对合同授予施加信息公告的要求。

可见,相较于 GPA 的要求,《政府采购法实施条例》的规定显然具有高阶性。首先,其所要求公布相关信息的时间远远短于 GPA 的最低要求。其次,其所要求公布的内容范围要远大于 GPA 对合同授予公告内容的要求,因为我国法律要求完全公开被授予的政府采购合同本身。《招标投标法》并未要求在合同授予之后发布合同授予公告,也并未要求在合同授予之后一定期限内公布合同文本。此外,《招标投标法》仅要求将中标结果通知所有投标人,而非对外公开发布中标结果公告,且不明确指出其中标结果公告中应当包含哪些内容。因此可以认为,《招标投标法》的相关规则并不符合 GPA 的要求。至于依据《招标投标法》所实施的那部分政府采购合同是否应当也遵循《政府采购法》有关公告政府采购合同的要求,以及在实践中的具体做法,则还有待进一步研究。因此,有必要在政府采购法律改革过程中明确,受《招标投标法》规制的那部分政府采购合同是否应当遵从《政府采购法》有关公告政府采购合同的要求。如若不,从 GPA 符合性角度来说,应当至少使这部分采购满足 2012GPA 第 16 条第 2 款有关发布合同授予公告的

---

[1] 《政府采购法》第 51 条。

[2] 《政府采购法》第 47 条。

[3] 《政府采购法实施条例》(中华人民共和国国务院令第 658 号)第 50 条。

要求。

此外,需要注意的是,如果通过电子媒介要求发布政府采购合同授予公告或者政府采购合同,则采购人应当确保这些信息在一定合理期限内可以容易获得。

(3)文件、报告的保存及电子可追溯性。

《政府采购法》第 42 条规定了采购人、采购代理机构对采购文件的保存义务,保存期限为从采购结束之日起至少保存 15 年。[1]《招标投标法》及其实施条例并未对招标文件和报告的保存提出要求。

因此可知,《政府采购法》的相关规则要高于 GPA 的要求,而《招标投标法》的相关规则并不符合 GPA 的要求。因此,在未来政府采购法律改革的过程中,应当在协调"两法"关系时明确适用于《招标投标法》的那部分政府采购活动应当适用《政府采购法》有关采购文件、报告的保存义务。

然而,我们还应当注意到,《政府采购法》相关规则并未考虑到以电子方式实施政府采购的情形。但是《政府采购法实施条例》第 46 条进行了扩展性实施,明确也可以用电子档案方式保存采购文件。GPA 要求对电子方式实施的政府采购活动应当保证数据的适当可追溯性。其实,这里包含了两个层面的问题:第一,《政府采购法实施条例》仅指用电子方式来保存采购文件,即电子存档。第二,GPA 要求运用电子方式进行政府采购的部分流程或者全部流程时,应当确保数据的适当可追溯性。为此,在电子化政府采购的背景下,我国政府采购活动不仅可以运用电子方式存档采购文件,也需要确保电子化政府采购过程中数据的适当可追溯性。至于什么是"适当"可追溯性,GPA 没有相关具体规定,因此 GPA 成员方可以在 GPA 框架下自行解释。

---

[1] 《政府采购法》第 42 条第 1 款。

4.13 单一来源采购程序规则的符合性

4.13.1 GPA 有限招标程序规则

在满足运用有限招标采购方式的前提下,GPA 允许采购实体不遵守某些 GPA 要求。这包括 GPA 第 7 条至第 9 条规定的发布采购公告(详见前文第 4.2.1 部分)、有关供应商参与条件的要求(详见前文第 4.3.1 部分)及有关供应商资格的规定(详见前文第 4.4.1 部分和第 4.4.2 部分)、第 10 条第 7 款至第 11 款有关招标文件制订和修改的规定(详见前文第 4.6.1 部分)、第 11 条有关期限的规定(详见前文第 4.7.1 部分)、第 12 条有关谈判的规定(详见前文第 4.8.1 部分)、第 14 条有关电子拍卖的规定(详见前文第 4.9.1 部分),以及第 15 条有关处理投标书和合同授予的规定(详见前文第 4.10.1 部分和第 4.11.1 部分)。

为此,对于符合适用条件的有限招标采购,GPA 仅要求其遵守第 4 条一般性原则的要求、第 10 条第 1 款至第 6 款有关技术规格的规定(详见前文第 4.5.1 部分),以及第 16 条有关合同授予决定的告知、合同授予公告的发布以及采购文件、报告的保存及电子可追溯性的义务(详见前文第 4.12.1 部分)。值得注意的是,GPA 成员方负有特别向政府采购委员会报告附件 1 类实体运用有限招标方式授予的受 GPA 涵盖政府采购合同数量和总金额的义务。

4.13.2 我国单一来源采购法律的符合性

如前文第 4.1.3 部分所述,从 GPA 对有限招标的界定来看,在有限招标上我国不只单一来源采购一种方式。但鉴于前文已经讨论了其他采购方式,此处仅讨论单一来源采购方式。

《政府采购法》第 38 条仅对单一来源采购方式的实施提出了一项要求:“采取单一来源方式采购的,采购人与供应商应当遵循本法规定的原则,在保证采购项目质量和双方商定合理价格的基础上进行采购。”财政部令第 74 号对单一来源采购方式的实施进行了系统性规制。单一来源采购方式应当在获得财政部门批准前在省级以上财政部门指定媒体上公示[1];对采用单一来源采购方式异议的提出和论证进行了规制;[2]应当编写协商情况记录;[3]终止采用单一来源采购方式的情形;[4]应当也发布成交结果公告[5];应当将单一来源协商情况记录纳入采购文件的范畴进行保存[6]。此外,单一来源采购方式也应当遵守《政府采购法》有关发布政府采购合同信息的规则。但目前尚不明确在单一来源采购方式下,描述采购需求技术规格的制订应当遵守哪些要求。

因此,可以认为我国有关实施单一来源采购方式的规则符合 GPA 的要求。但未来法律改革也需明确,在单一来源采购方式下,技术规格的制订也应当遵守 GPA 的有关要求。

4.14 合同金额评估规则之适应性

4.14.1 GPA 有关合同金额评估的要求

GPA 仅适用于相应门槛价以上的政府采购合同,故其第 2 条确立了有关合同金额的评估规则,以防止特意将采购合同划分为多个合同或特意低估合同金额规避 GPA 项下义务的行为。具体而言,包括以下两种情形:

(1)一般情形下之评估规则。

GPA 要求,在评估某项采购金额以确定其是否属于 GPA 涵盖范围

[1] 《政府采购非招标采购方式管理办法》(中华人民共和国财政部令第 74 号)第 38 条。

[2] 《政府采购非招标采购方式管理办法》(中华人民共和国财政部令第 74 号)第 39 条及第 40 条。

[3] 《政府采购非招标采购方式管理办法》(中华人民共和国财政部令第 74 号)第 42 条。

[4] 《政府采购非招标采购方式管理办法》(中华人民共和国财政部令第 74 号)第 43 条。

[5] 《政府采购非招标采购方式管理办法》(中华人民共和国财政部令第 74 号)第 18 条。

[6] 《政府采购非招标采购方式管理办法》(中华人民共和国财政部令第 74 号)第 26 条。

时,采购实体不得将一个采购项目分割为多个,也不得选择或使用特殊的评估方法以试图将评估的采购金额全部或部分排除在 GPA 适用范围之外。也就是说,不得以将采购项目排除出 GPA 为目的,将一个采购项目分割为多个或者选择运用特殊的评估方法。

同时,无论该项采购合同被授予一个或多个供应商,采购实体都应当包含整个合同期限内评估的最高总合同金额,并考虑到所有形式的报酬,包括:保费、费用、佣金和利息;如果采购项目包含选择权,还应继续包括该选择权所涉及的总金额。

(2)特定情形下之评估规则。

第一,一项采购要求授予多个合同的情形。

如果单一采购要求(an individual requirement for a procurement)会导致授予一个以上的合同或导致多个合同被分成几个部分授予(以下简称重复合同或续生合同),则应当依据以下要素来估计最高总金额:①前 12 个月或采购实体前财政年度授予的相同类型货物或服务续生合同的价值;如果可能,考虑其在接下来 12 个月中采购货物或服务的数量和金额的预期变化并进行调整。②在最初授予合同的后续 12 个月内或采购实体在该财政年度内授予的相同类型货物或服务的续生合同的估计价值。

第二,通过租赁或者租购方式采购货物或服务或者采购合同未确定总价的情形。

对于通过租赁或者租购方式采购货物或服务又或者采购合同未确定总价的情形,估价依据应为:①对于固定期限的合同:如果合同期限等于或者少于 12 个月,则为合同有效期内预估的最大总价值;如果合同期限超过 12 个月,则为预估的最大总价值(包括任何预估的剩余价值在内)。②对于合同期限不确定的合同,则为评估的每月应付款(monthly instalment)与 48 的乘积。③如果不能确定合同是否为定期合同,则适用前述②项有关合同期限不确定合同估价方法的规定。

4.14.2 《政府采购法》有关合同金额评估的要求

《政府采购法》并未明确评估和确定合同金额的规则。《政府采购法》第 28 条规定，采购人不得将应当以公开招标方式采购的货物或服务化整为零或者以其他任何方式规避公开招标采购。《政府采购法实施条例》第 28 条进一步规定，“在一个财政年度内，采购人将一个预算项目下的同一品目或者类别的货物、服务采用公开招标以外的方式多次采购，累计资金数额超过公开招标数额标准的，属于以化整为零方式规避公开招标，但项目预算调整或者经批准采用公开招标以外方式采购除外”。该条款的本质在于要求采购人不得为了避免公开招标方式而将采购的货物或服务化整为零进行采购。其与 GPA 所要求的不得将采购项目进行分割以避免适用 GPA 的要求存在相似性。

根据《政府采购法》及其实施条例的有关规则，编制部门预算时应当包含该财政年度政府采购的项目及资金预算，并且采购人应当根据已经批复的部门预算编制政府采购计划。[1] 采购人或采购代理机构也被要求在招标文件、谈判文件、询价通知书中公开采购项目预算金额。[2] 这表明每一个采购项目都有其事先确定的“采购项目预算金额”，该金额应该就是 GPA 条文中所指的“采购合同的最大评估金额”。但无论是编制部门预算还是编制政府采购计划都并未涉及对采购项目预算金额进行评估的规则。

《招标投标法》也禁止将必须进行招标的项目化整为零或以其他任何方式规避招标[3]，并且《招标投标法实施条例》明确了在运用总承包方式时可以进行暂估价，如果总承包范围内的工程、货物、服务属于依法必须进行招标的项目范围且达到国家规定规模标准，应当依法进行招

---

〔1〕《政府采购法》第 33 条，《政府采购法实施条例》（中华人民共和国国务院令第 658 号）第 29 条。

〔2〕《政府采购法实施条例》（中华人民共和国国务院令第 658 号）第 30 条。

〔3〕《招标投标法》第 4 条。

标。[1] 可见,《招标投标法》有关不得采用化整为零等方式规避招标的要求与GPA有关一般情形下如何评估合同金额的要求是一致的。

因此,无论是《政府采购法》还是《招标投标法》都要求不得以化整为零的方式规避运用招标方式进行采购。但在《招标投标法》下,除了不许运用化整为零的方式之外,还禁止运用其他任何方式(包括GPA所要求的不得运用特殊的评估方法这类方式)规避招标。与《政府采购法》相比,《招标投标法》在这一要求上更为严格。但无论是《政府采购法》还是《招标投标法》都未对特定情形下如何评估合同金额进行规制,虽然在我国采购实践中这些类型的采购已经十分普遍。例如,在运用协议供货方式实施政府采购项目时,协议供货框架下可能包含的合同总金额往往难以确定,那么在这种情形下如何确定某项协议供货是否将受到GPA规制呢?目前协议供货框架下的采购不会涉及规避招标的问题,因为协议供货方的选择都是通过公开招标的方式进行的,但是未来在加入GPA之后,协议供货是否受到GPA规制则涉及合同总金额的评估问题。又如,在工程采购过程中将某个工程项目划分为多个标段进行采购时是否可以对某个或者多个标段进行单独采购?

为此,在加入GPA的背景下,我国政府采购法律调整的过程中应当关注到合同金额的评估对于确定某项采购是否属于GPA规制范围可能的重要性,且在我国政府采购法律中进行相应的规制。例如,明确不得以化整为零或采用特殊评估方法等方式使某项采购活动规避GPA的适用,以使特定情形下的合同评估符合GPA的要求。

4.15 小结

GPA作为寻求成员方之间公共采购市场开放的国际诸边协议,其绝

[1] 《招标投标法实施条例》(中华人民共和国国务院令第709号)第29条第1款。

大部分规则都与采购合同授予程序的规制相关。这些采购程序规则涉及采购方法的选择与适用、合同金额的评估、发布合同机会、资格条件的设置、资格审查、技术规格、招标文件(制订、发布、澄清和修改)、期限的设置、谈判的开展、电子拍卖、处理投标书、合同授予决定、采购合同信息透明度等方面。加入 GPA 的成员方负有将这些有关采购程序的规则转化成国家法律进行实施,或者允许 GPA 相关规则在国内直接实施的义务。

本书基于 GPA 有关程序规则的要求,对照我国政府采购法律、法规、部门规章的相关规则进行了符合性研究,并且对我国法律改革提出了有关建议。

4.15.1 政府采购方法选择与适用:微调或重构

目前在政府采购方式与选择方面,有关我国政府采购法律与 GPA 符合性的一个主要问题是如何判断我国某种采购方式属于 GPA 意义上的何种采购方式。比如,在邀请招标方式中,采购人或者采购人与评审专家可以推荐参与采购的潜在供应商名单,然后通过随机抽取的方式选择参与采购程序的供应商。这种方式应当被认定为 GPA 文本中所界定的"选择性招标"范畴,还是"有限招标"范畴?本研究认为(详见第 4.1.3部分的讨论),它并不应当属于"选择性招标"这类采购程序框架的范畴,而应属于有限招标的范畴。

但是,GPA 对于适用"有限招标"的情形又有明确规定。GPA 成员方法律适用有限招标采购方式的范围只能等于或者小于这些范围。因此,在采购过程中运用"经采购人或者采购人与评审专家推荐可以参与采购的潜在供应商名单,然后通过随机抽取的方式选择参与采购程序的供应商"的方式并不全部具备 GPA 文本上的依据。

为此,我国政府采购法律就此问题可能需要进行两个方面的法律调整。在进行法律调整时,我们可能需要从更为宏观的角度考虑是否需要对采购方式的适用情形及其程序规则重新进行类型化划分。例如,邀请招标适用于两类情形:第一,具有特殊性,只能从有限范围的供应商处采购;第二,采用公开招标方式的费用占政府采购项目总价值的比例过大。以上两类情形完全不同,适用邀请招标的逻辑也完全不同。对于前者,因供应商有限而适用邀请招标;对于后者,因审查和评审大量投标书所需的时间和费用与采购标的价值不成正比而适用邀请招标。因而,前者应当为只能在可供应合同标的的所有供应商、承包商都被邀请参加的情况下使用邀请招标,其强调的是要邀请所有供应商。对后者来说,则只能在采购实体向足够数量的供应商或者承包商征求投标书以确保有效竞争并以非歧视的方式选择获选参加者的情况下运用邀请投标。这种差异性会导致选择供应商参与采购时所运用的程序有所不同,不能笼统地规定几个途径供采购人选择,否则会给采购滥用裁量权提供空间。对于前者,可能需要有更为灵活的采购程序,但是需要对这种程序的运用进行限制,例如仅限于这种情形下的采购,而不能运用于后者。要实现灵活性与透明度、非歧视、竞争之间的平衡,就需要在每个采购程序和适用情形中都进行微妙地平衡。

此外,我们还应当注意到,在采购实践过程中,虽然《政府采购法》及《招标投标法》赋予了在适用邀请招标、竞争性谈判和竞争性磋商、询价过程中确定被邀请参与采购程序供应商的裁量权,但是采购人基于规避风险的考虑大多不会选择自主确定被邀请供应商的名单。这说明,从政府采购和招标投标的法律条文来看,逻辑上的竞争性谈判等方式可能会被视为 GPA 框架下的"有限招标"方式;但是在采购实践中对于这种方式却运用得非常少。也就是说,从法律条文来看存在有违 GPA 要求的可能性,但是在采购实践中由于采购人自身不运用这种裁量权,故这种有违 GPA 要求的可能性非常低。在未来我国法律改革的过程中应当考虑选择如下调整模式:从法律文本上收回赋予采购人自主确定被邀请供应商名单的裁量权;或者在重构我国采购方式的基础上,允许采购人自主确定被邀请供应商名单的裁量权限定于 GPA 允许的几类情形。

4.15.2 发布采购合同机会

第一,通过发布采购公告对外发布采购合同机会。

对 GPA 涵盖的采购,除适用有限招标方式实施采购外,采购实体都需要在指定媒介发布一项“采购公告”。GPA 并不要求统一在某个媒体上发布公告,其强调的重点是供应商可以公开获取采购机会的信息。GPA 还对“采购公告”应当包含的内容及可以获取“采购公告”的期限进行了规制。

从目前我国政府采购法律来看,在招标采购方式中,其仅规定了公开招标公告和资格预审公告的要求;就邀请招标而言,仅有在采用资格预审公告方式邀请供应商参与投标的时候才发布公告,而从供应商库中选取和采购人书面推荐这两种方式则无须发布公告;就非招标采购方式而言,只有在采购人选择通过发布公告的方式邀请供应商参与竞争性谈判或询价采购活动时才发布采购机会的公告,而在运用从供应商库中随机抽取或采购人和评审专家书面推荐的方式时,则无须发布邀请公告;在运用非公告方式邀请供应商参与竞争性磋商时,也存在不通过发布采购公告的方式对外公开其合同机会的问题。

但竞争性谈判、竞争性磋商、询价采购也可能是 GPA 框架下的公开招标和选择性招标。依据 GPA 规定,所有公开招标和选择性招标都应当对外公布合同机会。就这些问题而言,理论上我国政府采购法律应当对此作出调整,使我国对应于 GPA 项下公开招标和选择性招标采购方式的采购活动都通过发布公告的方式对外发布合同机会。

第二,公开招标公告的内容与 GPA 要求之间的符合性及其调整建议。

将《政府采购货物和服务招标投标管理办法》所规定的公开招标公告与 GPA 的要求进行对照之后,可以观察到以下几个方面:(1)确定和联系采购人的内容方面、有关采购需求的描述、有关包含“将要适用的采购方式以及是否将涉及谈判或电子拍卖”的要求以及有关包含“递交投标书的地址和截止日期”的要求方面上,《政府采购货物和服务招标投标管理办法》的规定符合GPA的要求。(2)有关预估发布后续拟重复采购通知的规定,我国政府采购法律需要进行调整,以符合GPA的要求。(3)关于“交付货物或服务的时间或者合同的期限”方面,财政部令第87号有关公开招标公告的规定并未要求包含这项内容。为此,有必要对我国政府采购法律进行调整,要求在公开招标公告中包含有关“交付货物或服务的时间或者合同的期限”的内容。(4)关于任何选择权(options)的描述方面,我国政府采购法律需要进行调整以符合GPA的要求。(5)公告中有关供应商资格条件的内容,我国采购法律基本符合GPA的要求,但还需要作出相应调整。(6)公告中有关投标书可以使用的语言,中国在加入GPA之后应当在我国采购法律的基础上进行调整。(7)在加入GPA之后我国应当对政府采购法律进行调整,要求对GPA涵盖的采购项目在公开招标公告中说明该项采购活动属于GPA的涵盖范围。

将《政府采购货物和服务招标投标管理办法》所规定的资格审查公告与GPA的要求进行对照之后,可以观察到以下两个方面:第一,在有关提供采购人联系方式等信息、对采购标的物的描述、将要适用的采购方式以及其是否将涉及谈判或电子拍卖、提交参与采购申请的地址和任何截止日期方面上,其都符合GPA要求。第二,我国政府采购法律应当作出相应调整,即在资格预审公告中说明对供应商需要提交的与之相关特定文件或证书的任何要求,选择供应商的标准及在限制参与供应商数量的情形下将被允许参与投标的供应商数量,以及该项采购活动是否受GPA涵盖。

另外,《招标投标法》有关规制招标公告内容的规则与《政府采购法》的相关规则相似,其在提供联系采购人的信息、有关采购需求的描述、提供将要适用的采购方式以及是否将涉及谈判或电子拍卖方面的信息、提供递交投标书的地址和截止日期、提供有关供应商资格条件等方面所要求包含的信息都与GPA的要求相符合。但中国在加入GPA之后也应当对以下几个方面作出法律调整:在可能的情况下发布预估后续拟重复采购通知的时间;提供交付货物或服务的时间或者合同的期限;在招标公告中发布有关选择权的详细描述;公告投标书可以使用的语言;要求对与资格条件有关的证明文件或证书有具体要求的供应商在公开招标公告中告知其具体要求;受 GPA 涵盖的采购活动,在公告中应当表明其受 GPA 涵盖。

《招标投标法》有关资格预审公告的规则与《政府采购法》有关资格预审公告的规则相似,因此也需要进行相同的调整。

第三,我国法律应当对有关发布摘要公告的要求进行相应调整。

对 GPA 发布摘要公告的要求,我国政府采购法律应当作出相应的调整。首先,因为 GPA 仅规制受自身涵盖的采购活动,为此发布摘要公告的要求也应当仅适用于受 GPA 规制的那部分采购活动。这意味着如果采购人在发布采购公告时表明该项采购活动受 GPA 规制,那么采购人应当对这项采购活动再发布一份摘要公告。其次,摘要公告应当以 WTO 官方语言之一发布。鉴于作为 WTO 官方语言之一的英文在我国得到普遍适用,因此在我国法律上要求用英文发布该摘要公告带来的行政成本最小。最后,应当在摘要公告中包含 GPA 要求提供的内容。其中有关采购标的物一项,应当尽量提供采购合同的标的物属性和数量等信息。

第四,未来法律改革可以考虑引入鼓励发布计划采购公告的规定。

从财政部要求开展政府采购意向公开的目的和内容来看,政府采购意向公开与 GPA 规定的“计划采购公告”之间具有一致性。这表示中国在正式加入 GPA 之后,至少纳入 GPA 涵盖范围的部分采购活动需依据我国法律规则进行采购意向公开。

鉴于我国地方政府适用与中央政府相统一的采购法律,为此 GPA 鼓励附件 2 实体发布计划采购公告的机制对于中国地方政府类采购实体而言并不适用。但未来我国若对纳入 GPA 出价范围的国有企业进行规制,可以考虑运用 GPA 项下赋予的裁量权,引入鼓励国有企业发布计划采购公告的规定。

4.15.3 资格条件

第一,法定基本条件、特定条件及与项目相适应或与合同履行有关的资格条件。

相较 GPA 创立的规则,我国有关资格条件设置的政府采购法律,不仅要求供应商具备履行政府采购合同应当具有的各方面能力,还要求其具备一定的"社会"或"合规"条件,例如要求依法纳税和缴纳社会保障资金、过往 3 年经济活动无重大违法记录。以上要求参与政府采购活动的供应商不仅应具备合同履行能力,还应遵纪守法,尤其是在履行依法纳税义务和合法经营方面。GPA 规则允许其成员方将存在不纳税和严重违法经营行为的供应商排除出采购活动的范围。因此,《政府采购法》有关法定基本条件的设置规则符合 GPA 的要求。

《政府采购法》允许采购人设置特定条件,对此唯一的要求是不得以不合理的条件对供应商实行差别待遇或歧视待遇。而这些规则并未要求特定条件的设置应当围绕哪些方面。为此,我国政府采购法律应对此进行澄清,这些特定条件的设置只能围绕供应商的法律、财务、商业和技术能力等方面。

GPA 确立了一项限制供应商参与的基本规则和标准,即供应商参与的资格标准必须与其履行合同的能力有关(相适应)。同时可以认为,《政府采购法实施条例》第 20 条(《招标投标法实施条例》第 32 条)也确立了这一原则和标准。如果采购人设定的资格条件与采购项目的具体特点和实际需要不相适应,或者与合同履行无关,则属于以不合理的条件对供应商实行差别待遇或者歧视待遇,为法律所禁止。例如,采购人要求相对于合同规模而言过高的财务能力,会造成对中小企业的歧视,从而构成以不合理的条件在大型企业和中小企业之间实施差别待遇的事实。

第二,在对于供应商过往经验的规制方面,我国《政府采购法》允许将过往经验设定为资格条件,只要它为供应商履约能力所必需且与采购项目的具体特点和实际需要相适应(受到《政府采购法实施条例》第 20 条的制约)。《政府采购法实施条例》第 20 条第 4 项进一步规定,“以特定行政区域或者特定行业的业绩、奖项作为加分条件或者中标、成交条件”属于以不合理的条件对供应商实行差别待遇或者歧视待遇的情形之一。这可以解释为其所要求的业绩条件应该是开放的,而非局限于本地或本行业,也不能局限于特定的采购实体。在 GPA 的视角下,可以基于非歧视性要求将这一业绩条件再扩展至 GPA 所要求的程度。因此可以认为,我国《政府采购法》的规定与 GPA 规则并无实质性差异。

第三,在对评估资格条件的规制方面,我国政府采购法律并未要求“应当根据供应商在采购实体所属 GPA 成员方领土内外的商业活动来评估该供应商的财务、商业和技术能力”,这当然也在情理之中。但是中国在加入 GPA 之后我国采购法律也应当要求采购人根据供应商在我国以外的商业活动评估该供应商的财务、商业和技术能力。

第四,在将供应商排除出采购活动的规则方面,需要进行以下的法律调整:(1)《政府采购法》及其实施条例中并未提及“拒绝履行合同义务的”情形,但是财政部令第 74 号中提及了该类情形。该类情形实质上与供应商单方中止或终止合同相似,不过“拒绝履行合同义务”所涵盖的范围很大,其既包括实质性要求或义务,也包括非实质性要求和义务。但是 GPA 只规定了在供应商未履行一项或多项合同项的情况下,任何实质性要求或义务达到严重或者持续未履行的程度,才可以被排除出下次采购活动。为此,应当对财政部第 74 号令的该条款进行限制性解释。(2)在采购实践中存在因被法院列入“失信被执行人名单”,被认为不具有良好的商业信誉,从而不具备参加政府采购活动资格条件的情形。但是“不具有良好的商业信誉”这一理由是否符合 GPA 有关可以将供应商排除出采购活动的规则,还有待进一步研究。

4.15.4 供应商资格审查

首先,在供应商登记制度方面,从 GPA 的要求来看,该制度应当是最为基本的对供应商有关信息进行登记和管理的制度。目前,我国各级地方政府所实施的供应商登记制度都具有这种特征。因此,中国在加入GPA之后应当保证有关机构努力缩小供应商登记制度之间的差异,如供应商应当提供的信息内容和供应商登记程序之间的差异等。中国地方政府层面实施的供应商登记制度并非以阻碍外国供应商参与我国政府采购市场为目的,而是旨在供应商的管理(尤其是诚信管理),并且目前尚未发现有对外国供应商歧视的供应商登记规则。未来只要外国供应商依照相关规则进行登记,也不会造成阻碍外国供应商参与我国政府采购市场的效果。

虽然GPA并未要求成员方实施全国统一的供应商登记制度,但从促进政府采购制度发展这一目的,以及降低供应商成本和提高时间效率的角度考虑,如果全国各市级政府都要求供应商进行一次登记注册,那将形成极大的经济低效率并增加供应商的负担。因此,可以考虑在各省范围内实施统一的供应商登记制度。考虑到《政府采购法》及其实施条例对于供应商参与政府采购活动提出了应当满足的法定基本条件,为供应商参与政府采购活动提供了统一的基本标准,因此应当对这些基本标准进行明确而详细的解释,从而在全国范围内各省之间有效推广和实施。

其次,在资格审查程序方面,鉴于该程序被包含在评标过程中,且评标程序受到政府采购的结构性规制,各采购人所实施的有关资格中审的程序性规则应该差异不大。但是目前尚不能明确采购人实施资格预审和资格后审的具体情况。因此为了满足GPA的要求,未来我国政府采购制度的调整可以考虑是否对资格审查程序进行规制并提出统一的程序性要求,并明确规定不可以运用资格审查程序歧视外国供应商或造成歧视外国供应商的效果。

再次,在选择性程序中运用资格审查程序的规制方面,GPA有关资格审查程序的规则适用于所有的公开招标采购程序和选择性招标采购程序。对于前者,GPA原则上要求采购实体应当允许所有满足参加条件的供应商参加某一特定采购。但 GPA 也允许对参与采购供应商的数量进行限制,只不过具有约束性条件。GPA 的逻辑在于,如果要限制参与投标的供应商数量,有关采购机会的信息应当与选择供应商参与采购的条件、数量及标准一起向供应商公布。

但是在我国采购实践中,选择供应商参与政府采购活动的方式并非只有发布资格预审公告并且进行资格预审这一种,除此之外,还存在从供应商库选取候选名单然后再随机抽取、直接从供应商库随机抽取、采购人书面推荐候选名单然后再随机抽取等多种方式。

从目前发布的《政府采购法》及其实施条例和财政部发布的相关部令来看,只有发布资格预审公告这类方式得到了某些规制,而且这些规制又只适用于公开招标和邀请招标方式。从有关资格预审的具体规则来看,其逻辑是,公布采购机会和供应商参与条件的同时,并不公布选择的数量及标准,而是在资格预审公告发布之后的一定期限内在资格预审文件中提供。可见,有关资格预审的规则所要求提供的信息符合 GPA 的要求,只不过这些信息是前后发布而非同时发布的,并在本质上是免费向所有供应商开放。因此,有必要对这些信息发布的方式,包括信息发布的平台和信息发布的时间进行调整,使其满足 GPA 的要求。

判断"从供应商库选取候选名单然后再随机抽取""直接从供应商库随机抽取""采购人书面推荐候选名单然后再随机抽取"等多种方式选择供应商参与具体采购活动的实践是否符合 GPA 要求则比较复杂,因为相关法律条文中并未明确规定具体如何实施。基于法律规则确定性的考虑,在未来采购法律改革的过程中,应当明确相关规则,例如制订适合所有采购方式的资格预审程序;要求所有限制参与采购供应商数量的采购项目也对外同时公开合同机会、参与条件以及选择供应商的标准和数量限制。

最后,在常用供应商名单方面,我国相关规定与透明度规则符合,但还应当进行相应的法律调整。

从本质上来看,我国实施的协议供货、定点采购、资格入围采购/招标、作为常用供应商名单使用的供应商库及电子卖场中的供应商征集/承诺入围都涉及 GPA 文本所规制的“常用供应商名单”。这些“常用供应商名单”被广泛运用于《政府采购法》所适用的采购领域，进一步而言，其不仅只适用于采购限额以下的采购项目，也适用于采购限额以上的、公开招标限额以下的采购项目。

然而，中央层面的法律法规并未对这些采购实践进行规制，为分析其是否符合 GPA 要求，本研究基于地方层面的法规、规范性文件和具体案例的研究，得出了以下几点观察：(1)我国政府采购实践中实施的各类“常用供应商名单”与 GPA 要求之间的符合性在很大程度上与其所适用的采购金额相关。如果采购金额达到 GPA 门槛价，则必须符合 GPA 相关要求；但是如果采购金额在门槛价以下，尤其是适用于采购限额以下的那部分采购活动，则不需要符合 GPA 有关常用供应商名单的要求。(2)如果这些“常用供应商名单”被适用于 GPA 门槛价以上的采购项目，那么目前我国各级政府采购人的相关实践及规范性文件在透明度有关的规则方面符合 GPA 的要求。例如，有关名单的公布期限及其可及性，以及有效期限或展期或者终止的方法等方面。(3)但是其仍应当在以下几个方面作出相应调整：首先，在邀请感兴趣的供应商申请列入常用供应商名单的通知中表明该项采购活动受到 GPA 规制；其次，在该项通知中表明其可能用于的货物或服务或者其类别的描述，而不能仅涉及供应商应当满足的条件；再次，应当对这些常用供应商名单进行动态管理，即采购实体应当允许供应商随时申请列入常用名单，并应在合理的较短时间内将所有合格供应商列入名单；最后，在具体单个采购项目的实施过程中，应当允许非清单中的供应商在投标截止时间之前申请参与采购活动。且采购人不得由于没有审查请求的充足时间而将该供应商排除在考虑范围之外，除非在特殊情况下，由于采购的复杂性，该实体不能在允许提交投标的时限内完成对请求的审查。

以上(3)中的最后一种情况，在适用于附件 2 和附件 3 实体有关常用供应商名单的特殊规则方面，从一般意义上来看，GPA 对附件 2 实体所列出的有关"常用供应商名单"的特殊规则并不适用。如果对我国有关"常用供应商名单"的采购实践进行研究,可以发现某些国有企业也在运用常用供应商名单实施采购活动。虽然目前我国《政府采购法》并不适用于国有企业,但是这些国有企业可能是受到 GPA 谈判进程的影响而主动适用《政府采购法》实施其采购活动。考虑到国有企业的特性,未来在对国有企业采购活动进行规制的过程中,也可以考虑融入 GPA 该项条款所赋予的灵活性。

在采购实体告知其有关资格审查的决定方面,我国政府采购法律规定在运用招标采购方式时适用采购人主动提供相关理由,而非适用依申请提供未通过资格审查的理由,为此该规定要高于 GPA 的要求。但值得注意的是,这一要求仅适用于我国采购法中的公开招标和邀请招标采购方式,并不适用于竞争性谈判、竞争性磋商等其他非招标采购方式。

此外,我们也应该注意到,在资格预审的情形下,我国政府采购法律并未对何时作出资格预审决定以及向申请资格审查的供应商告知结果的时效进行规定,也并未有规则明确要求采购人应当尽快通知申请列入常用名单的供应商有关资格审查的决定,并未有规则明确要求采购人应当尽快告知拒绝加入常用供应商名单的申请,停止承认某一供应商为合格供应商或者将某一供应商从常用名单中移除的结果,并且应供应商申请书面解释其理由。这导致在采购实践中存在不同做法,有些采购人在发布入围供应商名单公告时并未说明供应商被拒绝入围的理由,而有些采购人则在这类公告中包含了拒绝供应商入围的理由,其实,这在很大程度上与对"常用供应商名单"的性质理解有关。实践中往往将"常用供应商名单的征集或者入围"作为一个采购项目来对待并且运用公开招标方式进行,但《政府采购法》及其实施条例只要求中标和成交公告中应包含有关中标或者成交供应商名称等信息,并不要求包含未中标供应商的未中标理由,也不会主动告知未入围供应商未入围的理由。为此,有些采购人并未在"常用供应商名单"入围/征集结果公告中包含未入选理由。但如果将"常用供应商名单"入围/征集视为一种资格审查制度,那么依照前述《政府采购货物和服务招标投标管理办法》的规定，采购人应当告知其未通过资格审查的理由，故有些采购人会在“常用供应商名单”入围/征集结果公告中也告知未入围的理由。

可即使未有法律明确规定应当主动告知未入围供应商其未入围的理由，《政府采购法》第 51 条仍要求“供应商对政府采购活动事项有疑问的，可以向采购人提出询问，采购人应当及时作出答复，但答复的内容不得涉及商业秘密”。依据该条款，如果供应商对于采购人作出的有关资格审查程序的决定以及有关入围和征集“常用供应商名单”的决定有疑问，采购人也应当及时作出答复。

为此，我国采购法律符合 GPA 的该项要求。但为了深入我国政府采购制度的改革，应当明确“常用供应商名单”入围/征集的行为属于资格审查行为的一种，故需要符合资格审查有关作出决定和告知未通过资格审查供应商相关理由的一般性规定。

4.15.5 技术规格

我国采购法律要求在采购需求中明确落实政府采购政策采购标的需满足的要求，但 GPA 也要求技术规格的确定必须不构成对国际贸易的不必要壁垒。为了使我国政府采购规制和实践符合 GPA 的要求，需要满足所落实的政府采购政策具备政策正当性这一条件。这里的政策正当性应是符合 GPA 要求或被 GPA 所允许的，例如中国在 GPA 的出价中进行了例外性排除适用；或为 2012GPA 规则第 3 条明确允许的政策；又或为 GPA 规则下存在适用空间的其他政策，例如促进自然资源保护和环境保护的政策等。

我国采购法律也要求规定采购标的需实现的功能或者目标。但应当注意 GPA 有关“应当在适当时依据性能或者功能性要求列出技术规格，而非设计或描述特征”这一要求背后真正的含义之一是，不能将可以提供满足性能和功能要求的货物、服务、工程的供应商或者承包商排除在采购机会之外。在我国采购实践中，虽然要求将采购标的物需要实现的功能或目标在采购需求中描述出来,但在评定技术规格的过程中还是更多侧重于评估是否符合特定的设计或描述特征。因此需要正确理解 GPA 通过性能和功能性需要制订技术规格的要求,并在我国采购制度中予以回应。例如,可以利用 GPA 赋予的裁量权,在采购法律中明确何种情形下采购人需要运用功能或者性能要求来制订技术规格。

在运用设计或描述特征确定技术规格的情形下,我国采购法律并未要求在适当时通过运用"或与之相当的"等措辞指明采购人考虑可以满足其采购需求的与之相当的货物或服务。为了满足 GPA 的要求,我国政府采购法律应该新增这一规定,并且明确在什么条件下应当适用该项规定。

同时,我国采购法律也规定了对采购需求的描述应包含采购标的需执行的国家相关标准、行业标准、地方标准或者其他标准、规范。其所指的标准或规范可能既包含国家强制性标准也包括自愿性标准。其中,对自愿性标准方面的要求应符合 GPA 的相关要求——在适当时,如果存在国际标准则技术规格应当依据国际标准;如无国际标准,则技术规格应依据国家技术法规、公认的国家标准或者建筑守则。在制订具体条文时,可以选择进行笼统性要求,也可以进行细化,如应当适用这一要求具体情形等;明确哪些属于国际标准、国家技术法规、公认的建筑守则范畴。

我国采购法律并不包含下述要求:采购实体不得在制订的技术规格中要求或参考某一特定的商标及商号(trade name)、专利、版权、设计、型号,特定的原产地、生产商或供应商,除非不存在足够准确或易懂(intelligible)的用于描述采购需求的方式,且在此类情形下,该采购实体应当在招标文件中包含如"或与之相当的"(equivalent)等措辞。我国的采购活动中存在要求或者参考某一特定商标及商号、型号等的情况,但并不表示采购人也会考虑与之相当的货物或服务的采购实践,如指定品牌或型号的采购实践活动等。对于此类问题,可以区分对待:如果是属于 GPA 规制范围以内的采购活动,明确不得指定品牌或型号等;在特殊情形下允许使用,但是必须附上“或与之相当”等的措辞;如果是 GPA 规制范围以外的采购活动,如小额采购活动等,考虑到采购效率和成本等问题,可以考虑多品牌或多型号竞争。

我国采购法律允许在确定采购需求的过程中向相关供应商或专家征求意见[1],但是并不明确是否也可以就采购需求的描述向相关供应商或者专家征求意见,且一般在征求意见的过程中难以明显区分采购需求的确定与描述。为了满足 GPA 的要求,我国采购制度应当考虑到基于这些征求意见所制订的技术规格可能会产生妨碍竞争的效果并对此进行规制。申言之,我国采购制度应当确定一种机制来保证一方面鼓励供应商和专家参与采购需求的确定和制订,另一方面又不会导致产生妨碍竞争的效果。[2]

GPA 明确采购人可以运用技术规格促进自然资源保护或环境保护,但是该类技术规格的制订、采用或者适用需要符合 GPA 有关技术规格的要求。目前我国采购法律只是明确了标的物采购应当落实的政府采购政策,其中包括节能产品采购政策和环境标志产品采购政策。我国绿色政府采购制度在未来的发展过程中,可以更加充分地利用 GPA 所提供的允许运用技术规格促进采购节能环保技术更高的货物和服务的空间。

4.15.6 招标文件的制订、发布、澄清和修改

第一,招标文件的制订。我国有关“招标文件”、“谈判文件”和“询价通知书”内容的规定基本上符合 GPA 的要求。但我国采购法律仍需强调,招标文件应包含以下几个方面的内容:(1)招标文件不仅需要提供其所适用的评估标准,还应包含评估标准的相对重要性;(2)若运用电子

---

[1] 《政府采购法实施条例》(中华人民共和国国务院令第 658 号)第 15 条第 2 款。

[2] 此外我们应当注意在采购实践中,有些地方不允许参与需求制订的供应商参与采购活动。这种做法可能会有损供应商参与需求确定和制订的积极性,从而不利于整个采购项目的开展。

方式进行采购,则需要规定任何有关认证和加密的要求,或者与通过电子方式提交信息相关的其他要求;(3)若采购实体举行电子拍卖,则需要规定拍卖据以进行的规则。

此外,我国法律调整也应当注意到 GPA 关于以下几个方面的要求。首先,GPA 要求,采购人在为所采购货物的交付或者服务的提供设置任何日期时,应当考虑采购的复杂性、预期分包的程度以及生产、缩减库存和自供货点运输货物或提供服务所需的可行时间等因素。我国政府采购法律并未明确提及类似要求,未来在进行政府采购法律改革时,可以增加一项具体规则,要求采购人在确定货物交付日期或者服务提供日期的过程中进行上述考量,不得确定过短的、不合理的日期。其次,GPA 要求评估标准可以包括价格和其他成本因素,以及质量、技术优势(technical merit)、环境特征和交付条件等其他因素。这表明,GPA 允许从全生命周期成本的角度进行评标,也允许将质量、技术优势、环境特征和交付条件等作为评标要素进行考量。《政府采购货物和服务招标投标管理办法》第 55 条第 2 款虽然对哪些因素可以作为评审因素进行了规制,但并未明确可以将价格之外的其他成本因素以及环境特征作为评标要素。在促进可持续公共采购发展的时代背景下,我国公共采购法律改革应当考虑从公共采购的评标因素环节促进可持续发展的可能性,并且赋予采购人可持续采购的裁量权。

第二,招标文件的发布。我国采购法律对公开招标和邀请招标采购方式下招标文件发布的规制逻辑为,告知发布招标文件的时间、地点和期限,并必须保证招标文件在一定期限内可以被获取。我国相关采购法律与 GPA 要求之间是相符合的——确保供应商能够尽快获取招标文件,从而使其有充分的时间来准备响应性投标书。

相较于 GPA 的要求,我国政府采购制度还规定了获取招标文件的期限——若超过采购实体设置的获取招标文件的期限,一般而言供应商不得再获取招标文件;但是期限届满后,如果获取招标文件的潜在投标人不足 3 家,则可以顺延提供期限,并予以公告。招标文件的最短期限是自招标公告、资格预审公告发布之日起不得少于 5 个工作日。这一规定显然存在合理的一面，因为当潜在投标人不足 3 家时，可以顺延提供期限，从而降低废标率、提高效率。但是这一规定同时也会减少潜在投标人参与采购合同的机会，因为其虽然没有超过"投标截止时间"，也因为已经超过投标书的购买或获取期限而失去参与投标的机会。未来中国在加入 GPA 之后，可能会因为期限过短而对国际供应商存在不合理的限制。

在本书之外的课题调研中也可发现，在采购实践中，公开招标方式下，若未从采购人指定地点处、期限内获取招标文件，从其他途径获取招标文件的供应商一般不能递交投标书。这使超出获取招标文件期限的潜在投标人从其他途径获取招标文件之后的投标行为无效。此外，要求必须在指定期限内从采购人处获取招标文件的行为可能会导致串通投标等违法行为的发生。

此外，还应当注意到的是，GPA 文本只是强调了需要迅速使招标文件可获得，原因为其计算投标截止期限的起算点是采购公告发布之时，而我国采购法律则是发布招标文件之时。

因此，从 GPA 符合性的角度来看，我国有关招标文件发布的规则可能会不利于国际供应商参与中国政府采购市场，因为其规定了不确定的获取招标文件的期限，并且如果没有在该期限内获取招标文件或在该期限外从其他途径获取招标文件，都将失去针对招标文件提交投标文件的资格。

第三，招标文件的澄清。从我国采购法律的规定来看，其存在有关统一组织标前答疑会或者以书面形式通知所有获取招标文件的潜在投标人其澄清内容的规定。对于招标采购方式而言，还要求应当在原公告发布的媒体上发布澄清公告；要求澄清行为本身不得改变采购标的和资格条件。这都符合 GPA 有关澄清活动不会给予提出澄清请求的供应商任何优于其他供应商有利条件的要求。

此外，我国政府采购法律强调需要给予供应商充分的时间提交响应性投标书。这也符合 GPA 有关采购人应当对澄清请求进行及时答复的要求。

第四,招标文件的修改。我国采购法律中有关修改招标文件、谈判文件的规则符合 GPA 的要求。

4.15.7 期限设置

第一,有关投标截止期限的设置。

我国政府采购法律中计算投标截止期限的起始时间不同于 GPA 的规则。在 GPA 下,对于公开招标,应从采购公告发布之日起计算;对于选择性招标,无论是否使用了常用名单,都应从采购实体通知供应商其将被受邀递交投标书之日(发布投标邀请书之日)起计算。中国政府采购法律中的相关期限从发布招标文件之日起计算,因此无法认定我国采购法律的规定是否符合 GPA 的要求。

但为满足 GPA 的要求,中国应当向 GPA 成员方证明我国采购法律符合 GPA 的这一要求。为此,我国采购法律的改革可以有两种方案:与 GPA 一样规定,在一般情形下,自发布采购公告或投标邀请书之日起投标截止期限不少于 40 日;或者,在自发布采购公告至发布招标文件这段时间,以及自发布投标邀请书至招标文件这段时间内,制订最短期限,且一般情形下,这个最短期限也不少于 20 日。

此外,我国政府采购法律也并未考虑到对续生合同、紧急状态的采购等特殊情形设置特定期限;也未考虑到在运用电子方式实施政府采购的情形下,允许降低最短投标截止期限的要求;还未考虑到对涉及商业货物、服务的采购以及附件 2 和附件 3 实体的采购活动在设置投标截止期限方面设置特殊的规则。但值得注意的是,我国政府采购法律中没有这些特殊规则并非意味着采购实践活动中没有这些现实需求。未来政府在采购法律改革的过程中应当运用 GPA 规则所赋予的裁量权,考虑这些有关缩短投标截止期限的需求。

然而,我国政府采购法律对竞争性谈判和询价采购方式下“投标截止期限"(或者称为提交响应文件的期限)的要求期限要远短于对公开招标方式或邀请招标方式下的要求期限。因此应使这些采购方式下投标截止期限的设置符合 GPA 的要求,例如可以通过国家层面对政府采购方式进行重构,或者将询价采购方式限制适用于一定金额以下的采购合同。

同时需要注意各类有关常用供应商名单的采购实践与 GPA 有关投标截止日期要求之间的符合性。例如,明确有关征集常用供应商名单的"公开招标"是否能够算得上真正意义上的公开招标采购方式,或通过法律调整明确协议供货在合同授予之前的阶段应当满足对"公开招标"方式的所有要求。又或直接对供货协议这类框架性协议进行明确统一规制。

第二,其他可能影响供应商具备充分时间提交响应性文件的期限设置。

除了投标截止期限之外,我国政府采购法律还在公开招标和邀请招标采购方式下,设置了其他可能影响供应商具备充分时间提交响应性文件的期限。GPA 对这些期限并未制订具体的最短期限要求,仅是提出了一般性要求——与采购人的合理需求相一致并且对所有的潜在供应商适用一致的期限要求。因此,在这点上我国采购法律应当视为符合 GPA 的要求。

不过在未来采购法改革中应注意法律条文之间的一致性,例如当前《政府采购货物和服务招标投标管理办法》与《政府采购法实施条例》之间计算招标文件提供期限的起始时间不一致。前者指招标公告发布之日起不少于 5 个工作日,后者指招标文件开始发出之日起不得少于 5 个工作日。

4.15.8 有关开展谈判的规则

在 GPA 文本中,"谈判"并非一种政府采购方式,而是指代采购实体与供应商之间所进行的一种讨论。GPA 所规制的主要是供应商提交投标书(无论是概要投标还是完整投标)之后、确定中标候选人之前的“谈判”。GPA 文本对谈判的规制主要体现在两个方面:GPA 成员方可以规定允许采购实体开展谈判的情形;如果采购实体展开谈判,应当受到哪些规制。前者侧重于对 GPA 成员方规制行为提出要求,尤其是在规制何种情形下允许开展谈判的方面;后者则侧重于对采购实体实施谈判的具体行为提出要求。

我国政府采购制度将是否允许“谈判”作为划分采购方式的重要标准之一。从目前来看,公开招标与邀请招标这两种采购方式都不允许开展谈判。“竞争性谈判”和“竞争性磋商”这两种政府采购方式允许采购人在采购过程中与供应商展开谈判。

相比较而言,我国政府采购法律有关谈判的规制符合 GPA 的要求,并具体体现在以下几个方面:(1)我国采购法律符合 GPA 有关采购人应事先在采购公告中表明谈判意向的要求;(2)相对于 GPA 的要求,我国采购法律的要求更高,因为其要求采购人事先在招标文件中确定的前提下,才能在“无明显优势投标书的情形”下展开谈判;(3)竞争性谈判采购方式中有关展开谈判的规则符合 GPA 的要求;(4)竞争性磋商采购方式中有关展开谈判的规则也符合 GPA 的要求。

4.15.9 对电子拍卖的规制

GPA 对电子拍卖的规制主要是基于透明度的考量。具体体现在以下几个方面:(1)一般而言,GPA 要求仅在采购公告中告知潜在供应商其所运用的采购方式中将要涉及电子拍卖;(2)在招标文件中,采购人需要规定实施电子拍卖的具体规则,包括确认投标书中哪些要素与评估标准相关(与评估标准有关的投标要素);(3)在电子拍卖实施之前,告知参加者所使用的自动评估方法、对其投标书的初步评审结果(若适用),及其他任何相关信息。

我国大部分有关电子拍卖采购活动的实践缺乏较高层面法律法规的规制。因此在我国政府采购法律改革的过程中有必要对其进行规制。

首先,对采购方式中使用电子拍卖的流程进行规制并使其在透明度方面符合 GPA 所规定的基本要求;其次,在满足 GPA 符合性的基础上,有必要进一步考虑是否可以在运用综合评分法的采购项目中使用电子拍卖方式,尤其是在电子化政府采购迅速发展这一背景下,或者仅将电子拍卖方式限制在一定门槛价以下的政府采购项目中。

4.15.10 投标书的处理

通过对比我国政府采购制度中的相关规则(含《政府采购法》和《招标投标法》)与 GPA 的要求可知:(1)我国政府采购有关接收、开启和处理投标书的规则能够确保其程序的公正和公平,因此符合 GPA 的相关要求。(2)我国政府采购法律能够确保投标书的保密性,从而符合 GPA 的相关要求。(3)我国政府采购法律应新增规则,以处理有关因采购人处理不当而造成的在投标截止时间之后接收到投标书的情形,并要求采购人不得处罚该投标书的投标人,即应当仍然接受该项投标书。(4)对更正表格中非故意错误(unintentional errors)的机会问题,应当进一步解释何为"非故意错误",以及"表格"(form)所指代的范围。如果"表格"(form)仅指报价表格,那么我国采购法律符合 GPA 的要求,因为其并未给予供应商更正的机会,而是采取法定修正的方式并只需投标人确认,如果投标人不确认则视其投标无效。如果"表格"可以被扩张解释为"投标书",且"非故意错误"包含了"投标文件中含义不明确、同类问题表述不一致或者有明显文字和计算错误",则我国采购法律不符合 GPA 的要求,因其仅给予了个别供应商澄清、说明或者补正的机会。

此外,值得注意的是,我国采购法律仅对纸质化政府采购活动中的投标、开标和评标进行了规制,而并未规制电子化政府采购背景下电子化投标、开标和评标的情形。因此,在电子化政府采购发展的背景下,我国政府采购法律的深化改革必须考虑对电子化投标、开标和评标进行规制,以及其与 GPA 要求之间的符合性。

4.15.11 合同授予

第一,在“被授予合同的前提”方面,我国采购法律符合 GPA 的要求。

第二,在基于公共利益的考量终止采购合同授予程序方面,依据 GPA 的规定,采购实体不能决定不授予合同,除非受到公共利益的影响。目前可以确定的是,在我国政府采购制度中,允许在发布采购公告之后确定中标候选人之前因出现重大变故而废标,采购人并不负有重新组织招标的义务。

但目前尚不明确我国政府采购制度是否允许采购人在确定中标人之后以存在重大变故为由终止采购程序。此外由于何为《政府采购法》上的“重大变故”,何为 GPA 框架下的“公共利益”都未得到解释,很难判断基于重大变故而终止采购程序的理由是否包含在基于公共利益考量的理由之内。但依据《政府采购法》的其他条文也可以推断,如果在正式授予合同之前采购人已经发现若不终止合同授予,程序将不符合公共利益,那么采购人应当有权终止采购合同授予程序。可见,只要基于“重大变故”的理由不超出“公共利益”的范围,我国相关政府采购法律就符合 GPA 的该项要求。

《招标投标法》第 1 条也以保护国家利益和社会公共利益为目标之一。但是其并未规定可以因国家利益和社会公共利益而变更、中止或者终止合同。但是考虑到中国加入 GPA 之后需更好地保护国家利益,以及从“两法”协调的角度来看,在我国政府采购法律改革的过程中应当通过立法利用 GPA 所赋予的裁量权,明确允许在合同授予的最后阶段采购人可以基于国家利益和公共利益的考虑终止采购合同的授予程序。

第三,在授予合同的标准方面,我国政府采购相关规则符合 GPA 的要求。

第四,在异常低价投标书的处理方面,从符合 GPA 要求的角度来看,GPA 所采用的措辞是“采购实体可以……”这意味着,采购人可以允许继续评估异常低价的投标书,也可以否决异常低价投标书;只不过如果希望继续评估异常低价的投标书,则应当对投标人的资格条件和履约能力进行验证。因此,可以认为《政府采购法》和《招标投标法》规定的两种路径都不违背 GPA 的要求。

第五,不得运用选择权通过取消或修订已经授予的政府采购合同来规避 GPA 项下义务方面的相关内容,我国政府采购和招标投标法律并未对此进行规制,或者相关规制不能满足 GPA 的要求。因此为符合 GPA 要求最简单的法律调整方式是在相关采购法律中明确提及,采购人不得运用选择权(options)取消采购或修订已经授予的政府采购合同规避 GPA 项下的义务,或者对合同履行过程中的变更、修订制订详细的规则。

4.15.12 采购合同信息透明度

第一,公告授予合同的决定。

政府采购法律中有关中标结果公告和成交结果公告的内容在本质上是公告采购人有关授予合同的决定。我国政府采购法律中有关强制书面形式告知以及确定中标人之日起 2 个工作日的要求都符合甚至高于 GPA 的要求。至于属于《招标投标法》规制范畴的那部分政府采购工程活动,《招标投标法》要求将中标结果通知所有未中标的投标人,因此也是高于 GPA 要求的。

第二,告知未中标人其未中标的理由。

在告知未中标人其未中标理由方面,我国采购法律要求在采用综合评分法评审时,采购人主动告知未中标人本人的评审得分与排序。虽然该要求仅提及了告知评分与排序,并不涉及要求提供有关未中标人未中标的更为详细的理由,例如仅告知评审的综合得分而并未告知评审的单项得分等。但是,《政府采购法》第 51 条规定:“供应商对政府采购活动事项有疑问的,可以向采购人提出询问,采购人应当及时作出答复,但答复的内容不得涉及商业秘密。”该条文中规定的“询问”事项应当包含未中标理由。虽然《招标投标法》未要求采购人告知未中标人其未中标理由,但依据《政府采购法》政府采购领域一般性法律的逻辑进行推理,前述《政府采购法》第 51 条有关询问的条款也应当适用于此类情形。可见,《政府采购法》及其有关规定符合 GPA 有关告知未中标人未中标理由的规定。但是,政府采购法律在未来改革的过程中,考虑到"两法"的协调统一,应当对中标结果的公告和未中标理由的告知适用统一规则。

第三,合同授予公告的发布时间及其内容。

在合同授予公告的发布时间及其内容方面,《政府采购法实施条例》的规定高于 GPA 的要求,但《招标投标法》的相关规则并不符合 GPA 的要求。至于依据《招标投标法》所实施的那部分政府采购合同是否也应当遵循《政府采购法》有关公告政府采购合同的要求,以及在实践中的具体做法,则还有待进一步研究。因此,有必要在政府采购法律改革的过程中明确,受《招标投标法》规制的那部分政府采购合同是否应当遵从《政府采购法》有关公告政府采购合同的要求。如若不,则从 GPA 符合性角度,应当使得这部分采购至少满足 2012GPA 第 16 条第 2 款有关发布合同授予公告的要求。

此外,需要注意的是,如果通过电子媒介要求发布政府采购合同授予公告或者政府采购合同,则采购人应当确保这些信息在一定合理期限内可以容易获得。

第四,采购文件、报告的保存及电子可追溯性。

在采购文件、报告的保存及电子可追溯性方面,我国《政府采购法》的相关规则要高于 GPA 的要求,但《招标投标法》的相关规则并不符合 GPA 的要求。因此,在未来政府采购法律改革的过程中,应当在协调"两法"关系时明确适用《招标投标法》的那部分政府采购活动应当也适用《政府采购法》有关采购文件、报告的保存义务。

在电子化政府采购的背景下,我国政府采购活动不仅可以运用电子方式存档采购文件,也需要确保电子化政府采购过程中数据的适当可追溯性。至于什么是"适当"可追溯性,GPA 没有具体规定,其成员方可以在 GPA 框架下自行解释。

4.15.13 对实施有限招标的程序性要求

我国有关实施单一来源采购方式的规制符合 GPA 的要求。但应当注意我国立法中需要进一步明确运用单一来源采购方式时,应在运用技术规格界定采购人需求时遵守 GPA 有关技术规格的规定。

4.15.14 合同金额的评估

在加入 GPA 的背景下,我国法律调整的过程应关注到合同金额的评估对于确定某项采购是否属于 GPA 规制范围可能的重要性,且在我国政府采购法律中进行相应的合理规制。例如,明确不得以化整为零或者采用特殊评估方法等方式使得某项采购活动规避 GPA 的适用;使“持续一定期限的采购项目”、“因一项采购要求授予多个合同的情形”及“租赁、租购或者分期付款购买(lease,rental or hire purchase)货物或服务或者未列明总价的采购合同”情形下的合同评估符合 GPA 的要求。

5. 我国政府采购质疑投诉制度与 GPA 规则的适应性

5.1 GPA 的国家审查制度

5.1.1 一般要求

GPA 要求每个成员方提供及时、有效、透明和非歧视的行政或者司法审查程序。该审查程序应当允许供应商就其享有或者曾经享有利益的、受 GPA 涵盖的采购过程中发生的下列情形提出质疑投诉。第一,违反 GPA 的情形。第二,违反成员方实施 GPA“措施”的情形,此情况为供应商根据某一 GPA 成员方的国家法律无权直接投诉(challenge)违反 GPA 的行为。这区分了供应商行使诉权的两种情况,一种是供应商直接基于 GPA 的诉权,另一种是供应商基于实施 GPA 的国家政府采购法上的诉权。

根据 GPA 第 1 条第(t)款的定义,供应商是指提供或可能(could)提供货物或者服务的人或人的联合。GPA 文本将“措施”(measure)一词界定为“与涵盖范围有关的任何法律、法规、程序、行政指南或做法(practice),或者采购实体的任何行为"[1]。因此 GPA 成员方实施 GPA 的"措施"包含成员方为实施 GPA 要求所制订的法律、法规、程序、行政指南等。如果国家有关质疑投诉的程序未赋予供应商对采购实体违反 GPA 要求的行为提出质疑投诉的权利,那么鉴于 GPA 成员方应当已经通过一系列"措施"向受 GPA 涵盖的采购活动施加遵守 GPA 要求的义务,供应商可以对采购实体违反相关"措施"的行为提出质疑投诉。

此外,GPA 要求成员方以书面形式向公众提供其所有有关质疑投诉的程序性规则。

5.1.2 鼓励磋商

GPA 第 18 条第 2 款规定,一旦某个供应商提出质疑(complaint),采购实体所属的 GPA 成员方应当鼓励实施采购行为的采购实体与供应商通过磋商(consultations)方式寻求解决该项质疑。GPA 要求,(采购)实体在磋商过程中应当对任何此类质疑给予公平和及时的考虑,并且采购实体处理质疑的方式不得妨碍该供应商继续参与采购或者未来参与采购的权利,也不得妨碍供应商通过行政或者司法审查程序寻求救济措施的权利。

这表明,GPA 鼓励采购实体和供应商首先通过"磋商"来处理供应商的质疑,其有利于促进有关争议首先在当事人之间得到处理,采购实体应当对这类质疑给予公正和及时的考虑。GPA 并未要求处理质疑的采购官员一定不是作出具体采购决定的官员,但仍有"公正"处理质疑的要求。另外,GPA 要求,处理质疑的方式不能妨碍该供应商继续参与正在进行的采购活动或者未来参与采购活动的权利,也不得妨碍该供应商通过行政或者司法审查程序寻求纠正措施的权利。这是公正处理投诉的具体要求,也是"及时"处理质疑的要求。比如,不能为了消除供应商

[1] 2012GPA 第 1 条第(i)项。

的质疑而对其进行威胁(排除其进一步参与采购的权利),或者妨碍其进一步寻求行政或司法救济的权利;不得因为对供应商质疑的处理期限过长而导致供应商参与正在进行采购活动的权利受损。

5.1.3 允许提交投诉的期限

GPA 第 18 条第 3 款规定,应当给予每个供应商充足的时间准备和提交投诉(challenge),这一期限自供应商知道或应当知道质疑投诉的依据时起,无论如何都不得少于 10 日。

5.1.4 处理投诉的机构

GPA 第 18 条第 4 款要求,每个 GPA 成员方应当成立或指定至少一个独立于其采购实体的、公正的行政或者司法当局来受理和审查供应商提出的投诉。其第 18 条第 5 款进一步规定,如果不是这类当局负责初审投诉,那么 GPA 成员方应当确保供应商可以将初审决定上诉至一个独立于采购实体(被投诉对象)的、公正的行政或司法当局。GPA 的这一规定并不限制成员方有关投诉处理机构的制度安排,但强调了投诉处理机构的独立性和公正性。处理投诉的初审机构可以是行政当局,也可以是司法当局,但 GPA 成员方应当尽量确保处理投诉初审机构的独立性和公正性。进一步而言,如果初审机构不能满足独立性和公正性的要求,那么成员方应当确保初审决定可以被上诉至满足这些要求的行政当局或者司法当局。

GPA 为投诉处理机构的独立性和公正性进一步设定了一系列保障。根据 GPA 第 18 条第 6 款的规定,如果是行政当局来处理投诉(当审查机构不是一个法院时),那么为确保投诉处理机构的独立和公正性,GPA 要求其每个成员方确保该审查机构作出的决定可以接受司法审查,或者该审查机构规定了以下审查程序:第一,采购实体应当以书面形式对投诉作出答复并向审查机构披露所有相关文件;第二,在审查机构对投诉作出裁决之前,投诉程序参与者应当有陈述权;第三,投诉程序参与者有权被代理和陪同;第四,投诉程序参与者可参与所有程序;第五,投诉参与者有权请求公开进行投诉程序并请求证人出席;第六,审查机构应当及时以书面形式作出其裁决或者提出建议,且裁决书或者建议书应当包含对每项裁决或者建议的解释。

5.1.5 有关快速临时措施的规则

GPA 第 18 条第 7 款要求每个成员方规定快速临时措施程序,以保护供应商参加采购的机会。GPA 还指出,这些快速临时措施可以包括采购过程的暂停;GPA 允许在决定是否采取临时救济措施时,考虑对有关利益(包含公共利益)造成的负面影响。若决定不采取快速临时措施,则应当以书面形式说明其合理性。

5.1.6 有关纠正措施或者补偿的规则

GPA 第 18 条第 7 款要求成员方规定有关纠正措施或者补偿的程序。如果某个审查机构已经确定存在违反 GPA 要求的行为或者不遵守成员方实施 GPA 措施的行为,那么应当对供应商所受损害或损失采取纠正措施或者进行补偿。这些纠正措施或者补偿可以被限制于准备投标书的成本或者与投诉相关的成本,也可两者皆有。可见,GPA 有关纠正措施或者补偿的规则具有下述特征:(1)适用纠正措施或者补偿的前提是审查机构已经确定存在违反 GPA 要求的行为或者不遵守成员方实施 GPA 措施的行为;(2)这些行为对投诉的供应商产生了损害或者损失;(3)应当对上述供应商的损害或者损失提供纠正措施或者进行补偿;(4)对这些供应商的补偿可以被限制在准备投标书的成本或者与投诉有关的成本范围。这意味着,GPA 允许仅对供应商的直接损失进行补偿,而并不涵盖对其期待利益的补偿。

5.2 我国政府采购质疑投诉制度与 GPA 的符合性

鉴于《政府采购法》和《招标投标法》“两法”的规制现状，我国存在两套有关政府采购质疑投诉的制度。一是基于《政府采购法》及其实施条例确立的政府采购质疑投诉制度。《政府采购法》第六章专章规定了有关质疑与投诉的规则；《政府采购法实施条例》第六章对《政府采购法》中有关质疑投诉规则进行了解释和细化；财政部令第 94 号《政府采购质疑和投诉办法》[1]对质疑投诉进行了系统规制。二是基于《招标投标法》及其实施条例确立的招标投标投诉制度。《招标投标法》仅在第六章“附则”的第 65 条中规定，“投标人和其他利害关系人认为招标投标活动不符合本法有关规定的，有权向招标人提出异议或者依法向有关行政监督部门投诉”；《招标投标法实施条例》第五章细化了有关投诉与处理的规则；[2]《工程建设项目招标投标活动投诉处理办法》[3]对工程建设项目招标投标活动投诉进行了系统性规范。

《政府采购法》及其相关规则构建了具备下列特征的政府采购质疑投诉制度：第一，可以被提起质疑的情形。如果供应商认为采购文件、采购过程和中标、成交结果使得自己的权益受到损害，可以在规定期限内

---

〔1〕《政府采购质疑和投诉办法》（中华人民共和国财政部令第 94 号），2017 年 12 月 26 日发布，2018 年 3 月 1 日起施行。

〔2〕《招标投标法实施条例》（中华人民共和国国务院令第 613 号）第五章。

〔3〕国家发展和改革委、中华人民共和国建设部、中华人民共和国铁道部、中华人民共和国交通部、中华人民共和国信息产业部、中华人民共和国水利部、中国民用航空总局令第 11 号，国家发展和改革委员会、中华人民共和国工业和信息化部、中华人民共和国财政部、中华人民共和国住房和城乡建设部、中华人民共和国交通运输部、中华人民共和国铁道部、中华人民共和国水利部、国家广播电影电视总局、中国民用航空局令第 23 号。

向采购人提出质疑。[1] 第二,质疑处理机构。该质疑是供应商对采购人或采购代理机构所提起的质疑,应当由采购人或其委托的采购代理机构在规定期限内进行答复。可见,质疑程序是采购人与供应商之间就采购争议事项自行解决的程序。第三,投诉与异议前置程序。质疑供应商有权向相关行政部门提出投诉。我国政府采购质疑投诉制度采取质疑前置程序,即供应商必须先经过质疑程序才可以提起投诉。第四,投诉处理机构。如果采购人对质疑答复结果不满,或者采购人、采购代理机构未在规定期限内作出答复,供应商可以在规定期限内向同级政府采购监督管理部门投诉。第五,对投诉处理决定的行政复议或司法审查。投诉人对政府采购监督管理部门的投诉处理决定不服或者政府采购监督管理部门逾期未作处理,投诉人可以依法申请行政复议或者向人民法院提起行政诉讼。

相较于《政府采购法》及其相关规则,《招标投标法》及其相关规则构建了类似但有差别的招标投标异议投诉制度。第一,可以提出异议或投诉的情形。《招标投标法》第 65 条规定,投标人和其他利害关系人认为招标投标活动不符合本法有关规定的,有权向招标人提出异议或者依法向有关行政监督部门投诉。可见,可以提出异议或投诉的情形是违反《招标投标法》的行为。第二,异议处理机构。招标人就是异议处理机构。与政府采购质疑程序相同,异议程序是招标人与提出异议的利害关系人之间自行处理有关招标投标争议的程序。第三,投诉与异议前置程序。根据《招标投标法》第 65 条的规定,利害关系人可以就违反《招标投标法》的行为进行投诉。异议程序原则上不是投诉程序的前置程序。但根据《招标投标法实施条例》第 60 条的规定,在以下三种情形下,异议是投诉的前置程序:潜在投标人或者其他利害关系人对资格预审文件或招标文件存在异议的情形;[2] 投标人对开标

---

〔1〕《政府采购法》第 52 条。

〔2〕《招标投标法实施条例》(中华人民共和国国务院令第 709 号)第 22 条。

有异议的情形[1];投标人或者其他利害关系人对依法必须进行招标的项目的评标结果有异议的情形。[2] 第四,投诉处理机构。受理投标人和其他利害关系人投诉的部门是"行政监督部门"。依据《招标投标法》及其相关规则的规定,有关招标投标活动的"行政监督部门"是各级发展改革、工业和信息化、住房城乡建设、水利、交通运输、铁道、商务、民航等部门,并且某些招标项目可能存在多个行政监督部门。这表明,受理有关招投标投诉的行政监管部门不同于受理有关政府采购投诉的行政监督部门,并且受《招标投标法》规制的那部分政府采购活动所引起投诉的行政监督部门并不十分明确。第五,对投诉处理决定的行政复议或司法审查。根据《工程建设项目招标投标活动投诉处理办法》(2013 年修正)第 25 条规定,当事人对行政监督部门的投诉处理决定不服或者行政监督部门逾期未做处理的,可以依法申请行政复议或者向人民法院提起行政诉讼。

《招标投标法》及其相关规则所规定的有关"异议"和"投诉"的具体规则与《政府采购法》及其相关规则所确立的质疑投诉制度有一定的差异性。

本书从以下几个方面分析我国政府采购质疑投诉规则与 GPA 规则之间的符合性:(1)允许提出质疑投诉的供应商范围;(2)允许提出质疑投诉的事项;(3)有关质疑投诉规则的形式要求和可及性要求;(4)有关鼓励通过磋商解决质疑投诉问题的要求;(5)提出质疑投诉的期限;(6)处理质疑投诉的机构;(7)有关快速临时措施的规定;(8)有关纠正措施或补偿的规定。

5.2.1 允许提出质疑投诉的主体范围

根据《政府采购法》及其相关规则的规定[3],认为采购文件、采购过

---

[1] 《招标投标法实施条例》(中华人民共和国国务院令第 709 号)第 44 条第 3 款。
[2] 《招标投标法实施条例》(中华人民共和国国务院令第 709 号)第 54 条第 2 款。
[3] 《政府采购法》第 52 条。

程、中标或者成交结果使得自己的权益受到损害的供应商可以提出质疑。相较而言,GPA 文本规定的是“对 GPA 涵盖采购享有或者曾经享有利益的供应商”。显然,要成为合格的投诉主体,GPA 要求仅与供应商的利益相关即可,其并不要求供应商权益已经受到损害。而可以观察到的是,我国《政府采购法》所允许提出质疑投诉的供应商范围与 GPA 之间存在差异。具体而言,我国《政府采购法》强调投诉供应商的权益必须已经受到损害,GPA 允许提出质疑投诉的供应商范围则更为广泛,例如其包含了供应商权益可能受到损害的情形。

《招标投标法实施条例》第 60 条规定,“投标人或者其他利害关系人认为招标投标活动不符合法律、行政法规规定的……”这表明,投标人或其他利害关系人只要认为招投标活动中存在违反法律、行政法规的都可以提起投诉。《工程建设项目招标投标活动投诉处理办法》(2013 年修正)第 3 条第 2 款明确规定:“其他利害关系人是指投标人以外的,与招标项目或者招标活动有直接和间接利益关系的法人、其他组织和自然人。”可见,招标投标法律对允许提出投诉主体范围的界定更接近 GPA 所规定的范围。

在加入 GPA 的背景下,政府采购法律有必要扩大投诉主体的范围。第一,只要是与采购活动有利害关系的人,都可以提出投诉;第二,不应将投诉主体或者投诉事项的范围限定在质疑供应商或者质疑事项,因为 GPA 规则明确规定,采购实体处理质疑的方式,既不得妨碍该供应商继续参与采购或者未来参与采购的权利,也不得妨碍供应商通过行政或者司法审查程序寻求救济措施的权利。我国对质疑供应商的要求,显然限制了供应商进一步寻求行政或者司法救济的权利。

5.2.2 允许提出质疑投诉的事项

《政府采购法》及其相关规则将允许提出质疑投诉的事项限定在采

购文件[1]、采购过程[2]、中标或者成交结果这三方面。《招标投标法》及其相关规则将允许投诉的事项界定为"招标投标活动不符合法律、行政法规规定的"情形[3]。可见,《招标投标法》及其相关规则允许提出投诉的事项与《政府采购法》的有关规定不一致。[4] 这种不一致应该与《政府采购法》与《招标投标法》对"投诉"界定的出发点不一致有关。《政府采购法》规定的质疑投诉制度侧重于对供应商及其有关当事人的权利进行救济,而《招标投标法》所规定的"投诉"则侧重于对违法行为的监督检查(监督管理)。

相比较而言,GPA 并未对质疑投诉的范围进行特别限制,而是将其适用于 GPA 文本所提出的所有要求。因此,供应商可以对采购通知的发布、资格条件设置、资格审查程序、技术规格设置、招标文件制订和发布、期限设置、谈判、有限招标采购方式的选择、电子拍卖的选择和实施、投标的处理和合同的授予进行质疑和投诉。

GPA 绝大部分有关质疑投诉所涉及事项的范围与中国政府采购质疑投诉和招标投标异议投诉的适用范围相重叠。但我国政府采购法律不允许供应商对下述问题进行质疑投诉:(1)政府采购合同条款改变了招标文件的实质性要求;(2)取消采购或者变更已经授予的政府采购合同。因此,我国政府未来采购法律改革应增加这些可供投诉的事项。

GPA 要求,即使我国政府采购法律没有赋予供应商对相关违反

---

[1] 根据《政府采购法》第 42 条第 2 款,采购文件包括采购活动记录、采购预算、招标文件、投标文件、评标标准、评估报告、定标文件、合同文本、验收证明、质疑答复、投诉处理决定及其他有关文件、资料。

[2] 《政府采购法》及其相关法规并未明确阐述"采购过程"包含了哪些过程。但是从《政府采购法》第四章及其相关规则来看,其至少应当包含了编制政府采购预算、采购方式的选择、发布采购公告和采购文件、资格审查、接收投标书、开标、评标、确定中标或者成交供应商、发布中标结果、公告政府采购合同等过程。

[3] 《招标投标法实施条例》(中华人民共和国国务院令第 709 号)第 60 条,《工程建设项目招标投标活动投诉处理办法》(2013 年修正)第 3 条又将其扩展为"招标投标活动不符合法律、法规和规章规定的"。

[4] 例如,从涵盖的范围来看,供应商依据《政府采购法》进行质疑投诉的事项并非一定违法,例如采购人错误地认定不具有供应商资格的供应商具有供应商资格的行为等。

GPA 的情形提出质疑投诉的权利，供应商仍然可以以采购人未遵守实施 GPA 的措施为由提起质疑投诉。为此，在未来对我国政府采购质疑投诉制度进行改革时应当注意对有关条款进行调整，赋予供应商 GPA 项下全部可进行质疑投诉的权利。

5.2.3 有关质疑投诉规则的形式要求和可及性要求

我国政府采购质疑投诉和招标投标异议投诉的规则均已通过法律、条例或者部门规章、地方政府法规、地方政府规章等形式发布，其符合 GPA 有关书面形式和普遍可及性的要求。

5.2.4 有关鼓励通过磋商解决争议问题的要求

GPA 文本未对“磋商”进行解释。但是从本质上来看，GPA 语境下的“磋商”是一种鼓励当事人自行解决纠纷争端的方式。而这与我国政府采购法律中“质疑”程序的本质是一致的，即质疑程序是为了尽量促进采购人与供应商自行解决与质疑有关的问题。因此，《政府采购法》所规定的“质疑”程序可以被视为 GPA 下采购实体与供应商之间的“磋商”程序。《招标投标法》所规定的“向招标人提出异议”[1]的方式亦然。

对照 GPA 对“磋商”方式所提出的基本要求（详见第 5.1.2 部分的阐述），我国《政府采购法》规定的“质疑”程序可能面临以下几个方面的问题：

(1) 如何确保采购人在答复质疑时满足 GPA 有关“公正性”(impartial)的要求？该问题可能涉及答复质疑主体的中立性。未来法律改革可以就此提出新的要求，比如，可以一般性地提出公正性要求，并至少要求采购人（招标人）中负责答复质疑的人（职能）独立于负责采购的人（职能）。

(2) 如何确保采购人在答复质疑时满足 GPA 有关“及时性”

[1] 《招标投标法》第 65 条。

(timely)的要求？目前我国《政府采购法》对供应商向采购人、采购代理机构提出质疑的相关期限要求是“知道或者应知其权益受到损害之日起七个工作日内”[1]，而采购人、采购代理机构的答复期为“收到供应商的书面质疑后七个工作日内”。[2] 对照有关国际政府采购法律或者国外政府采购法律的规定，我国政府采购法律规则中与答复质疑期限相关的规定应当符合有关“及时性”的要求。此外，《政府采购法实施条例》赋予了采购人在答复质疑事项期间实施快速临时措施的权利。由此可见，我国政府采购法律中有关“质疑”的程序符合 GPA 中有关及时性的要求。

招标投标法律规定，潜在投标人或者其他利害关系人对资格预审文件有异议的，应当在提交资格预审申请文件截止时间 2 日前提出；对招标文件有异议的，应当在投标截止时间 10 日前提出。招标人应当自收到异议之日起 3 日内作出答复；作出答复前，应当暂停招标投标活动。投标人对开标有异议的，应当在开标现场提出，招标人应当当场作出答复，并制作记录。投标人或者其他利害关系人对依法必须进行招标的项目的评标结果有异议的，应当在中标候选人公示期间提出。招标人应当自收到异议之日起 3 日内作出答复；作出答复前，应当暂停招标投标活动。以上规定皆可被认为符合 GPA 的要求。

(3) 如何确保不因为供应商提出质疑而导致对其继续参与采购活动或者未来参与采购活动产生妨碍，又或者不使该供应商通过行政或者司法审查程序寻求纠正措施的权利受到妨碍？

一方面，如果采购人因供应商对其提出质疑而不允许该供应商继续或未来参与采购活动，那么该采购人将因“以不合理的条件对供应商实行差别待遇或者歧视待遇”承担相应的法律责任。可见，我国政府采购法律为提出质疑的供应商提供了法律保障——不因其提出了质疑而被

---

[1] 《政府采购法》第 52 条。

[2] 《政府采购法》第 53 条。

排除出现在和未来的采购活动。

另一方面，我国政府采购法律规定，质疑供应商对采购人、采购代理机构的答复不满意或者采购人、采购代理机构未在规定的时间内作出答复的，可以在答复期满后 15 个工作日内向同级政府采购监督管理部门投诉[1]；投诉人对政府采购监督管理部门的投诉处理决定不服或者政府采购监督管理部门逾期未作处理的，可以依法申请行政复议或者向人民法院提起行政诉讼[2]。供应商不会因提出质疑而无法通过行政或者司法审查程序寻求纠正措施。但是，我国政府采购法律具有“质疑前置”程序的规定，即只有提出质疑，才能提出投诉及后续的司法救济程序。为此，有关“质疑前置”的要求似乎妨害了供应商进一步投诉或者通过行政或司法审查程序寻求纠正措施的权利。

受《招标投标法》规制的那部分政府采购活动若被纳入 GPA 涵盖范围，有关其异议的规定也应当满足 GPA 的有关要求。异议程序原则上不是投诉程序的前置程序。但例外的是，根据《招标投标法实施条例》第 60 条的规定，在以下 3 种情形下异议是投诉的前置程序：潜在投标人或者其他利害关系人对资格预审文件或招标文件存在异议的情形；[3]投标人对开标有异议的情形[4]；投标人或者其他利害关系人对依法必须进行招标的项目的评标结果有异议的情形。[5] 与前面所提及的政府采购“质疑前置”程序类似，有关“异议前置”的要求可能与 GPA 中的相关要求不符。

5.2.5 提出质疑投诉的期限

GPA 对于采购人与供应商之间寻求自行解决争议的磋商或者质疑(complaint)程序没有明确的时限要求。而对供应商将争议处理诉至当

[1] 《政府采购法》第 55 条。
[2] 《政府采购法》第 58 条。
[3] 《招标投标法实施条例》(中华人民共和国国务院令第 709 号)第 22 条。
[4] 《招标投标法实施条例》(中华人民共和国国务院令第 709 号)第 44 条第 3 款。
[5] 《招标投标法实施条例》(中华人民共和国国务院令第 709 号)第 54 条第 2 款。

事人之外的第三方的投诉(challenge)程序,GPA 则要求应给予供应商充分的时间准备和提出投诉,但无论如何,这一期限自供应商知道或者应知投诉的依据时起不得少于 10 日。

我国政府采购法律对供应商向采购人、采购代理机构提出质疑的期限要求是,“知道或者应知其权益受到损害之日起七个工作日内”;对提出投诉的期限要求是,“在答复期满后十五个工作日内向同级政府采购监督管理部门投诉”,而采购人、采购代理机构的答复期是“收到供应商的书面质疑后七个工作日内”。

考虑到我国政府采购法律中的质疑前置程序及供应商准备和提出投诉的期间,如果从其知道或者应知其权益受到损害之日起算,或将长达 29 个工作日,并具体包括其提出质疑的期限这 7 个工作日、采购人答复质疑的期限这 7 个工作日和质疑答复期届满后提出投诉的期限这 15 个工作日。这意味着自供应商知道或者应知其权益受到损害之日起,它有至少长达 29 个工作日的时间救济自己的权利。概言之,这一期限应该能够满足 GPA 有关应给予供应商充分的时间准备和提出投诉的要求。

《招标投标法》并未规定向招标人提出一般异议或依法向有关行政监督部门进行投诉的期间。《招标投标法实施条例》第 60 条规定,供应商可以自知道或者应当知道(招标投标活动不符合法律、行政法规规定的)之日起 10 日(自然日)内向有关行政监督部门投诉。[1] 可见,招标投标法律有关提起“投诉”期限的规定符合 GPA 的最低要求。

5.2.6 处理投诉的机构

我国政府采购法律规定有权处理投诉的机构是“同级政府采购监督管理部门”。具体而言,对其投诉处理决定不服的或者政府采购监督管理部门逾期未作处理的,供应商可以依法申请行政复议或者向人民法院

---

[1] 《招标投标法实施条例》(中华人民共和国国务院令第 709 号)第 60 条。

提起行政诉讼。根据我国招标投标法律的规定,各级发展改革、工业和信息化、住房城乡建设、水利、交通运输、铁道、商务、民航等招标投标行政监督管理部门是受理投诉的主体。[1] 当事人对行政监督部门的投诉处理决定不服或者行政监督部门逾期未做处理的,可以依法申请行政复议或者向人民法院提起行政诉讼。[2]

为了满足 GPA 的要求,处理投诉的机构必须符合以下相关条件之一:第一,能够确保与采购人同级的财政监督管理部门是独立于采购实体且公正的;第二,与采购人同级的财政监督管理部门所作出的初审决定可以被复议或者起诉至独立于采购实体且公正的行政或者司法当局。

从目前规制的情况来看,财政监督管理部门作为处理投诉机构的独立性和公正性可能面临以下两个方面的问题:第一,各级财政部自身作为采购主体时,对其采购活动实施监督的是该财政部门自身。因此会出现所谓"既是裁判员又是运动员"的监管困境,也将招致对其独立性和公正性的质疑。第二,"与采购人同级的财政监管部门"和"采购人"属于同一级政府部门,其都隶属于中央政府或者同级地方政府。招标投标监督管理部门在处理相关投诉时也面临相似的有关独立性和公正性的质疑。

然而,财政监督管理部门或者招标投标行政监督管理部门作为行政机构,其所作出的处理投诉决定可以被复议,也可以被诉诸行政法庭,若不服法院初审判决还可以上诉。为此,可以判断我国政府采购法律有关处理投诉机构的规定符合 GPA 的要求。

5.2.7 有关快速临时措施的规定

《政府采购法》规定了政府采购监督管理部门在处理投诉事项期间,可以视具体情况书面通知采购人暂停采购活动,但暂停时间最长不得超

---

〔1〕《工程建设项目招标投标活动投诉处理办法》(2013 年修正)第 4 条。

〔2〕《工程建设项目招标投标活动投诉处理办法》(2013 年修正)第 25 条。

过 30 日。[1]《政府采购法实施条例》要求,当供应商的询问或者质疑事项可能影响中标、成交结果时,采购人应当暂停签订合同,已经签订合同的,应当中止履行合同。因此,《政府采购法实施条例》也赋予了采购人实施快速临时措施的权利,且采购人可以采取的临时措施仅有暂停采购活动,以及中止履行合同。但是,目前并不清楚“视具体情况”究竟指哪些情况,或者在哪些情况下为了考虑其他利益,采购人或者政府采购监督管理部门也可以允许不暂停采购活动。例如,采购人或者政府采购监督管理部门是否可以出于公共利益的考虑决定不暂停采购活动,即这样做会影响到投诉人参与政府采购的机会。

《招标投标法》规定,对于全部或者部分使用国有资金的项目,如果违反《招标投标法》规定,必须进行招标的项目而不招标的,将必须进行招标的项目化整为零或者以其他方式规避招标的……可以暂停项目执行或者暂停资金拨付。[2]《招标投标法实施条例》则明确在招标人收到有关资格预审文件、评标结果的异议之日起作出答复前,应当暂停招标投标活动。[3]《招标投标法实施条例》规定,在投诉处理阶段,“必要时,行政监督部门可以责令暂停招标投标活动”[4]。可见,《招标投标法》有关快速临时措施的规定与《政府采购法》的相关规定并不完全一致。在《招标投标法》的体系下,招标人在答复有关资格预审文件和评标结果异议的期间必须暂停招标投标活动,但是答复必须自收到异议之日起 3 日内作出。相同情形下,政府采购法律赋予了采购人一定的裁量权来判断有关资格预审文件和评标结果的质疑是否会可能影响中标、成交结果;若可能影响,则采购人也应当暂停签订合同或者中止履行合同。

为此,为了更好地满足 GPA 的要求,我国政府采购法律需要进行一些调整。首先,在询问和质疑阶段,当供应商申请暂停采购活动或中止

---

[1] 《政府采购法》第 57 条。

[2] 《招标投标法》第 49 条。

[3] 《招标投标法实施条例》(中华人民共和国国务院令第 709 号)第 22 条、第 54 条第 2 款。

[4] 《招标投标法实施条例》(中华人民共和国国务院令第 709 号)第 62 条第 1 款。

履行政府采购合同时，采购人若决定不暂停采购活动，应当以书面形式说明合理理由；其次，在投诉阶段，当供应商申请暂停采购活动时，投诉处理机关若决定不暂停采购活动，应当以书面形式说明合理理由；最后，法律应明确赋予采购人或者投诉处理机关裁量权，允许其基于公共利益的考虑不采取暂停采购活动的临时措施。同样地，适用于 GPA 涵盖采购活动的招标投标相关法律法规也应当作出相应调整。

5.2.8 有关纠正措施或补偿的规定

《政府采购法》并未在有关质疑投诉的章节中规定有关纠正的措施或者补偿。《政府采购法》第八章法律责任中包含了一些采取纠正措施或者实施补偿的规则。

首先，对采购人、采购代理机构某些违反《政府采购法》的行为制定了纠正措施和行政处罚规则。如果采购人、采购代理机构因实施了下述行为之一[1]而影响中标、成交结果或者可能影响中标、成交结果，则按下列情况分别处理：[2]（1）未确定中标、成交供应商的，终止采购活动；（2）中标、成交供应商已经确定但采购合同尚未履行的，撤销合同，从合格的中标、成交候选人中另行确定中标、成交供应商；（3）采购合同已经履行，给采购人、供应商造成损失的，由责任人承担赔偿责任。

---

〔1〕《政府采购法》第 71 条规定："……（一）应当采用公开招标方式而擅自采用其他方式采购的；（二）擅自提高采购标准的；（三）以不合理的条件对供应商实行差别待遇或者歧视待遇的；（四）在招标采购过程中与投标人进行协商谈判的；（五）中标、成交通知书发出后不与中标、成交供应商签订采购合同的；（六）拒绝有关部门依法实施监督检查的。"第 72 条："……（一）与供应商或者采购代理机构恶意串通的；（二）在采购过程中接受贿赂或者获取其他不正当利益的；（三）在有关部门依法实施的监督检查中提供虚假情况的；（四）开标前泄露标底的。"

〔2〕根据《政府采购法实施条例》（中华人民共和国国务院令第 658 号）第 71 条、第 72 条和第 73 条归纳整理。

《政府采购法实施条例》进一步细化和明确了这些规定。[1]《政府采购质疑和投诉办法》也根据投诉人所投诉事项的不同(例如,是对采购文件提起投诉事项还是对采购过程或者采购结果提起投诉事项)提出了财政部门应当适用的不同处理方案。[2]

其次,《政府采购法》第 77 条也对供应商违反《政府采购法》的某些行为规定了行政处罚措施和纠正措施。具体而言,“供应商有下列情形之一的,处以采购金额千分之五以上千分之十以下的罚款,列入不良行为记录名单,在一至三年内禁止参加政府采购活动,有违法所得的,并处没收违法所得,情节严重的,由工商行政管理机关吊销营业执照;构成犯罪的,依法追究刑事责任:

(一)提供虚假材料谋取中标、成交的;

(二)采取不正当手段诋毁、排挤其他供应商的;

(三)与采购人、其他供应商或者采购代理机构恶意串通的;

(四)向采购人、采购代理机构行贿或者提供其他不正当利益的;

(五)在招标采购过程中与采购人进行协商谈判的;

(六)拒绝有关部门监督检查或者提供虚假情况的。

供应商有前款第(一)至(五)项情形之一的,中标、成交无效”。

最后,对任何单位或个人阻挠和限制供应商进入本地区或者本行业

---

[1] 《政府采购法实施条例》第 71 条规定,“有政府采购法第七十一条、第七十二条规定的违法行为之一,影响或者可能影响中标、成交结果的,依照下列规定处理:

(一)未确定中标或者成交供应商的,终止本次政府采购活动,重新开展政府采购活动。

(二)已确定中标或者成交供应商但尚未签订政府采购合同的,中标或者成交结果无效,从合格的中标或者成交候选人中另行确定中标或者成交供应商;没有合格的中标或者成交候选人的,重新开展政府采购活动。

(三)政府采购合同已签订但尚未履行的,撤销合同,从合格的中标或者成交候选人中另行确定中标或者成交供应商;没有合格的中标或者成交候选人的,重新开展政府采购活动。

(四)政府采购合同已经履行,给采购人、供应商造成损失的,由责任人承担赔偿责任。

政府采购当事人有其他违反政府采购法或者本条例规定的行为,经改正后仍然影响或者可能影响中标、成交结果或者依法被认定为中标、成交无效的,依照前款规定处理”。

[2] 《政府采购质疑和投诉办法》(中华人民共和国财政部令第 94 号)第 31 条、第 32 条。

政府采购市场的行为制定行政处罚的规则。[1] 例如,采购文件中包含了对供应商实行差别待遇或歧视性待遇、不合理条件的,供应商进行质疑投诉之后,被认定为可能影响中标或者成交结果,且尚未确定中标、成交供应商的,应当终止采购活动。

但是可以观察到,《政府采购法》第八章有关法律责任的部分更多的在于确定实施行政处罚的条件和规则,而非强调对提出质疑投诉的供应商所受损害或者产生损失的补偿。该章只是规定,在采购人、采购代理机构实施了违反《政府采购法》的行为给采购人、供应商造成损失的情形下,若采购合同已经履行,则需要由责任人承担赔偿责任。可见《政府采购法》只规定了在合同已经履行的情况下给其他供应商造成损失应当承担的赔偿责任,并未规定在废标等情形下可能给投诉供应商造成损失的赔偿责任,也并未规定因其他供应商的行为可能给投诉供应商造成损失的赔偿责任。此外,虽然《政府采购法》及其实施条例规定,因政府采购当事人[2]给他人造成损失的,应依照有关民事法律规定承担民事责任;[3]因此,我国政府采购救济制度中有关补偿的规定所适用的范围(可以对哪些违法行为造成的危害进行补偿)并不能涵盖所有违背 GPA 要求的情形,且有关补偿的规则(例如,可以对哪些损失进行补偿)也不明确。

综上所述,GPA 要求对违反 GPA 的行为提供纠正或者补偿措施。我国政府采购法律针对法律规定的违法行为提供了纠正措施。然而,政府采购法律对胜诉供应商的补偿规定并不明确,比如对这些供应商的补偿是否可以被限制在准备投标书的成本或与投诉有关的成本范围。虽然可以借助其他法律(民事法律)解决这些问题,但是在加入 GPA 的背景下,在政府采购法律上明确这些问题,不仅有助于增加规则适用的确定性,还能够确保与 GPA 的法律政策保持一致。

---

〔1〕《政府采购法》第 83 条。

〔2〕《政府采购法》第 14 条。

〔3〕《政府采购法》第 79 条。

5.3 小结

本章从以下几个方面分析了我国政府采购质疑投诉规则与 GPA 要求之间的符合性:(1)允许提出质疑投诉的供应商范围;(2)允许提出质疑投诉的事项;(3)有关质疑投诉规则的形式要求和可及性要求;(4)有关鼓励通过磋商解决质疑问题的要求;(5)关于投诉权的范围及提出质疑投诉的期限;(6)处理质疑投诉的机构;(7)有关快速临时措施的规定;(8)有关纠正措施或补偿的规定。研究结论总结于后。

第一,允许提出质疑投诉的供应商范围。我国招标投标法律对允许提出质疑投诉主体范围的界定更接近 GPA 规定的范围,而我国政府采购法律规定的享有质疑投诉权的供应商的主体范围则较窄。在加入 GPA 的背景下,政府采购法律有必要扩大质疑投诉主体的范围,具体内容如下:其一,只要是与采购活动有利害关系的人,都可以提出质疑和投诉;其二,不应将投诉主体或者投诉事项限定在质疑供应商或者质疑事项的范围,因为 GPA 规则明确规定,采购实体处理质疑的方式,既不得妨害该供应商继续参与采购或者未来参与采购的权利,也不得妨害供应商通过行政或者司法审查程序寻求救济措施的权利。对质疑供应商的要求显然限制了供应商进一步寻求行政或者司法救济的权利。因此,未来中国政府采购法律改革应当统一"两法"有关允许提出质疑投诉的供应商范围,并应当在具体范围的确定上与 GPA 要求相符合。

第二,允许提出质疑投诉的事项。我国政府采购法律不允许供应商对下述问题质疑投诉:(1)政府采购合同条款改变了招标文件的实质性要求;(2)取消采购或者变更已经授予的政府采购合同。因此,我国未来政府采购法律改革应增加这些可供投诉的事项。另外,GPA 要求,即使我国政府采购法律没有赋予供应商对相关违反 GPA 的情形提出质疑投诉的权利,供应商仍然可以以采购人未遵守实施 GPA 的措施为由提起质疑投诉。为此,在未来对我国政府采购质疑投诉制度进行改革时应当注意对有关条款进行调整,赋予供应商 GPA 项下全部可进行质疑投诉的权利。

第三,有关质疑投诉规则的形式要求和可及性要求。我国政府采购制度有关质疑投诉的规则均已通过法律法规及其他规范性文件发布,其符合 GPA 有关书面形式和普遍可及性的要求。

第四,有关鼓励通过磋商解决质疑问题的要求。《政府采购法》所规定的“质疑”程序和《招标投标法》上的异议程序,可以视为 GPA 所指的采购实体与供应商之间通过“磋商”程序解决争议的方式。对照 GPA 对“磋商”方式提出的基本要求,可以就我国法律上的质疑或异议程序与 GPA 的符合性得出以下结论:首先,如何确保采购人在答复质疑时满足 GPA 有关“公正性”(impartial)的要求?我国未来法律改革可以就此提出新的要求,比如,可以一般性地提出公正性要求,且至少要求采购人(招标人)负责答复质疑的人(职能)独立于负责采购的人(职能)。其次,如何确保采购人在答复质疑时满足 GPA 有关“及时性”(timely)的要求?我国政府采购法律中有关“质疑”或“异议”的程序符合 GPA 有关及时性的要求。

第五,关于投诉权的范围及期限的要求。我国法律上有关“质疑前置”的要求似乎妨害了供应商进一步投诉或者通过行政或司法审查程序寻求纠正措施的权利。因此,我国政府采购和招标投标法律上有关“质疑前置”或“异议前置”的要求可能与 GPA 的要求并不符合。我国政府采购法律规定的投诉期限应该能够满足 GPA 有关应给予供应商充分的时间准备和提出投诉的要求。招标投标法律有关提出质疑投诉期限的规定符合 GPA 的要求。

第六,处理质疑投诉的机构。财政监督管理部门或招标投标行政监督管理部门作为行政机构,其所作出的处理投诉决定可以被复议,也可以被诉诸行政法庭,而且若不服法院初审判决还可以上诉。为此,可以判断我国政府采购法律有关处理投诉机构的规定符合 GPA 的要求。

第七,有关快速临时措施的规定。为了更好的满足 GPA 的要求,我国政府采购法律需要进行一些调整。具体而言,首先,在质疑或异议阶段,当供应商申请暂停采购活动时,采购人若决定不暂停采购活动,应当以书面形式说明其合理理由;其次,在投诉阶段,当供应商申请暂停采购活动时,投诉处理机关若决定不暂停采购活动,应当以书面形式说明其合理理由;最后,法律应明确赋予采购人或者投诉处理机关裁量权,允许其基于公共利益的考虑不采取暂停采购活动的临时措施。同样地,适用于 GPA 涵盖采购活动的招标投标相关法律法规也应当作出相应调整。

第八,有关纠正措施或补偿的规定。GPA 要求对违反 GPA 的行为提供纠正或者补偿措施。我国政府采购法律针对违法行为提供了纠正措施。然而,政府采购法律对胜诉供应商的补偿规定并不明确,比如,无法具体确定对这些供应商的补偿是否可以限制在准备投标书的成本或者与投诉有关的成本范围上。虽然可以借助其他法律(民事法律)解决这些问题,但是在加入 GPA 的背景下,在政府采购法律上明确这些问题,不仅有助于增加规则适用的确定性,而且还能够确保与 GPA 的法律政策保持一致。

6. 我国政府采购促进可持续发展政策目标的规则与 GPA 的适应性

6.1 GPA 与可持续采购政策目标之间的兼容性

一般而言,政府采购的首要目标为尽可能地运用更优的条件获取政府所需的货物、服务和工程。但是,政府出于履行职能的需要也会利用政府采购来实现其可持续发展的政策功能。例如,政府采购经常被用来实现本国经济、社会和环境可持续发展等的目标。随着促进可持续发展目标的影响日益扩大,政府采购对这些政策目标的促进也有了越来越丰富的内涵,例如已开始包含促进创新和满足社会政策的内涵,且政府采购政策目标已经不再被视为一种“次要目标”,而是采购人在实施采购活动过程中的一个必须要考虑的目标,或者是在追求物有所值目标之时必须平衡的一个重要目标。在 GPA 的视野下,可以首先在资格条件设置、技术规格编制、合同授予标准设定、合同履行条件设定以及有限招标方式的适用等方面实施一定的可持续发展政策。其次,申请加入国还可以通过谈判获得发展中国家待遇,在一定程度内实施可持续采购政策。最后,申请加入国可以通过谈判将实施可持续采购政策的项目排除出 GPA 的适用范围。

6.1.1 加入 GPA 承诺中的排除

6.1.1.1 合同预留机制

许多现有 GPA 成员方都在加入 GPA 的过程中将某些可能与 GPA 要求相违背的可持续政策目标的适用排除在 GPA 的适用范围之外。例如,韩国在 GPA 附录Ⅰ附件 1 和附件 2 的注释 3、附件 3 的注释 2 中都提及,根据《预算和会计法》(the Budget and Account Law)、《地方财政法案》、《政府投资企业管理法案》及其指令和条例可以排除 GPA 对"单一来源采购,包括向中小企业的预留"的适用。又如,根据美国在 GPA 附件 1 总注释 1,GPA 并不适用于为小企业和弱势群体企业的预留。

这表明,如果成员方政府采购法律为促进中小企业或者弱势群体企业发展而要求向其预留一部分政府采购合同,那么这些成员方会在 GPA 的出价过程中将这部分的合同明确排除在 GPA 的适用范围之外。其原因为采用向成员方部分特定供应商群体"预留"合同或者采购份额的方式有可能与 GPA 所要求的国民待遇原则相违背。为了避免争议,GPA 成员方往往将适用了政府采购合同预留机制的采购活动排除在 GPA 的适用范围之外。

6.1.1.2 研发服务

GPA 成员方也普遍将研发服务排除在出价范围之外,例如欧盟、美国和新西兰等。这样一来,对研发服务的采购就可以不需要遵守 GPA 的要求。

6.1.2 发展中国家的特殊待遇

6.1.2.1 价格优惠计划和原产地规则

以发展中国家身份加入 GPA 的成员方,根据其发展需要且在加入谈判过程中经各参加方同意,在过渡期内可以采取或者保留价格优惠计划。这种价格优惠措施只能给予包含原产自本国货物、服务的投标书,或者给予原产自本国负有义务给予国民待遇的其他 GPA 发展中国家成员方的货物或服务的投标书。需要注意的是,这里的价格优惠措施并不区分投标人的国籍,而是以货物或服务的原产地为区分标准。如果外国供应商提交的投标书中同样包含原产自该发展中国家本国的货物、服务,那么也应当享受相应的价格优惠。

此外,GPA 还对原产地的规则进行了规制〔1〕,即“对于 GPA 所涵盖的采购活动而言,GPA 成员方不应当对自另一成员方进口的货物或者另一成员方提供的服务所适用的原产地规则,不得区别于同期正常贸易过程中对自该相同成员方进口相同货物或该相同成员方提供的相同服务所适用的原产地规则”。简言之,对于同期来自相同成员方的相同货物或服务不得适用区别于正常贸易市场中所适用的原产地规则,同期、同成员方、同采购对象,则同规则。可以观察到,GPA 并未要求对来自不同成员方的货物、服务适用相同的原产地规则。

6.1.2.2 特定条件下实行补偿

GPA 对“补偿”的定义如下,“鼓励本地发展(local development)或者改善一参加方国际收支账户平衡的任何条件或承诺,如使用本地含量、技术许可、投资、反向贸易及类似行动或要求”。

GPA 第 4 条在“一般原则”中提及了有关补偿的要求——对于 GPA 所涵盖的政府采购活动而言,采购实体不得寻求、考虑、强加或者强制执行任何补偿措施。〔2〕 这表明一般而言,GPA 禁止在涵盖采购中提及有关补偿的要求。

但是考虑到发展中国家的需求,GPA 允许发展中国家在一定条件下将补偿作为过渡性措施。但是发展中国家并不能自动获取实施补偿的

---

〔1〕 2012GPA 第 4 条第 5 款 Rules of origin。

〔2〕 2012GPA 第 4 条第 6 款。

资格,其需要在加入 GPA 谈判的过程中获得其他 GPA 成员方的同意。且 GPA 对补偿的实施提出了以下几个方面的要求[1]。(1)有关补偿要求的实施必须是在过渡期内并且依照 GPA 附录 I 的相关附件中所列的时间表;(2)以不在其他 GPA 成员方之间造成歧视的方式;(3)实行补偿的任何要求或考虑必须在采购公告中明确说明;(4)运用补偿的发展中国家在过渡期内或者实施期内应当采取措施以确保在任何期限结束之时遵守本协定,并且发展中国家应当迅速将每一措施通知政府采购委员会。简言之,补偿的实行必须是在规定期限内,遵守最惠国待遇且事先在采购公告中进行公告,并且采取措施在过渡期结束时可以完全不再实行补偿。

在满足上述条件的情形下,发展中国家的采购实体可以在资格条件的设置、合同授予标准等各采购环节中提出有关补偿的要求。例如,要求所选择的供应商必须包含特定比例的本地生产的货物或者雇佣特定比例的本地员工,甚至可以将本地含量的比例大小作为评标因素,从而鼓励供应商提供更多本地含量的投标方案。

6.1.3 在受规制的采购环节中实施政策目标

GPA 主要规制环节包括采购公告的发布、供应商的参加条件、供应商资格审查、技术规格的制订、招标文件的制订与发布、期限设置、谈判、电子拍卖的运用,投标的处理、合同的授予以及有限招标的适用等方面。这些环节是实施可持续政府采购政策的主要方面。

6.1.3.1 供应商资格条件与可持续发展政策

2012GPA 第 8 条第 1 款要求:“采购实体应当将任何参加采购的条件限定在保证供应商具有履行相关采购的法律、财务、商业和技术能力所必要的条件方面。”为此,如果采购人希望通过资格条件实施政府可持续政策目标,那么该条件的设置必须被限定在保证供应商具有与履行采

[1] 2012GPA 第 5 条第 3 款。

购合同相关的法律、财务、商业和技术能力方面。例如，在法律方面，要求供应商必须遵守环境保护法、劳动法律所规定的强制性义务；在技术能力方面，在适当情形下要求供应商必须实施“环境管理措施或计划”。这里所谓的“适当情形下”是指工程和/或服务的性质能够证明在政府采购合同履行中实施环境管理措施或计划是合理的。

6.1.3.2 技术规格与可持续采购政策

根据2012GPA第10条第6款的规定，成员方及其采购实体可以通过制订、采用或者运用技术规格促进自然资源保护和环境保护。这表明，只要技术规格的制订、采用或者应用符合GPA的基本要求，那么技术规格就可以被用来促进自然资源和环境的保护。有关GPA对技术规格的基本要求详见本书第4.5.1部分，但是以下几点需要进一步澄清。

首先，根据GPA对技术规格的界定[1]，技术规格不仅与货物或服务的特征有关，例如质量、性能、安全和规格或者是生产或提供的工艺和方法，而且还包含适用于货物或服务的术语、符号、包装、标志或标签要求。这意味着GPA成员方和采购实体可以对有关货物或服务的生产或提供的工艺和方法提出有关环保和促进自然资源保护的要求。在全生命周期视角下，还可以基于产品或服务供应链的相关环节提出环保和自然资源保护的要求。而且，GPA成员方和采购实体也可以适用生态标识描述技术规格，但是应当遵循GPA的要求，例如采购实体也必须接收其他恰当的证据形式（如制造商的技术档案或者认证机构的检测报告等）。

其次，在依功能性要求或者绩效要求列出技术规格的过程中，也可以包含对社会环境和自然环境的考量，如环境特征等。

最后，利用环境标准描述技术规格时，如果存在国际标准，则应当依据该项环境保护的国际标准；若无国际标准，则应当依据国家有关环保的技术法规或者公认的国家标准或者有关环境保护、节能的建筑守则。

---

〔1〕 2012GPA第1条第(u)项。

6.1.3.3 评估标准/授予标准与可持续发展政策

GPA 允许将合同授予最具优势的投标。GPA 在有关招标文件的要求部分也直接指出，采购公告或者招标文件所列出的评估标准可以包括技术优势、环境特点等。因此，可以将与环境特征有关的标准作为评估最具优势投标的标准之一，即在运用最具优势标准授予合同时可以将与环境特征有关的标准作为考量因素之一。

6.1.3.4 否决异常低价投标书

GPA 规定，如果出现了投标价格异常低于已经提交的投标书中所包含的价格，采购实体可以向该供应商验证其是否满足参加的条件并且能够履行合同条款。如果采购人在参加条件中列明投标人应当遵守法律所强制要求的环境保护、劳动者权益保护等义务，但是投标人因未遵守相关环保义务、劳动者权益保护等原因，使成本大大降低，从而产生了异常低价投标书的，采购人可以因其不符合参加条件而否决其投标。

6.1.3.5 合同履行条件与可持续采购政策

2012GPA 有关“招标文件”的条款规定，应当在招标文件中列明任何其他条款或条件。[1] 虽然这里并未指出招标文件是否可以包含社会和环境事项，但是从理论上和国外实践来看，只要有关社会和环境事项的合同履行条件不构成直接或者间接性歧视，与合同标的物相关，并且也事先进行了公告，那么采购实体就可以在合同中列明需要供应商遵守的合同条件和条款，包括劳动和环境等可持续发展政策的条件和条款。

6.1.3.6 利用有限招标实施创新政策

有限招标方式是可以用于促进创新的一种手段。2012GPA 所规定的可以适用有效招标的情形就恰好包含这种可能性。例如，GPA 允许利用有限招标方式促进创新。GPA 第 8 条第 1 款第(f)项规定，当一实体采购应其请求在履行特定研究、实验、学习或者是原始开发合同过程中所开发的原型或首个产品或服务时，可以适用有限招标方式直接授予

---

〔1〕 2012GPA 第 10 条第 7 款第(g)项。

合同。

应当被指出的是,GPA 并没有涵盖纯粹的研究和开发服务合同,因为这些服务都没有列入参加方的附件中。GPA 第 8 条第 1 款第(f)项所针对的情形为,采购实体基于研究等目的与供应商签订合同,且合同也涉及被 GPA 涵盖的终端产品或服务。

值得注意的是,只有在两个条件同时得到满足的情况下才可以适用 GPA 第 8 条第 1 款第(f)项的规定。第一个条件是,合同的主要目的必须是获得研究的成果等。第二个条件是,在合同下所购买的产品或服务必须是"原型"或"首批产品或服务"。如果采购实体在研发合同下购买产品的主要目的是对该产品进行测验和深化有关知识,那么该产品就是一个原型。"首批产品或服务的初次开发可以包括有限的生产或供应,目的是融合实际试验结果,同时也是为了演示产品或服务已达到适合大量生产和供应的标准。但是这一条不能扩展至为了确立商业可行性或者收回研发成本而进行的批量生产或供应。"因此,我们需要区分为演示或实验目的而供应的已开发的产品或服务,以及为使用而获得的已开发的产品或服务。

6.2 我国可持续采购政策与 GPA 的符合性

6.2.1 绿色政府采购政策与 GPA 的符合性

6.2.1.1 中国绿色政府采购政策的发展

2002 年通过的《政府采购法》第 9 条明确规定:"政府采购应当有助于实现国家的经济和社会发展政策目标,包括保护环境,扶持不发达地区和少数民族地区,促进中小企业发展等。"该条明确将"保护环境"作为政府采购需要实现的一个重要社会目标,因此节约能源、保护环境成为政府采购过程中需要兼顾的一个目标之一。

《环境保护法》[1]第 21 条规定,国家采取财政、税收、价格、政府采购等方面的政策和措施,鼓励和支持环境保护技术装备、资源综合利用和环境服务等环境保护产业的发展。第 22 条规定,企业事业单位和其他生产经营者,在污染物排放符合法定要求的基础上,进一步减少污染物排放的,人民政府应当依法采取财政、税收、价格、政府采购等方面的政策和措施予以鼓励和支持。第 36 条规定,国家鼓励和引导公民、法人和其他组织使用有利于保护环境的产品和再生产品,减少废弃物的产生。国家机关和使用财政资金的其他组织应当优先采购和使用节能、节水、节材等有利于保护环境的产品、设备和设施。

《清洁生产促进法》[2]第 16 条规定,各级人民政府应当优先采购节能、节水、废物再生利用等有利于环境与资源保护的产品。各级人民政府应当通过宣传、教育等措施,鼓励公众购买和使用节能、节水、废物再生利用等有利于环境与资源保护的产品。

《节约能源法》[3]第 51 条第 1 款规定,公共机构采购用能产品、设备,应当优先采购列入节能产品、设备政府采购名录中的产品、设备。禁止采购国家明令淘汰的用能产品、设备。第 64 条规定,政府采购监督管理部门会同有关部门制定节能产品、设备政府采购名录,应当优先列入取得节能产品认证证书的产品、设备。第 81 条规定,公共机构采购用能产品、设备,未优先采购列入节能产品、设备政府采购名录中的产品、设

---

〔1〕 2014 年 4 月修订的《环境保护法》,主席令第 9 号(《环境保护法》已由中华人民共和国第十二届全国人民代表大会常务委员会第八次会议于 2014 年 4 月 24 日修订通过,现将修订后的《环境保护法》公布,自 2015 年 1 月 1 日起施行)。

〔2〕 2012 年 2 月 29 日,第十一届全国人民代表大会常务委员会第二十五次会议对《清洁生产促进法》进行了修订。2012 年 2 月 29 日,《全国人民代表大会常务委员会关于修改〈中华人民共和国清洁生产促进法〉的决定》(主席令第 54 号)对该法进行了修订。

〔3〕 《节约能源法》(2018 年修正)(1997 年 11 月 1 日第八届全国人民代表大会常务委员会第二十八次会议通过　2007 年 10 月 28 日第十届全国人民代表大会常务委员会第三十次会议修订　根据 2016 年 7 月 2 日第十二届全国人民代表大会常务委员会第二十一次会议《关于修改〈中华人民共和国节约能源法〉等六部法律的决定》第一次修正　根据 2018 年 10 月 26 日第十三届全国人民代表大会常务委员会第六次会议《关于修改〈中华人民共和国野生动物保护法〉等十五部法律的决定》第二次修正)。

备,或者采购国家明令淘汰的用能产品、设备的,由政府采购监督管理部门给予警告,可以并处罚款;对直接负责的主管人员和其他直接责任人员依法给予处分,并予通报。

《公共机构节能条例》[1]实施了节能法中优先采购节能产品的要求,而且将之前的强制采购节能产品的部门规章要求上升为行政法规。《公共机构节能条例》第18条规定,公共机构应当按照国家有关强制采购或者优先采购的规定,采购列入节能产品、设备政府采购名录和环境标志产品政府采购名录中的产品、设备,不得采购国家明令淘汰的用能产品、设备。第19条第1款规定,国务院和省级人民政府的政府采购监督管理部门应当会同同级有关部门完善节能产品、设备政府采购名录,优先将取得节能产品认证证书的产品、设备列入政府采购名录。第38条规定,公共机构不执行节能产品、设备政府采购名录,未按照国家有关强制采购或者优先采购的规定采购列入节能产品、设备政府采购名录中的产品、设备,或者采购国家明令淘汰的用能产品、设备的,由政府采购监督管理部门给予警告,可以并处罚款;对直接负责的主管人员和其他直接责任人员依法给予处分,并予通报。

《循环经济促进法》[2]第8条规定,县级以上人民政府应当建立发展循环经济的目标责任制,采取规划、财政、投资、政府采购等措施,促进循环经济发展。第47条规定,国家实行有利于循环经济发展的政府采购政策。使用财政性资金进行采购的,应当优先采购节能、节水、节材和有利于保护环境的产品及再生产品。

---

〔1〕《公共机构节能条例》(2017年修订)(中华人民共和国国务院令第531号2008年8月1日公布,根据2017年3月1日《国务院关于修改和废止部分行政法规的决定》修订)。

〔2〕《循环经济促进法》(2008年8月29日第十一届全国人民代表大会常务委员会第四次会议通过　根据2018年10月26日第十三届全国人民代表大会常务委员会第六次会议《关于修改〈中华人民共和国野生动物保护法〉等十五部法律的决定》修正)。

《固体废物污染环境防治法》(2020 年修订)[1]第 100 条规定,国家鼓励单位和个人购买、使用综合利用产品和可重复使用产品。县级以上人民政府及其有关部门在政府采购过程中,应当优先采购综合利用产品和可重复使用产品。

《大气污染防治法》[2]第 50 条第 1 款、第 2 款规定,国家倡导低碳、环保出行,根据城市规划合理控制燃油机动车保有量,大力发展城市公共交通,提高公共交通出行比例。国家采取财政、税收、政府采购等措施推广应用节能环保型和新能源机动车船、非道路移动机械,限制高油耗、高排放机动车船、非道路移动机械的发展,减少化石能源的消耗。

近年来,国务院和有关部门也正不断加大和扩展政府绿色采购的力度和范围。比如《国务院办公厅转发国家发展改革委等部门关于加快推进快递包装绿色转型意见的通知》[3]要求"落实快递绿色包装政府采购需求标准,发挥政府采购引导作用";《国务院关于加快建立健全绿色低碳循环发展经济体系的指导意见》[4]要求"加大政府绿色采购力度,扩

---

〔1〕《固体废物污染环境防治法》(主席令第 43 号)(1995 年 10 月 30 日第八届全国人民代表大会常务委员会第十六次会议通过　2004 年 12 月 29 日第十届全国人民代表大会常务委员会第十三次会议第一次修订　根据 2013 年 6 月 29 日第十二届全国人民代表大会常务委员会第三次会议《关于修改〈中华人民共和国文物保护法〉等十二部法律的决定》第一次修正　根据 2015 年 4 月 24 日第十二届全国人民代表大会常务委员会第十四次会议《关于修改〈中华人民共和国港口法〉等七部法律的决定》第二次修正　根据 2016 年 11 月 7 日第十二届全国人民代表大会常务委员会第二十四次会议《关于修改〈中华人民共和国对外贸易法〉等十二部法律的决定》第三次修正　2020 年 4 月 29 日第十三届全国人民代表大会常务委员会第十七次会议第二次修订)。

〔2〕《大气污染防治法》(1987 年 9 月 5 日第六届全国人民代表大会常务委员会第二十二次会议通过　根据 1995 年 8 月 29 日第八届全国人民代表大会常务委员会第十五次会议《关于修改〈中华人民共和国大气污染防治法〉的决定》第一次修正　2000 年 4 月 29 日第九届全国人民代表大会常务委员会第十五次会议第一次修订　2015 年 8 月 29 日第十二届全国人民代表大会常务委员会第十六次会议第二次修订　根据 2018 年 10 月 26 日第十三届全国人民代表大会常务委员会第六次会议《关于修改〈中华人民共和国野生动物保护法〉等十五部法律的决定》第二次修正)。

〔3〕《国务院办公厅转发国家发展改革委等部门关于加快推进快递包装绿色转型意见的通知》(国办函〔2020〕115 号),2020 年 11 月 30 日发布和施行。

〔4〕《国务院关于加快建立健全绿色低碳循环发展经济体系的指导意见》(国发〔2021〕4 号),2021 年 2 月 2 日发布和施行。

大绿色产品采购范围，逐步将绿色采购制度扩展至国有企业”；《国务院关于印发 2030 年前碳达峰行动方案的通知》[1] 要求“提升绿色产品在政府采购中的比例”；《国务院关于印发“十四五”节能减排综合工作方案的通知》[2] 要求实施“公共机构能效提升工程。加快公共机构既有建筑围护结构、供热、制冷、照明等设施设备节能改造，鼓励采用能源费用托管等合同能源管理模式。率先淘汰老旧车，率先采购使用节能和新能源汽车，新建和既有停车场要配备电动汽车充电设施或预留充电设施安装条件”；《国务院办公厅关于进一步释放消费潜力促进消费持续恢复的意见》[3] 要求“完善政府绿色采购标准，加大绿色低碳产品采购力度”；2019 年《财政部、住房和城乡建设部关于政府采购支持绿色建材促进建筑品质提升试点工作的通知》[4]，要求在试点地区的政府采购工程试点项目中推广绿色建材工作。到 2022 年，基本形成绿色建筑和绿色建材政府采购需求标准，政策措施体系和工作机制逐步完善，政府采购工程建筑品质得到提升，绿色消费和绿色发展的理念进一步增强。

6.2.1.2 产品清单制转为品目清单制

6.2.1.2.1 节能产品清单制

为实施相关法律法规中有关利用政府采购促进环境保护和节能的要求，2004 年 12 月，财政部会同国家发改委出台了《节能产品政府采购实施意见》，正式推行节能产品政府采购制度。根据该意见，各级国家机关、事业单位和团体组织（以下统称采购人）用财政性资金进行采购的，应当优先采购节能产品，逐步淘汰低能效产品。

财政部、国家发展和改革委员会综合考虑政府采购改革进展和节能

---

〔1〕《国务院关于印发 2030 年前碳达峰行动方案的通知》（国发〔2021〕23 号），2021 年 10 月 24 日发布和施行。

〔2〕《国务院关于印发“十四五”节能减排综合工作方案的通知》（国发〔2021〕33 号），2021 年 12 月 28 日发布和施行。

〔3〕《国务院办公厅关于进一步释放消费潜力促进消费持续恢复的意见》（国办发〔2022〕9 号），2022 年 4 月 20 日发布和施行。

〔4〕《财政部、住房和城乡建设部关于政府采购支持绿色建材促进建筑品质提升试点工作的通知》（财库〔2020〕31 号）。

产品技术及市场成熟度等情况,从国家认可的节能产品认证机构认证的节能产品中按类别确定实行政府采购的范围,并以“节能产品政府采购清单”(以下简称“节能清单”)的形式公布。该意见还建立了“节能清单”的定期调整制度,“节能清单”中新增节能认证产品由财政部、国家发展和改革委员会以文件形式确定、公布并适时调整,并不断完善和扩大政府优先采购的产品范围。

2007 年 5 月,国务院出台的《节能减排综合性工作方案》(已失效)明确要求,加强政府机构节能和绿色采购,对空调机、计算机、打印机、显示器、复印机等办公设备和照明产品、用水器具,由同等优先采购改为强制采购高效节能、节水、环境标志产品。按照《节能减排综合性工作方案》要求,财政部、国家发展改革委共同起草并由国务院办公厅于 2007 年 12 月下发了《建立政府强制采购节能产品制度的通知》,要求各级政府机构使用财政性资金进行政府采购活动时,要优先采购节能产品,对部分节能效果、性能等达到要求的产品,实行强制采购。

6.2.1.2.2　环境标志产品清单制

2006 年 10 月 24 日,财政部、国家环保总局联合印发了《关于环境标志产品政府采购实施的意见》(以下简称《环境标志实施意见》,部分失效)。该意见要求各级国家机关、事业单位和团体组织用财政性资金进行采购的,要优先采购环境标志产品,不得采购危害环境及人体健康的产品。《环境标志实施意见》以清单的形式列明了环境标志产品实施政府优先采购的范围,共涉及 14 大类近千种产品。《环境标志实施意见》明确了环境标志产品政府采购的做法和要求,对未按要求采购的,有关部门要按照相关法律法规和规章予以处理,财政部门视情况可以拒付采购资金。

6.2.1.2.3　产品清单制转为品目清单制

2019 年 2 月财政部、发展改革委、生态环境部和市场监管总局联合发布了《关于调整优化节能产品、环境标志产品政府采购执行机制的通知》。依据该通知的规定,为了落实“放管服”的改革要求,完善绿色政府采购政策,简化节能(节水)产品、环境标志产品政府采购执行机制,优化政府采购营商环境,将环保、节能产品采购由产品清单制转为品目清单制。财政部、发展改革委、生态环境部等部门根据产品节能环保性能、技术水平和市场成熟程度等因素,确定实施政府优先采购和强制采购的产品类别及所依据的相关标准规范,以品目清单的形式发布并适时调整。

采购人拟采购的产品属于品目清单范围的,应当依据国家确定的认证机构出具的、处于有效期之内的节能产品、环境标志产品认证证书,对获得证书的产品实施政府优先采购或者强制采购。

此外,该通知还提倡加大绿色政府采购的力度。对于已经列入名目清单的产品类别,采购人可在采购需求中提出更高的节约资源和环境保护要求,对符合条件的获证产品给予优先待遇。对于未列入品目清单的产品类别,鼓励采购人综合考虑节能、节水、环保、循环、低碳、再生、有机等因素,参考相关国家标准、行业标准或者团体标准,在采购需求中提出相关绿色采购的要求,促进绿色产品推广应用。

6.2.1.2.4 认证机构的范围

《市场监管总局办公厅关于扩大参与实施政府采购节能产品、环境标志产品认证机构范围的通知》[1],按照试点先行、逐步放开、有序竞争的原则,逐步扩大参与实施节能产品、环境标志产品认证机构范围。

6.2.1.2.5 小结

中国绿色政府采购制度由产品清单制转为品目清单制,其在以下几个方面有了显著的发展:

(1)不再将是否加入"节能清单"作为认定产品节能环保属性的唯一证明。一方面,在优先采购安排下,"节能清单""环保产品清单"排除了投标人向采购人提供能够证明其产品能效的其他证明材料。这意味着对于什么是绿色产品这一问题的处理过于简化。另一方面,从对绿色

[1] 《市场监管总局办公厅关于扩大参与实施政府采购节能产品、环境标志产品认证机构范围的通知》(市监认证函〔2019〕513号)。

产品的提倡到对“中国节字产品认证”和“中国环境标志产品认证”的强化,本身就是对申请加入清单本身的强化。在“强制采购节能产品”的情形下,这种矛盾就显得尤为突出。因为“强制采购节能产品”的前提是,所有的投标产品都必须是清单中的产品,如此就将“投标人所投产品必须为现行节能清单中的产品”作为必要的技术规格,或者甚至是在资格审查阶段作为资格审查的标准来适用了。因此,产品清单制所强调的是“产品是否在清单中”,而不是强调产品是否为对环境产生较小影响的产品。但是当产品清单制转为品目清单制之后,不再对产品制订一个特定的清单,而是由采购人根据供应商提供的有效的节能产品认证和环境标志产品认证来认定其是否属于应有优先或者强制采购的节能产品。

(2)允许采购人在现有品目清单中所列明标准的基础上,提出更高的节约资源和环境保护的要求。相关政府部门已经意识到节能认证和环境标志产品认证所依据的标准并非最高的节能和环境保护标准。采购人还可以采购节能和环保属性更高的产品。

(3)对未列入品目清单的产品类别,鼓励采购人综合考虑各类绿色发展因素,提出绿色采购的需求。这意味着中国绿色采购制度的发展将并不仅仅局限于品目清单中所列出的产品品目,而是鼓励扩展至所有可能促进绿色发展的政府采购领域。

6.2.1.3 政府采购支持绿色建材制度

2020 年,《财政部、住房和城乡建设部关于政府采购支持绿色建材促进建筑品质提升试点工作的通知》[1],提出绿色建筑和绿色建材政府采购基本要求,要求在试点城市的“医院、学校、办公楼、综合体、展览馆、会展中心、体育馆、保障性住房等新建政府采购工程”中,积极推广绿色建筑和绿色建材应用。在政府采购工程中推广可循环可利用建材、高强度高耐久建材、绿色部品部件、绿色装饰装修材料、节水节能建材等绿色建

---

〔1〕《财政部、住房和城乡建设部关于政府采购支持绿色建材促进建筑品质提升试点工作的通知》(财库〔2020〕31 号)。

材产品，积极应用装配式、智能化等新型建筑工业化建造方式，鼓励建成二星级及以上绿色建筑。到 2022 年，基本形成绿色建筑和绿色建材政府采购需求标准，政策措施体系和工作机制逐步完善，政府采购工程建筑品质得到提升，绿色消费和绿色发展的理念进一步增强。

6.2.1.4 GPA 符合性及未来改革的建议

根据上述讨论可知，目前我国绿色政府采购制度的实施主要侧重于以下三种方式：

第一，在确定需求和制订技术规格环节实施绿色采购。采购人可以在技术规格上确定产品基本节能环保要求。这表明，所有的投标产品都应当满足该基本节能和环保要求。在强制采购节能产品制度下，采购人应该在采购需求制订环节以及之后的基本技术规格制订环节要求供应的货物拥有相应的节能和环保认证。但是值得注意的是，即使在优先采购的情形下，采购人也允许在采购需求的制订过程中包含节能环保方面的要求。

第二，在评标环节实施绿色采购。在优先采购的情形下，将是否获得节能或/和环境标志产品认证作为评标因素中的加分项。在评标标准中，如果投标书包含了获得节能和环保认证的产品，则其可以获得加分。节能产品和环保产品是否能够中标还取决于评标标准中其他指标的竞争性，如价格上的优势等。

第三，在前者的基础之上，在评标阶段，给予超过该基本要求的节能产品以更大程度的优惠幅度，从而体现“优先”采购节能产品的要求。在这种情况下，由于对采购需求以及描述该需求的技术规格提出了节能性要求，因此，不具有节能性的产品因为满足不了技术规格的要求而成为不合格投标。于是竞争就在达到基本节能环保要求的产品之间进行。评标标准仍然给予能效和环保效果更高的产品更高优惠，但最终中标人的确定取决于授予合同的标准。

通过采购需求的确定、技术规格的制订以及两者的结合三种方式实施绿色采购政策，都符合 GPA 的规则。但值得注意的是，GPA 规定了有关运用国际、国内标准等制订技术规格,以及运用标识或标志的要求。我国未来政府采购法律需要对此予以调整。(参见第 4.5 部分有关技术规格规则符合性的一般讨论)

首先,在认定具备节能环保属性的标准方面,节能和环保品目清单中引用的是有关国家标准。但是在 GPA 的框架下,为了不对国外货物构成歧视,GPA 要求如果存在国际标准则技术规格需要依据国际标准。因此,中国加入 GPA 后,如果存在国际标准,应当直接引用相关的国际标准,或者在引用我国标准的同时相应地指出“与之相当的”国际标准。但是为了更好地实施相关要求,财政部门可与国家标准化管理委员会等部门制订一个指南,将国家标准与相关国际标准的节能环保水平进行参照和对比,以指导采购人认定某个依据国际标准的货物节能环保属性是否等同于或高于相应的国际标准。

其次,在运用标识或者标志描述产品的节能环保属性时,也应当通过运用“或与之相等”的措辞,以说明将考虑可以满足采购需求同类货物的投标。为此,中国在加入 GPA 之后,不能再仅依靠环境标志产品认证和节能产品认证来认定产品符合相关的环保或节能标准。采购人应当在招标文件或其他采购文件中表明,与环境标志产品认证和节能产品认证相当的其他标识(如来自欧盟的 Eco-label),也可以被用来证明其符合相关标准。实际上,这对采购人的能力提出了很大的挑战,因为其需要根据投标供应商提供的任何环境或节能标识及相关材料判断其是否满足了有关环保和节能属性的要求。为此,财政部应当会同生态环境部和国家发展改革委等部门就世界范围内主要的节能、环保标识与我国的节能环保标识之间所依据的标准高低、节能属性或环保属性的高低等进行研究,从而制订供采购人使用的有关认定节能环保标识的指南。

此外,我国绿色政府采购政策还有很大发展空间。在未来深化政府采购法律改革的背景下,应当考虑:(1)在适用绿色公共采购的范围方面,不应当仅局限在货物领域,也可扩展至服务和工程领域。(2)可以将实施绿色公共采购的环节进行扩展。例如,可以延伸至供应商参加条件或者资格条件、否决异常低价投标书条件、合同履行条件等的环节。(3)更多地引导采购人从确定采购需求、制订技术规格的环节而不是仅从设置评标因素的环节来考虑节能环保要素。(4)可以将绿色政府采购的要求扩展至作为合同标的的货物和服务的生产和流通环节或者是制造工艺环节,从政府采购促进绿色供应链发展的角度来促进环保和节能。(5)从产品或服务生命周期的角度来考虑货物或服务的环保和节能成本。[1]

6.2.2 优先采购国货制度与 GPA 的符合性

6.2.2.1 中国的政府优先采购国货制度

中国政府就采购国货制度有以下几个值得注意的方面。

(1)政府采购本国货物、服务和工程作为一般原则。

中国《政府采购法》第 10 条确立了政府优先采购国货制度。该条第 1 款规定,“政府采购应当采购本国货物、工程和服务。但有下列情形之一的除外:(一)需要采购的货物、工程或者服务在中国境内无法获取或者无法以合理的商业条件获取的;(二)为在中国境外使用而进行采购的;(三)其他法律、行政法规另有规定的”[2]。这表明,政府采购活动应当将采购本国货物、工程和服务作为一般性原则,仅在特殊情形下可以不采购本国货物、工程和服务。

但《政府采购法》并未对何为“本国货物、工程和服务”进行界定,而是指向“依照国务院有关规定执行”。那么“国务院有关规定”具体又是指哪些规定?尽管 2006 年国务院有关部门负责制定的《〈国家中长期科学和技术发展规划纲要〉的若干配套政策实施细则》中提出了要由财政部牵头会同国务院其他部委共同制订《政府采购国货认定标准》;但是自

---

〔1〕 See Cao Fuguo, Zhou Fen, *Towards Sustainable Public Procurement in China: Policy and Regulatory Framework, Currents Developments and The Case For a Consolidated Green Public Procurement Code*, 15 Journal of Malasian and Comparative Law (2014).

〔2〕 《政府采购法》第 10 条第 1 款。

2002年6月29日经全国人大常务委员会会议通过《政府采购法》至今，国务院层面尚未出台有关界定“本国货物、工程和服务”的标准。

由于缺乏本国货物、服务和工程的具体认定标准，采购国货政策的具体实施效果可能会大打折扣。实践中采购人甚至会在招标文件中要求购买“欧美一线品牌”，而歧视国内品牌。[1]

（2）确需采购进口产品的，实行审核管理。

虽然本国货物、服务和工程的标准一直未出台，但财政部2007年发布了《政府采购进口产品管理办法》[2]以规范进口产品政府采购行为。“进口产品”是指通过中国海关报关验放进入中国境内且产自关境外的产品。[3] 该管理办法明确，若确需采购进口产品，则实行审核管理。“确需”被解释为以下情形：采购人需要采购的产品在中国境内无法获取或者无法以合理的商业条件获取；法律法规另有规定确需采购进口产品。这两者情形都来自《政府采购法》第10条的规定。在实际操作过程中应该是区分两大类产品：国家法律法规政策明确规定鼓励进口的产品以及明确规定限制进口的产品。对于前者，需要提供政府采购进口产品申请表和关于鼓励进口产品的国家法律法规政策文件复印件。对于后者，则需要证明采购进口产品的必要性，需要进口产品所属行业设区的市、自治州以上主管部门出具的政府采购进口产品所属行业主管部门意见以及专家组出具的专家论证意见。

无论是鼓励进口的产品还是限制进口的产品，采购人在采购时“应当坚持有利于本国企业自主创新或者消化吸收核心技术的原则，优先购买向我方转让技术、提供培训服务及其他补偿贸易措施的产品”[4]。为此，采购人及其委托的采购代理机构在采购进口产品的采购文件中应当

---

〔1〕 上海辉慈医疗器械有限公司诉崇明县财政局行政决定案，上海市高级人民法院（2013）沪二中行终字第188号行政判决书。

〔2〕 《财政部关于印发〈政府采购进口产品管理办法〉的通知》（财库〔2007〕119号），2007年12月27日发布和施行。

〔3〕 《政府采购进口产品管理办法》第3条。

〔4〕 《政府采购进口产品管理办法》第5条。

载明优先采购向我国企业转让技术、与我国企业签订消化吸收再创新方案的供应商的进口产品。[1]

6.2.2.2 与 GPA 的符合性及未来法律改革的建议

采购"国货标准"在实施中被转换为采购"国产"货,也即采购在中国境内生产的产品包括外国企业、外商投资企业在境内生产的产品。因此在中国,政府采购"本国"产品的政策仅停留在实施一般的限制进口产品政策的层面。这与美国等其他 GPA 成员方所实施的"购买本国货物"的政策之间存在较大差距。

从一般性层面来看,中国政府采购本国货物政策要求优先购买本国货物,从而构成了对产自外国货物的歧视。在 GPA 框架下,这可能对产自 GPA 成员方的货物构成歧视,从而有违其所要求的国民待遇原则。为此,中国可以借鉴美国做法,在正式加入 GPA 之后,将优先采购本国货物的政策不适用于纳入 GPA 涵盖范围的采购活动,而仅适用于未受 GPA 涵盖的采购活动。同时这表明,对尚未纳入 GPA 涵盖部分的采购活动,优先购买国货政策仍有实施空间,并且可以适用更为严格的"国货标准"。

此外,如果中国政府在加入 GPA 的过程中争取到发展中国家身份且其他成员方也同意中国在一定期限内运用补偿措施,那么也可以在满足条件的前提下于采购进口产品时运用补偿措施(详见前文第 6.1.2.2 部分的阐述)。

6.2.3 中小企业政府采购与 GPA 的符合性

6.2.3.1 GPA 中的中小企业政策:成员国政策与最近发展

6.2.3.1.1 GPA 中的中小企业政策

中小企业政府采购优惠政策已经成为 GPA 所关注的一个问题。中小企业政府采购优惠政策可能违反了 GPA 第 3 条的国民待遇和非歧视

[1] 《政府采购进口产品管理办法》第 15 条。

待遇这两个基本原则。然而,一些 GPA 成员国显然已经通过谈判成功地将其中小企业政府采购优惠项目排除在开放承诺范围之外。比如,美国在其开放范围承诺中为其小企业和少数族裔企业规定了例外。根据这一规定,代表小企业和少数族裔企业的预留项目被排除在 GPA 的适用范围之外。韩国、日本也在某种程度上为其中小企业政府采购项目提供了排除适用 GPA 的规定。然而,欧盟似乎反对这些例外规定,并且在其承诺范围的总备注中规定了一个条款:在根据欧共体法律授予中小企业合同时,欧盟拒绝将 GPA 第 20 条上的投标救济措施赋予韩国、日本和美国的供应商。

6.2.3.1.2　GPA 最近修订中的中小企业计划

在 GPA 新的谈判中,保护和促进中小企业利益的措施显然是 GPA 谈判注重的一个问题,而且随着新一轮 GPA 谈判和改革的完成,这一问题似乎显得更加突出。尽管在这次新的 GPA 谈判和改革中,取消中小企业政府采购优惠措施的努力几乎没有取得任何进展[1],然而随着 GPA 文本改革和 GPA 范围扩展的完成,GPA 成员同意在 GPA 的未来工作中开始攻克这一难题。2011 年新修订的 GPA 第ⅩⅫ:8(a)条款规定,缔约方应该通过并且定期审查一个工作计划,包括有关中小企业的工作计划。政府采购委员会作出的一个决定[2]也表明了缔约方就政府采购中中小企业问题的立场和担心。一方面,缔约方认识到"促进中小企业参与政府采购的重要性"——这意味着,GPA 必须正视这种政策措施的

---

〔1〕 在 2011 年新修订的 GPA 中,这一排除似乎更加强烈和明确。比如美国:This Agreement does not apply to any set aside on behalf of a small-or minority-owned business. A set-aside may include any form of preference, such as the exclusive right to provide a good or service, or any price preference. Para. 1, US General Note of Appendix Ⅰ。再如韩国:Notes to Annex 3:1. This Agreement does not apply to any set-asides for small-and medium-sized businesses according to the Act on the Management of Public Institutions, the Rule on Contract Business of Public Institutions and Quasi-governmental Institutions, the Local Public Enterprises Act and the Enforcement Regulations of the Local Public Enterprises Act。但在新 GPA 中,欧盟在中小企业问题上针对其他成员国的报复性规定条款消失了。这再次显示了欧盟在中小企业问题上的积极谈判立场。

〔2〕 Appendix 2, Annex C: Decision of the Committee on Government Procurement on a Work Programme on SMES, Decision of 30 March 2012.

正当性和现实；另一方面，缔约方担心此类政策措施对国际供应商会产生歧视性的贸易效果。因此，GPA 有关中小企业未来工作的重点显然会放在市场准入和保障机制方面。前述政府采购委员会的决定也反映了这一点。根据这一决定，在《1994GPA 修订议定书》生效后的第一次委员会会议上，委员会应该启动一个中小企业工作计划。该决定所采取的有关保障措施包括反映 GPA 关于消除歧视性中小企业政策措施既定立场的原则，有关提高中小企业措施和政策透明度的要求（包括对缔约国中小企业措施与政策的调查），基于前项调查结果进行的最佳实践措施的推广工作，最佳实践措施之外其他措施的限制及进一步谈判，政府采购委员会对最佳实践和其他措施的评估等。详言之，这些措施包括以下内容：

（1）避免采取歧视性的中小企业措施。该委员会决定规定，缔约方应该避免采取只优惠本国中小企业的歧视性措施，并且应该不鼓励新加入方采取此类措施和政策。这似乎是 GPA 中有关中小企业政府采购政策的一项基本原则，与缔约方在第 XXII：6 条款所达成的“寻求避免采取或者继续采取扭曲公开采购的歧视性措施”的一般共识保持一致，反映了 GPA 关于消除歧视性中小企业政策措施的既定立场。

（2）加强对中小企业措施和政策的透明度。该委员会决定规定，在《1994GPA 修订议定书》生效后，在其附录 1 仍然保留针对中小企业具体措施的缔约方，应该将这些措施和政策通知委员会。该通知应该包括对这些措施和政策的完整描述，有关这些措施和政策的法律框架及其实施情况，以及受这些措施约束的采购价值。另外，那些缔约方还应该根据本协定第 XXII：5 条之规定，将有关这些措施和政策的任何变化通知委员会。

（3）开展中小企业调查工作。这项工作既是前述透明度工作的一部分，也是 GPA 工作计划后续工作的基础。根据委员会的这项决定，委员会将采用问卷的方式对缔约国进行调查，寻求有关其帮助、推动、鼓励或者促进中小企业参与政府采购的措施和政策的信息。

委员会将对这些信息进行编纂和分发,供各缔约方回应、互相提问以及评论。就此而言,这显然是为了增加缔约方实施中小企业政府采购优惠政策的透明度。当然,这些调查结果又可以成为 GPA 进一步工作的基础。

(4)对中小企业调查结果的评估和实施:最佳实践措施与其他措施。以前述对缔约方有关中小企业政府采购措施和政策的调查结果为基础,GPA 的这项工作计划要求政府采购委员会区分中小企业政府采购措施中的"最佳实践"措施与"其他措施"。对于前者,这项计划要求缔约方促进其实施;而对于后者,这项计划则鼓励消除其实施;这些其他措施或许也可能成为之后 GPA 谈判内容。

6.2.3.2 中国促进中小企业政府采购制度概述

2002 年,中国《政府采购法》与《中小企业促进法》都确立了政府采购促进中小企业发展的法律政策。《政府采购法》第 9 条规定,政府采购应当有助于实现国家的经济和社会发展政策目标,包括保护环境,扶持不发达地区和少数民族地区,促进中小企业发展等。2002 年《中小企业促进法》第 34 条规定,政府采购应当优先安排向中小企业购买商品或者服务。

然而,一项对这最初十年政府采购促进中小企业发展政策实施情况的研究发现,在近十年的时间里,这一政策的实施却不尽如人意。[1] 首先,就《政府采购法》的实施而言,可能是其将实施的具体步骤和办法一般地授权国务院行使的原因,[2] 地方政府采购立法活动并不活跃。[3] 通过对实施《中小企业促进法》等 26 部地方性法规的回顾和分析发现,这一政策的实施表现出非常大的差异性和不确定性。比如,地方性法规对《中小企业促进法》上"优先安排"的解释和实施竟有七种之多,包括

---

〔1〕 关于这一研究,参见曹富国:《谈政府采购促进中小企业发展法律政策的实施问题》,载《中国政府采购》2012 年第 5 期。

〔2〕 《政府采购法》第 87 条。

〔3〕 这与实施《中小企业促进法》的地方立法情况形成鲜明的对比。一个可能的原因是《中小企业促进法》第 44 条明确授权地方政府制定实施办法。

“优先采购”“同等条件下的优先采购”“同等条件下的优先安排”“安排一定比例资金”“预留项目与同等条件下的优先采购等多项措施并用”“对特定中小企业的首购或者订购制度”“确定逐步提高并从中小企业采购的比例”等。而且这些不同的实施措施也多为原则性规定,缺乏可操作性。

2009年是我国中小企业政府采购政策发展的一个小的转折点。国际金融危机为我国中小企业政府采购优惠政策的实施提供了新的契机和动力。在中央层面,2009年国务院发布《关于进一步促进中小企业发展的若干意见》(以下简称《国务院中小企业发展意见》),[1]明确了中小企业政府采购优惠政策的立法和管理权问题。这对我国政府采购促进中小企业发展政策的实施具有重要意义。首先,以此为契机,我国地方政府开始出现了依据《政府采购法》和《中小企业促进法》这两部法律以及有关法规联合制订实施政策措施的趋势。其次,我国中央层面开始了政府采购促进中小企业发展办法的立法工作,最终由财政部与工业和信息化部共同颁布《政府采购促进中小企业发展暂行办法》(以下简称《中小企业发展暂行办法》)[2]。《中小企业发展暂行办法》的实施,是我国政府采购促进中小企业发展法律政策实施的一个里程碑。

近年来,国家进一步加大政府采购支持中小企业的力度,扩大政府采购支持中小企业的范围,完善政府采购支持中小企业的政策措施。

2017年修订的《中小企业促进法》[3],明确并扩大了政府采购支持中小企业发展的相关措施。该法第40条规定,国务院有关部门应当制定中小企业政府采购的相关优惠政策,通过制定采购需求标准、预留采购份额、价格评审优惠、优先采购等措施,提高中小企业在政府采购中的份额。向中小企业预留的采购份额应当占本部门年度政府采购项目预算总额的

---

〔1〕《国务院关于进一步促进中小企业发展的若干意见》(国发〔2009〕36号)。

〔2〕《财政部、工业和信息化部关于印发〈政府采购促进中小企业发展暂行办法〉的通知》(财库〔2011〕181号,已失效)。

〔3〕《中小企业促进法》(2017年修订)(主席令第74号),2017年9月1日发布,2018年1月1日起施行。

30% 以上;其中,预留给小型微型企业的比例不低于 60% 。中小企业无法提供的商品和服务除外。政府采购不得在企业股权结构、经营年限、经营规模和财务指标等方面对中小企业实行差别待遇或者歧视待遇。政府采购部门应当在政府采购监督管理部门指定的媒体上及时向社会公开发布采购信息,为中小企业获得政府采购合同提供指导和服务。

2019 年,中共中央办公厅、国务院办公厅印发《关于促进中小企业健康发展的指导意见》[1],要求完善政府采购支持中小企业的政策。各级政府要为中小企业开展政府采购项下融资业务提供便利,依法及时公开政府采购合同等信息。研究修订政府采购促进中小企业发展暂行办法,采取预算预留、消除门槛、评审优惠等手段,落实政府采购促进中小企业发展政策。在政府采购活动中,向专精特新中小企业倾斜。

2020 年,《国务院关于促进国家高新技术产业开发区高质量发展的若干意见》[2]要求扩大首购、订购等非招标方式的应用,加大对科技型中小企业重大创新技术、产品和服务采购力度。《财政部、工业和信息化部关于印发〈政府采购促进中小企业发展管理办法〉的通知》(以下简称《中小企业发展办法》)[3]。2021 年,《国务院办公厅关于进一步加大对中小企业纾困帮扶力度的通知》[4]要求推动各级政府部门、事业单位、大型企业及时支付采购中小企业货物、工程、服务的账款,从源头防范层层拖欠形成“三角债”。加大民生领域和新型基础设施建设投资力度,进一步落实《中小企业发展办法》,鼓励各地因地制宜细化预留采购份额、价格评审优惠、降低投标成本、优先采购等的支持措施。组织开展供需对接活动,促进大型企业扩大向中小企业采购的规模。

---

〔1〕《中共中央办公厅、国务院办公厅印发〈关于促进中小企业健康发展的指导意见〉》,现行有效,2019 年 4 月 7 日发布和施行。

〔2〕《国务院关于促进国家高新技术产业开发区高质量发展的若干意见》(国发〔2020〕7 号),2020 年 7 月 13 日发布和施行。

〔3〕《财政部、工业和信息化部关于印发〈政府采购促进中小企业发展管理办法〉的通知》(财库〔2020〕46 号),2020 年 12 月 18 日发布,2021 年 1 月 1 日起施行。

〔4〕《国务院办公厅关于进一步加大对中小企业纾困帮扶力度的通知》(国办发〔2021〕45 号),2021 年 11 月 10 日发布和施行。

6.2.3.3 《中小企业发展办法》的主要政策措施

《中小企业促进法》第40条要求,通过制定采购需求标准、预留采购份额、价格评审优惠、优先采购等措施,提高中小企业在政府采购中的份额。向中小企业预留的采购份额应当占本部门年度政府采购项目预算总额的30%以上;其中,预留给小型微型企业的比例不低于60%。政府采购不得在企业股权结构、经营年限、经营规模和财务指标等方面对中小企业实行差别待遇或者歧视待遇。政府采购部门应当在政府采购监督管理部门指定的媒体上及时向社会公开发布采购信息,为中小企业获得政府采购合同提供指导和服务。

《中小企业发展办法》第3条要求,采购人在政府采购活动中应当通过加强采购需求管理,落实预留采购份额、价格评审优惠、优先采购等措施,提高中小企业在政府采购中的份额,支持中小企业发展。

6.2.3.3.1 预留采购份额专门面向中小企业采购适宜由中小企业提供的采购项目和采购包

《中小企业发展办法》第6条第1款要求,主管预算单位应当组织评估本部门及所属单位政府采购项目,统筹制定面向中小企业预留采购份额的具体方案,对适宜由中小企业提供的采购项目和采购包,预留采购份额专门面向中小企业采购,并在政府采购预算中单独列示。这意味着采购人需要首先研判哪些采购项目适宜由中小企业提供。

《中小企业发展办法》第6条进一步规定,除所列情形外,其他均为适宜由中小企业提供的情形。《中小企业发展办法》第6条第2款规定了可不专门面向中小企业预留采购份额的情形:首先,法律法规和国家有关政策明确规定优先或者应当面向事业单位、社会组织等非企业主体采购的;其次,因确需使用不可替代的专利、专有技术,基础设施限制,或者提供特定公共服务等原因,只能从中小企业之外的供应商处采购的;再次,按照本办法规定预留采购份额无法确保充分供应、充分竞争,或者存在可能影响政府采购目标实现的情形;又次,框架协议采购项目;最后,省级以上人民政府财政部门规定的其他情形。

国家税务总局提出了一个确定适宜中小企业参与采购项目的标准。[1] 各单位应结合政府采购品分类目录,认真组织研判。货物类项目应重点考虑产品的种类、规格指标、性能要求、售后服务要求、市场供应情况等;工程类项目应重点考虑工程规模和复杂程度、施工期限、对施工企业的资质和技术力量要求等;服务类项目应重点考虑服务的种类、技术要求、实施范围、完成服务需要的人员数量和技术水平、市场竞争程度等。上一年度由中小企业承担且履约验收合格的延续性项目,视为适宜由中小企业提供,应当按照《中小企业发展办法》规定预留采购份额。依法采用单一来源方式采购的项目,供应商为中小企业的,作为预留采购份额项目。不同额度项目的具体规定如下:

(1)小额项目全部预留。

《中小企业发展办法》第 7 条规定,小额采购项目(200 万元以下的货物、服务采购项目,400 万元以下的工程采购项目)原则上全部预留给中小企业。

(2)大额项目的采购预留。

《中小企业发展办法》第 8 条第 1 款规定,超过 200 万元的货物和服务采购项目、超过 400 万元的工程采购项目中适宜由中小企业提供的,预留该部分采购项目预算总额的 30% 以上专门面向中小企业采购,其中预留给小微企业的比例不低于 60%。预留的采购份额在政府采购预算中单独列示,执行情况向社会公开。各单位应将采购项目整体或者设置采购包专门面向中小企业作为预留采购份额的主要方式。需求部门认为项目中的部分内容适宜由中小企业提供的,可以采用联合体投标或大企业中标后向中小企业分包的方式预留采购份额。

6.2.3.3.2　对小、微型企业的评标优惠

与我国地方政府有关立法的规定类似,对于各类企业都可以参与竞

---

〔1〕《国家税务总局关于落实〈政府采购促进中小企业发展管理办法〉的通知》(税总函〔2021〕67 号)。

争的采购项目,《中小企业发展办法》向中小企业提供了评标优惠措施。《中小企业发展办法》第9条第1款规定,对于经主管预算单位统筹后未预留份额专门面向中小企业采购的采购项目,以及预留份额项目中的非预留部分采购包(非专门面向中小企业的项目),采购人或者采购代理机构应当在招标文件或者谈判文件、询价文件中作出规定,对小型和微型企业产品的价格给予6% ~10%(工程项目为3% ~5%)的扣除,用扣除后的价格参与评审。适用《招标投标法》的政府采购工程建设项目,采用综合评估法但未采用低价优先法计算价格分的,评标时应当在采用原报价进行评分的基础上增加其价格得分的3% ~5%作为其价格分。

这也意味着大型企业可以参与的采购项目,只有小型和微型企业能够获得评标优惠,而中型企业则不能获得任何评标优惠。同时,《中小企业发展办法》还规定,在联合体投标中,政府采购的评标优惠措施也被限于小、微型企业。

6.2.3.3.3　对小、微型企业参加的投标联合体的评标优惠

投标联合体是两个以上法人或者其他组织为共同投标组成的、以一个投标人的身份共同参与投标的非法人组织。与合同分包履行不同,联合体各方都是采购人的主承包商,联合体在各方中标后需要共同与采购人签订合同。我国《政府采购法》第二十四条对联合体参与采购的问题进行了规定。

《中小企业发展办法》第9条第2款规定,接受大中型企业与小微企业组成联合体的采购项目,对于联合协议约定小微企业的合同份额占到合同总金额30%以上的,采购人、采购代理机构应当对联合体的报价给予2% ~3%(工程项目为1% ~2%)的扣除,用扣除后的价格参加评审。适用《招标投标法》的政府采购工程建设项目,采用综合评估法但未采用低价优先法计算价格分的,评标时应当在采用原报价进行评分的基础上增加其价格得分的1% ~2%作为其价格分。

同时,为了避免大中型企业与存在关联关系的小型、微型企业组成联合体利用政府采购优惠政策谋取中标的问题,《中小企业发展办法》第

9 条第 2 款进一步规定,组成联合体或者接受分包的小微企业与联合体内其他企业、分包企业之间存在直接控股、管理关系的,不享受价格扣除优惠政策。

6.2.3.3.4 鼓励分包的采购政策

分包是一个合同履行问题。在分包法律关系中,主承包商与采购人订立合同,而分包商不与采购人发生直接的法律关系,只与主承包商存在合同关系。如果分包项目的履行存在问题,采购人将缺乏直接追诉分包商的法律基础。因此,如果控制不当,分包会给采购人带来一定的法律风险。但基于工程采购合同的特点,法律不仅要求就整个项目的完成而言,总承包商对招标人负责,而且还突破了分包合同的相对性,要求分包人就分包项目的履行直接向招标人承担责任。而且,总承包商和分包人所承担的责任是一种连带责任。这意味着,如果分包项目出现问题,招标人既可以要求中标人承担责任,也可以要求分包人承担责任。

根据《政府采购法》第 48 条第 1 款的规定,经采购人同意,中标、成交供应商可以依法采取分包方式履行合同。可见,供应商是否可以以分包方式履行合同,取决于采购人的同意与否。

《中小企业发展暂行办法》(已失效)第 8 条第 1 款规定了采取鼓励分包的政策,即鼓励采购人允许获得政府采购合同的大型企业依法向中小企业分包。这一鼓励政策一方面体现在采购人需要放松其分包政策,只要分包风险是可以控制的,就应该尽可能“同意”其供应商进行分包。另一方面作为一项具体的鼓励分包措施,采购人可以将“大型企业向中小企业分包的金额,计入面向中小企业采购的统计数额”。《中小企业发展办法》第 9 条第 2 款规定,允许大中型企业向一家或者多家小微企业分包的采购项目,对于分包意向协议约定小微企业的合同份额占到合同总金额 30% 以上的,采购人、采购代理机构应当对大中型企业的报价给予 2% ~3%(工程项目为 1% ~2%)的扣除,用扣除后的价格参加评审。适用《招标投标法》的政府采购工程建设项目,采用综合评估法但未采用低价优先法计算价格分的,评标时应当在采用原报价进行评分的基础上增加其价格得分的 1% ~2% 作为其价格分。

6.2.3.3.5　公平竞争与非歧视待遇

《中小企业发展办法》第 5 条规定,采购人在政府采购活动中应当合理确定采购项目的采购需求,不得以企业注册资本、资产总额、营业收入、从业人员、利润、纳税额等规模条件和财务指标作为供应商的资格要求或者评审因素,不得在企业股权结构、经营年限等方面对中小企业实行差别待遇或者歧视待遇。

一些实施政府采购促进中小企业发展的地方政府法规也强调了在政府采购中对中小企业的"同等待遇"原则。比如,《河北省中小企业促进条例》第 22 条则强调,在招标、投标中不得设置歧视中小企业的条款。[1] 深圳经济特区的地方性法规第 42 条第 1 款规定,政府采购不得设置不利于中小企业的歧视性条件。第 60 条则禁止在招标采购活动中,限制中小企业参与公平竞标。[2] 《安徽省中小企业促进条例》规定,支持中小企业参与盘活政府性存量资产;公共建设项目、政府投资项目在招标时,不得对中小企业设置附加条件。[3]

实际上,《中小企业发展办法》所确立的这一原则也是《政府采购法》确立的对任何政府供应商的一项基本原则,其仅仅是对《政府采购法》这一原则的确认和细化。

公平竞争或非歧视待遇原则背后的潜在逻辑可能是,政府采购的核心价值和原则是对各类企业的公平待遇,中小企业不应该享受优于其他企业的待遇,也不应受到不公平的对待。然而鉴于政府采购事实上有利

---

〔1〕 该条例载 2007 年 5 月 24 日由河北省第十届人民代表大会常务委员会第二十八次会议通过,根据 2021 年 9 月 29 日河北省第十三届人民代表大会常务委员会第二十五次会议《关于修改〈河北省技术市场条例〉等十四部法规的决定》修正。

〔2〕 《深圳经济特区中小企业发展促进条例》(2019 年修正)(深圳市第六届人民代表大会常务委员会公告第 167 号),2019 年 11 月 13 日发布和施行。

〔3〕 该条例在 2006 年 8 月 25 日由安徽省第十届人民代表大会常务委员会第二十五次会议通过,后于 2019 年 5 月 24 日由安徽省第十三届人民代表大会常务委员会第十次会议修订。

于大型企业的竞争机制,以及政府采购人对大型企业的购买偏好,需要首先从改进政府采购制度本身着手来促进中小企业的发展,而不是采取预留采购项目或者赋予其优惠采购措施等办法。

6.2.3.3.6 其他措施

《中小企业发展办法》在很大程度上也确认了地方政府采购中所认可的对中小企业的其他优惠措施,这包括与减轻中小企业的财务负担有关的措施,鼓励为中小企业提供信用担保服务的措施,为中小企业参与政府采购提供能力建设支持的措施,以及促进中小企业获得政府采购信息的措施等。

6.2.3.4 与 GPA 符合性分析及未来改革建议

基于政府采购法律同样的公平竞争和非歧视原则,可以对政府采购促进中小企业发展政策措施进行一个两分法的类型区分。实质正义论者认识到中小企业在政府采购中事实上的不平等,从而主张在政策上强调预留项目和评标优惠措施对中小企业的重要作用,以使其能够在政府采购竞争中获得一定的合同份额;而程序正义论者则排斥这些措施,并认为它损害了政府采购法律的公平竞争和非歧视这一根本原则,对大型企业造成了逆向歧视,解决中小企业参与政府采购障碍或困难的政策措施应该通过分包乃至通过完善整个政府采购制度本身加以解决。这种基于同样的政府采购法律基本原则所产生的不同政策主张,构成了美国和欧盟国家在政府采购促进中小企业政策主张上的主要分野——美国强调前者,欧盟国家则强调后者。

《中小企业发展办法》显然采取了全部的“拿来主义”。然而,事实上正如前述,由于《中小企业发展办法》将其主要量化优惠措施局限于小型、微型企业,这一事实加大了《中小企业发展办法》对量化措施之外的其他中小企业促进措施的依赖。换句话说,我国政府采购促进中小企业发展政策的整体实施方式,必须更加强调公平竞争和非歧视待遇、分包策略等其他措施,才能从整体上增加《中小企业发展办法》的政策效果。就此而言,无论如何强调《中小企业发展办法》和一些地方政府法规上有关公平竞争和非歧视原则法律政策的重要意义都不为过。

为此,在加入 GPA 的背景下,首先应当在出价过程中将为了促进中小企业发展而实施的采购活动排除在 GPA 的范围之外,尤其是向中小企业预留的 30% 的采购份额。因为即使这部分采购份额向所有来自 GPA 成员方的中小企业开放,也会构成对大型企业市场准入的障碍。

然而,从对中国政府采购中小企业政策本身的分析中可以发现,不像其他一些 GPA 国家的中小企业政策,中国中小企业政府采购政策对于限制外国供应的消极影响非常有限。

首先,与美国的中小企业政府采购措施不同,中国的中小企业政府采购政策本身并没有包含歧视外国中小企业的措施。而且,即使中国真的采取了优惠本国中小企业的做法,它的实施也需要依赖中国政府采购法上的一般采购国货条款。而由于定义“本国”供应商本身的技术难度以及来自中国主要贸易伙伴的政治压力,采购国货条款实际上并没有得到有效执行。因此,中国中小企业项目对国际贸易的市场准入效果不能被夸大。另外,中国中小企业项目的大部分量化优惠措施主要针对小型和微型企业;而在预留项目之外,中型企业与大型企业在竞争政府合同时并不享有特别优惠。由于 GPA 所规制的合同主要是具有跨国意义的大型合同,而针对小微企业的政府合同一般为非大型合同,因此,一个可以得出的定性观察就是,中国中小企业的量化优惠项目对 GPA 下的市场影响效果微不足道。正如以上观察,中国中小企业项目主要针对小型和微型企业,然而基于中型企业的发展仍然是中小企业政策目标的一个重要组成部分这一事实,为了促进中国中小企业政府采购政策的整体和最佳效果,这一政策的实施就必须非常重视量化优惠措施之外的其他措施。换句话说,中国政府采购促进中小企业发展政策的整体实施方式,必须更加强调对中小企业的公平竞争和非歧视待遇、分包策略等这些市场限制较少的措施,因为只有这样,才能从整体上增加这一政策的实施效果。这一特点将使中国中小企业项目对 GPA 项下国际贸易市场的限制效果进一步减弱。

其次,中国政府采购中的中小企业政策与 GPA 有关中小企业政策的未来发展方向有其一致性。从我国中小企业政策特点和政策目标最大化实现的角度看,我国政府采购促进中小企业发展政策在未来必须更加强调公平竞争和非歧视待遇、分包策略等其他措施。而 GPA 未来的“最佳实践”工作也主要在于这些方面。所以,中国与 GPA 在未来中小企业政策发展之间具有良性互动关系。中国应基于提高政府采购中中小企业发展政策整体效果的需要,加强和完善对中小企业量化优惠措施之外的政策措施,使整个政府采购制度更具对中小企业友好的特征。中国将自己这些“最佳实践”贡献于 GPA 的未来工作。同时,通过在 GPA 未来工作背景下最佳实践的国际交流,获取最佳实践的国际经验,使我国能够更加有效地实施这些政策。并且,鉴于中国与 GPA 在中小企业政策发展方向的一致性,中小企业政策将是中国参与 GPA 规则制订的一个重要方面。

再次,中国应通过有效实施采购国货政策,促进现有 GPA 缔约方消除其在中小企业政策方面的歧视性措施,为中国企业和产品参与其中小企业政府采购市场提供国民待遇的机会。由于中国的中小企业政策本身不具有限制 GPA 项下市场准入的效果,外加基于 GPA 现有的谈判机制,中国就缺少了一个要求谈判伙伴消除其歧视性措施的手段。因此,即使从谈判策略考虑,中国也需要有效实施其一般性采购国货政策,以增加自己在谈判中的地位,同时为消除 GPA 现有成员国中小企业政策中的歧视性措施提供谈判筹码。

最后,需要更加坚持和释放公平竞争和非歧视原则制度特征的政策效果。公平竞争和非歧视原则体现了我国政府采购促进中小企业发展制度的根本特征。一方面,我国政府采购中小企业政策的基本特征决定了我们需要依赖公平竞争原则增加促进中小企业发展的整体效果;另一方面,《招标投标法》下的采购项目也只能依赖这一原则实现促进中小企业发展的目标。这一根本特征决定了建设中小企业友好的政府采购法律制度,需要探究公平竞争的实质内涵和具体措施,消除妨碍中小企业参与政府采购的制度障碍,为中小企业参与政府采购提供公平竞争的条件。该制度尤其要解决中小企业在参与政府采购时事实上的不平等问题。比如,烦琐的采购程序虽然给各类企业都会带来额外负担,但它更会不成比例地对中小企业构成参与障碍,因此法律改革的主要方面就是尽最大可能地放松管制,减少官僚主义的烦琐程序。再如,中小企业可能缺少履行合同所需要的资金或者信用基础,从而无力投标或者在投标中处于不利地位,因此政府的预付款和融资信贷支持对中小企业参与政府采购十分有效。另外,采购文件的标准化、资质证明文件简化和互认对中小企业也尤其重要。

强调针对中小企业的分包政策是在不损害公平竞争原则下的一项重要措施。《中小企业发展办法》采取了鼓励分包的政策,即鼓励采购人允许获得政府采购合同的大型企业依法向中小企业分包。《政府采购法》(第 48 条第 1 款)和《招标投标法》(第 48 条第 2 款)都允许对合同进行分包,但后者禁止将主体和关键性工作分包。《招标投标法(修订草案公开征求意见稿)》第 56 条坚持了这一禁止性规定,但为 PPP 模式下的分包政策作出了特别规定。[1] 这一特别规定解决了在 PPP 模式背景下 PPP 项目公司将施工、运营等合同分包的法律困境,也为鼓励以分包方式支持中小企业发展提供了很好的发展空间。

另一项对中小企业友好的政府采购措施是拆分合同。有研究表明,合同价值越来越大,这对中小企业形成不利影响。[2] 拆分合同是欧盟建立对中小企业友好的公共采购法的一个重要方面。[3] 欧盟法的这一改革,使得拆分后的合同规模更能与中小企业的能力相适应;根据不同的行业和技术规格进行的合同拆分也使拆分后的合同内容更接近中小企业所处的特定行业;根据不同的项目阶段对合同进行拆分也有利于专注

---

〔1〕《招标投标法(修订草案公开征求意见稿)》第 56 条规定,中标项目的主体、关键性工作不得分包,国家对工程总承包项目、政府和社会资本合作项目等分包另有规定的,从其规定。

〔2〕 GROW. DDG2. G. 2, *SMEs' Access to Public Procurement Markets and Aggregation of Demand in the EU*, European Commission (Feb. 15, 2016), http://ec. europa. eu/DocsRoom/documents/15459.

〔3〕 欧盟《2014 公共部门采购指令》第 46 条。

于某一专长的中小企业发展。[1] 在我国,一个严峻的现实是,随着我国政府和社会资本合作(PPP)项目的大量涌现,项目规模和金额越来越大,这在实质上会构成中小企业参与政府合同的障碍。《中小企业发展办法》明确提出了针对中小企业的"采购包"的概念,与欧盟法上的拆分合同有类似的功能。因此,未来我国政府采购法改革,在采购需求环节就要做好规划,以从实质上保障中小企业的公平竞争权。

6.2.4 政府采购促进创新的制度与 GPA 的符合性

6.2.4.1 中国政府采购促进创新的制度发展概述

纵观改革开放以来我国波澜壮阔的自主创新实践,不难发现一个显著特征——我国的自主创新活动缺乏内生的市场动力,所谓的创新活动并非市场组织自发形成,其一直在政府的主导下进行,且被深深打上了政策烙印。从科技计划、科技体制改革、以市场换技术到建设创新型国家,在每一个历史时期的创新活动背后都能找到政策的影响。历史经验表明,计划体制和创新难以激励相容,以"市场换技术"的政策始终无法打破西方强国的技术封锁,且只能陷入"引进—落后—再引进—再落后"的逻辑怪圈。个体理性演化的最终结果是集体的非理性,以"市场失灵"作为政府对创新活动进行干预的理论依据并不适用,也没能改善我国的创新局面,反而使其陷入创新的政策困境。纠其本源,其根本原因在于"市场失灵"这一范式不足以解释创新活动的真实需求[2],以市场失灵的药方医治政府失灵,或以政府失灵的药方医治市场失灵[3],都因存在

---

[1] 参见 Commission staff working document European Code of best practices facilitating access by SMEs to public procurement contracts, SEC(2008)2193. The "Code" formed a key part of the support measures for SMEs presented by the Commission in the Small Business Act, COM (2008)394 final。但是,拆分不能规避欧盟采购法的适用,如果拆分后合同的总价值超过欧盟采购法适用限额标准的话。

[2] 参见潘丽霞、岳德顺:《政府与市场边界研究——以高技术产业发展为研究视域》,载《重庆大学学报(社会科学版)》2013 年第 6 期。

[3] 参见邓练兵:《自主创新政策的经济合理性及"政策失灵"现象研究》,载《科技进步与对策》2010 年第 11 期。

基础理论的支撑不足而难以从根本上改变我国当前的创新困境,且只能加重“病情”。因此需要重新定义市场模型,超脱政府和市场的边界说,再次厘清政府、企业和市场之间的关系,把政府作为市场行为的参与主体,基于自身利益和诉求与市场上的其他合作伙伴和竞争对手相互博弈,相互妥协,共同建立市场规则[1]。而政府采购正是政府基于市场规制,利用招标、竞争性谈判、竞争性磋商等准市场规则参与市场活动,与其他市场主体相互博弈的重要方式。通过政府采购,一方面能够为创新产品和创新企业提供稳定、预期清晰的市场,从而降低技术创新过程与市场联系的诸多不确定性。并且,政府采购市场具有高度的稳定性,市场规模和发展趋势都是确定的,企业唯一的目标就是创新,而无须担心市场问题。另一方面可以通过采购法律内化“市场失灵”理论下的外部性和“搭便车”问题,从而激励和引导整个社会的创新行为[2]。

早在2005年,国务院就已经意识到政府采购促进创新的重要性,组织制订了《国家中长期科学和技术发展规划纲要(2006-2020年)》(以下简称《2006-2020科技发展规划纲要》)[3]。该纲要强调和鼓励自主创新,将自主创新作为国家发展战略,以建立创新型国家。

2006年至2007年通过国务院及其部委发布的一系列规范性文件确立了政府采购促进创新的基本措施框架。例如,2006年国务院分别发布了《关于实施科技规划纲要增强自主创新能力的决定》[4]与《关于实施〈国家中长期科学和技术发展规划纲要(2006-2020年)〉若干配套政策

---

[1] 参见李俊生:《新市场财政学:旨在增强财政学解释力的新范式》,载《中央财经大学学报》2017年第5期。

[2] 参见邓练兵:《建立支持自主创新的政府采购制度的思考》,载《领导科学》2009年第35期。

[3] 参见中华人民共和国国务院:《国家中长期科学和技术发展规划纲要(2006-2020年)》,载中国政府门户网:http://www.gov.cn/jrzg/2006-02/09/content_183787.htm。

[4] 《中共中央、国务院关于实施科技规划纲要增强自主创新能力的决定》(中发〔2006〕4号),2006年1月26日发布。

的通知》[1]（以下简称《科学发展规划纲要通知》）。

从广义公共采购的角度来看，上述文件确立了两类政府采购促进自主创新的政策和措施。第一，政府采购促进自主创新的一系列措施体系。[2] 主要包括：(1)建立财政性资金采购自主创新产品制度；(2)改进政府采购评审方法；(3)建立激励自主创新的政府首购和订购制度；(4)建立本国货物认定制度和购买外国产品审核制度；(5)发挥国防采购扶持自主创新作用。第二，依托重点工程建设项目，积极推进重大装备的自主研究开发与制造[3]。

为贯彻《科学发展规划纲要通知》中所提出的利用政府采购促进自主创新政策，财政部等有关部委于 2006 年至 2007 年密集出台了一系列规范性文件：2006 年 6 月 13 日，财政部发布《关于实施促进自主创新政府采购政策的若干意见》[4]；2006 年 12 月 31 日，科学技术部、国家发展和改革委员会、财政部联合发布了《国家自主创新产品认定管理办法（试行）》[5]；2007 年 4 月 3 日，财政部发布《关于印发〈自主创新产品政府采购预算管理办法〉的通知》[6]《关于印发〈自主创新产品政府采购评审办法〉的通知》[7]《关于印发〈自主创新产品政府采购合同管理办法〉的通知》[8]。2007 年 12 月 27 日，财政部发布了《关于印发〈政府采购进口产

〔1〕《国务院关于印发实施〈国家中长期科学和技术发展规划纲要（2006－2020 年）〉若干配套政策的通知》（国发〔2006〕6 号），2006 年 2 月 7 日发布。

〔2〕《中共中央、国务院关于实施科技规划纲要增强自主创新能力的决定》（中发〔2006〕4 号）第 4 条。

〔3〕《中共中央、国务院关于实施科技规划纲要增强自主创新能力的决定》（中发〔2006〕4 号），2006 年 1 月 26 日发布。

〔4〕《财政部关于实施促进自主创新政府采购政策的若干意见》（财库〔2006〕47 号，已失效）。

〔5〕《国家自主创新产品认定管理办法（试行）》（国科发计字〔2006〕539 号，已失效）。

〔6〕《财政部关于印发〈自主创新产品政府采购预算管理办法〉的通知》（财库〔2007〕29 号，已失效）。

〔7〕《财政部关于印发〈自主创新产品政府采购评审办法〉的通知》（财库〔2007〕30 号，已失效）。

〔8〕《财政部关于印发〈自主创新产品政府采购合同管理办法〉的通知》（财库〔2007〕31 号，已失效）。

品管理办法〉的通知》[1]和《关于印发〈自主创新产品政府首购和订购管理办法〉的通知》[2]。

2007 年 12 月 29 日颁布的《科学技术进步法》(已修改)第 25 条也肯定了政府采购自主创新产品对推动科学技术的作用,规定在性能、技术等指标能够满足政府采购需要的条件下,政府采购应当购买;在符合条件时可以采用政府首购和政府订购的方式。《促进科技成果转化法》(2015 年修正)[3]第 5 条要求,国务院和地方各级人民政府应当加强科技、财政、投资、税收、人才、产业、金融、政府采购、军民融合等政策协同,为科技成果转化创造良好环境。第 12 条规定,国家通过政府采购、研究开发资助、发布产业技术指导目录、示范推广等方式对特定科技成果转化项目予以支持。

中央颁布政府采购促进自主创新的一系列政策之后,各省市的政府采购促进自主创新政策也层出不穷,其相继发布了一系列的自主创新产品目录、政府采购促进自主创新产品目录。

一个有效的例证就是政策实施大大促进了我国的自主创新,以及高铁技术的引进、消化、吸收和再创新。然而,这些政策文件引起一些欧美国家和利益集团的关注,它们认为这对外国企业进入中国政府采购市场构成歧视。为平衡各方面利益,履行"中国的创新政策与提供政府采购优惠不挂钩"的对外承诺,2011 年 11 月 17 日,国务院办公厅印发《关于深入开展创新政策与提供政府采购优惠挂钩相关文件清理工作的通知》(国办发明电〔2011〕41 号)[4],要求各地方、各有关部门自 2011 年 12 月

---

〔1〕《财政部关于印发〈政府采购进口产品管理办法〉的通知》(财库〔2007〕119 号)。

〔2〕《财政部关于印发〈自主创新产品政府首购和订购管理办法〉的通知》(财库〔2007〕120 号,已失效)。

〔3〕《促进科技成果转化法》(2015 年修正)(主席令第 32 号),2015 年 8 月 29 日发布,2015 年 10 月 1 日起施行。

〔4〕以国家发展改革委、科学技术部、财政部公布停止执行的《国家自主创新产品认定管理办法(试行)》(国科发计〔2011〕260 号)、《自主创新产品政府采购预算管理办法》(财库〔2007〕29 号)、《自主创新产品政府采购评审办法》(财库〔2007〕30 号)、《自主创新产品政府采购合同管理办法》(财库〔2007〕31 号)为主要上位依据制订的配套文件一律废止。

1 日起停止执行规范性文件中关于创新政策与提供政府采购优惠挂钩的措施。2016 年 11 月 28 日，国务院发布《关于进一步开展创新政策与提供政府采购优惠挂钩相关文件清理工作的通知》（国办函〔2016〕92 号），继续深化清理工作。

近年，在新的发展格局下，政府采购支持创新政策再次被赋予重要使命。比如，2018 年《国务院关于推动创新创业高质量发展打造"双创"升级版的意见》[1]，要求完善创新创业产品和服务政府采购等政策措施，完善支持创新和中小企业的政府采购政策，发挥采购政策功能，加大对重大创新产品和服务、核心关键技术的采购力度，扩大首购、订购等非招标方式的应用。2019 年《国务院办公厅关于支持国家级新区深化改革创新加快推动高质量发展的指导意见》[2]，要求充分利用首台（套）重大技术装备示范应用等政策措施，通过政府采购等方式，促进重大创新成果市场化应用和规模化推广。2021 年修订的《科学技术进步法》尤其为政府采购支持创新提供了明确的法律依据。该法第 91 条规定，对境内自然人、法人和非法人组织的科技创新产品、服务，在功能、质量等指标能够满足政府采购需求的条件下，政府采购应当购买；首次投放市场的，政府采购应当率先购买，不得以商业业绩为由予以限制。政府采购的产品尚待研究开发的，通过订购方式实施。采购人应当优先采用竞争性方式确定科学技术研究开发机构、高等学校或者企业进行研究开发，产品研发合格后按约定采购。《政府采购法（修订草案征求意见稿）》第 28 条，首次明确"支持创新"政策。

6.2.4.2 政府采购促进创新的措施

根据《科学技术进步法》，政府采购促进创新的措施仅有创新产品的

---

〔1〕《国务院关于推动创新创业高质量发展打造"双创"升级版的意见》（国发〔2018〕32 号），2018 年 9 月 18 日发布和施行。

〔2〕《国务院办公厅关于支持国家级新区深化改革创新加快推动高质量发展的指导意见》（国办发〔2019〕58 号），2019 年 12 月 31 日发布和施行。

政府首购和订购制度。[1]《促进科技成果转化法》是政府采购支持科技成果转化的政策。[2] 鉴于《财政部关于印发〈自主创新产品政府首购和订购管理办法〉的通知》虽然已经失效,但其仍是仅有的中央层面有关政府首购和订购管理的规范性文件。本部分参考这一规范性文件,并结合地方政府有关首购和订购的规范性文件,就我国政府首购和订购制度作一概要分析,具体内容如下:

(1)政府首购。

首购是指对于我国企业或科研机构生成或开发的,暂不具有市场竞争力,但符合国民经济发展要求、代表先进技术发展方向的首次投向市场的产品(以下简称首购产品),通过政府采购方式由采购人或政府首先

---

〔1〕 1993 年 7 月 2 日第八届全国人民代表大会常务委员会第二次会议通过,2007 年 12 月 29 日第十届全国人民代表大会常务委员会第三十一次会议第一次修订,2021 年 12 月 24 日第十三届全国人民代表大会常务委员会第三十二次会议第二次修订。《科学技术进步法》(2007 年修订)第 25 条规定,对境内公民、法人或者其他组织自主创新的产品、服务或者国家需要重点扶持的产品、服务,在性能、技术等指标能够满足政府采购需求的条件下,政府采购应当购买;首次投放市场的,政府采购应当率先购买。政府采购的产品尚待研究开发的,采购人应当运用招标方式确定科学技术研究开发机构、高等学校或者企业进行研究开发,并予以订购。《科学技术进步法》(2021 年修订)第 91 条规定,对境内自然人、法人和非法人组织的科技创新产品、服务,在功能、质量等指标能够满足政府采购需求的条件下,政府采购应当购买;首次投放市场的,政府采购应当率先购买,不得以商业业绩为由予以限制。政府采购的产品尚待研究开发的,通过订购方式实施。采购人应当优先采用竞争性方式确定科学技术研究开发机构、高等学校或者企业进行研究开发,产品研发合格后按约定采购。

〔2〕 1996 年 5 月 15 日第八届全国人民代表大会常务委员会第十九次会议通过 根据 2015 年 8 月 29 日第十二届全国人民代表大会常务委员会第十六次会议《关于修改〈中华人民共和国促进科技成果转化法〉的决定》修正。《促进科技成果转化法》(2015 年修正) 第 5 条规定,国务院和地方各级人民政府应当加强科技、财政、投资、税收、人才、产业、金融、政府采购、军民融合等政策协同,为科技成果转化创造良好环境。第 12 条规定,对下列科技成果转化项目,国家通过政府采购、研究开发资助、发布产业技术指导目录、示范推广等方式予以支持:

(一)能够显著提高产业技术水平、经济效益或者能够形成促进社会经济健康发展的新产业的;

(二)能够显著提高国家安全能力和公共安全水平的;

(三)能够合理开发和利用资源、节约能源、降低消耗以及防治环境污染、保护生态、提高应对气候变化和防灾减灾能力的;

(四)能够改善民生和提高公共健康水平的;

(五)能够促进现代农业或者农村经济发展的;

(六)能够加快民族地区、边远地区、贫困地区社会经济发展的。

采购的行为。[1] 首购产品应当具有首创和自主研发性质。《上海市创新产品政府首购和订购实施办法》[2]第 5 条规定，本办法所称首购，是指企事业单位和各类社会组织通过原始创新、集成创新和消化吸收再创新等方式开发或生产并首次投放市场的，代表先进技术发展方向，产权明晰，质量可靠，节能环保，具有市场潜力的产品，通过政府采购方式由采购人首先采购的行为。前款所称首次投放市场是指在申报年度截止日的前一年内首次实现销售或尚未实现销售。

首购产品应当符合下列条件[3]：属于国家认定的自主创新产品；符合国民经济发展要求，代表先进技术发展方向；生产和制造供应商为在中国境内具有中国法人资格的企业、事业单位；首次投向市场，尚未具备市场竞争力，但具有较大的市场潜力，需要重点扶持；具有潜在生产能力并质量可靠；符合国家法律、行政法规和政策规定。

可见，《自主创新产品政府首购和订购管理办法》界定"首购产品"的条件之一为"属于国家认定的自主创新产品"[4]。并且，首购产品的认定需要按照科学技术部、国家发展改革委、财政部联合制定的《国家自主创新产品认定管理办法（试行）》来执行。[5] 但是《国家自主创新产品认定管理办法（试行）》已经被废止。这表明，政府首购制度所依靠实施的基础——国家自主创新产品认定已不存在。虽然政府首购制度并未被废止，但是由于其实施的基础条件缺失，许多地方实际上已经暂停了政府首购制度。为了进一步推进政府首购制度的实施，极少数地方政府

---

〔1〕《财政部关于印发〈自主创新产品政府首购和订购管理办法〉的通知》（财库〔2007〕120 号）第 3 条。

〔2〕《上海市财政局关于印发〈上海市创新产品政府首购和订购实施办法〉的通知》（沪财发〔2017〕12 号）。

〔3〕《财政部关于印发〈自主创新产品政府首购和订购管理办法〉的通知》（财库〔2007〕120 号）第 8 条。

〔4〕《财政部关于印发〈自主创新产品政府首购和订购管理办法〉的通知》（财库〔2007〕120 号）第 8 条。

〔5〕《上海市财政局关于印发〈上海市创新产品政府首购和订购实施办法〉的通知》（沪财发〔2017〕12 号）第 9 条。

自行制定了有关认定“首购产品”的办法〔1〕。例如,上海市财政局关于印发《上海市创新产品政府首购和订购实施办法》的通知,对创新产品实行首购和订购制度。纳入《上海市创新产品推荐目录》(以下简称《推荐目录》)或其他省级以上有关部门推荐或认定的创新产品,属于首次投放市场的,实行政府首购。首购产品在《推荐目录》有效期内或其他省级以上有关部门推荐或认定之日起两年内实施首购。

目前政府首购制度的实施具备以下几个特征:①首购产品的认定一般由地方政府相关部门实施。②首购产品的认定并未明确限制为本地企业,但由于本地政府部门对于外地企业申请首购的认定并不具备属地管辖权,因此造成被纳入首购产品目录的产品多为本地企业生产。政府首购产品制度本身并不具备地区封锁的属性,但由于缺乏在全国范围内统一实施的基础,绝大部分省市符合政府首购条件的产品并不能从政府首购制度中获益,正在实施政府首购制度的地方也仅能将利益惠及本地生产企业或者少数外地企业。③政府首购产品虽然采用清单制,但是这种清单制大多是动态的。④首购产品一般自被认定为首购产品之后,2 年内享有有关政府首购的政策。⑤对首购产品一般采取直接采购(单一来源采购)的方式,如果同类首购产品品目内存在两种或两种以上的产品,可依据采购法的相关规定采用其他采购方式。〔2〕

(2)政府订购。

订购是指对于国家需要研究开发的重大创新产品、技术、软科学研究课题等(以下简称订购产品),通过政府采购方式面向全社会确定研究开发和生产机构(以下简称订购产品供应商)的行为。〔3〕订购的产品应

---

〔1〕《山东省创新产品政府首购和订购试行办法》(鲁财采〔2019〕38 号),2019 年 5 月 15 日起施行;《沈阳市财政局关于印发沈阳市创新产品政府首购订购实施暂行办法的通知》(沈财采〔2018〕302 号),2018 年 7 月 1 日起施行;《上海市创新产品政府首购和订购实施办法》(沪财发〔2017〕12 号),2018 年 1 月 1 日起施行;《上海市创新产品政府首购和订购实施办法》(沪财采〔2015〕46 号),2016 年 1 月 1 日起施行。《中关村国家自主创新示范区新技术新产品政府首购和订购实施细则》(京财采购〔2015〕43 号,已失效),2015 年 2 月 13 日起施行。

〔2〕《山东省创新产品政府首购和订购试行办法》(鲁财采〔2019〕38 号)第 8 条第 2 款。

〔3〕《山东省创新产品政府首购和订购试行办法》(鲁财采〔2019〕38 号)第 4 条。

当具有首创和自主研发性质。

订购产品应当符合下列条件:①符合国家法律、行政法规,符合国家产业、技术政策和其他相关政策;②属于国家需研究开发的重大创新产品或技术,但目前尚未投入生产和使用;③产品权益状况明确,开发完成后具有自主知识产权;④创新程度高,涉及产品生产的核心技术和关键工艺,或者应用新技术原理、新设计构思,在结构、材质、工艺等方面对原有产品有根本性改进,能显著提高产品性能,又或者能在我国外率先提出技术标准;⑤具有潜在的经济效益和较大的市场前景或能替代进口产品。

政府订购活动具备以下几个特征:①以公开招标为主要采购方式,因特殊情况需要采用公开招标以外采购方式的,按照政府采购有关规定执行;②合同被授予者是在中国境内具有中国法人资格的企业、事业单位;③政府订购合同不得分包或转包。

6.2.4.3 与 GPA 的符合性及未来改革建议

现行政府首购和订购制度主要侧重于对在中国境内具有法人资格的企业和事业单位,并不包含境外企业所生产的产品。在加入 GPA 的背景下,就政府首购或订购制度的发展而言,可从以下几个方面进行调整:(1)在加入 GPA 的出价过程中将政府首购、订购制度排除出 GPA 的适用范围。(2)将政府首购政策的实施所依托的首购产品认定扩展至来自所有 GPA 成员方的供应商;将政府订购政策的实施不局限在中国具有法人资格的企业和事业单位,而扩展至来自其他 GPA 成员方的企业。(3)可以依据 GPA 有关“开发的原型或者第一个货物或服务的采购”对现行的订购政策进行调整,运用“有限招标”的程序框架实施相关采购活动。

但对比前文第 6.1 部分所提及的 GPA 要求与政策目标之间的兼容空间可知,中国目前在政府采购促进创新政策方面并未充分运用 GPA 所允许的空间。为此,未来中国政府采购促进创新制度的发展可以更注重以下几个方面:(1)构建创新友好的一般采购法律。例如,GPA 允许甚至鼓励从功能的角度评估需求;允许在一定程度上进行市场咨询;允许提供备选投标书;允许将创新性作为评标因素;加强采购过程中对商业秘密的保护;允许通过有限招标方式采购基于研究开发服务的样品或者原型等。(2)创设一些有利于创新友好的政府采购方式。GPA对采购方式仅涉及程序框架的规制,并不限制采购人与投标人之间展开谈判。为此,我国政府采购制度应当构建适合促进创新或者以促进创新为主要目的的采购方式,例如类似欧盟最新公共采购制度中所包含的"创新伙伴关系"方式。(3)注重研发服务的采购。目前,无论是政府首购制度还是政府订购制度都关注创新产品的采购,但是利用政府采购研发服务促进创新才是国际社会中被更为广泛运用的方式,也是被大多数GPA成员方在GPA出价范围内进行排除的采购范围。

6.2.5 政府采购促进社会政策发展制度与GPA的符合性

6.2.5.1 中国利用政府采购促进社会政策发展的制度现状

(1)政府采购支持监狱企业发展的政策

为了进一步贯彻落实国务院《关于解决监狱企业困难的实施方案的通知》文件精神[1],发挥政府采购支持监狱企业发展的作用,2014年财政部和司法部联合发布了《关于政府采购支持监狱企业发展有关问题的通知》。[2]

该通知对"监狱企业"进行了界定,[3]并指出监狱企业视同小型、微型企业,享受预留份额、评审中价格扣除等政府采购促进中小企业发展的政府采购政策;有关部门必须专门对监狱企业预留采购份额,如有制

---

[1] 《关于解决监狱企业困难的实施方案的通知》(国发〔2003〕7号)。

[2] 《关于政府采购支持监狱企业发展有关问题的通知》(财库〔2014〕68号)。

[3] 监狱企业是指由司法部认定的为罪犯、戒毒人员提供生产项目和劳动对象,且全部产权属于司法部监狱管理局、戒毒管理局、直属煤矿管理局,各省、自治区、直辖市监狱管理局、戒毒管理局,各地(设区的市)监狱、强制隔离戒毒所、戒毒康复所,以及新疆生产建设兵团监狱管理局、戒毒管理局的企业。监狱企业参加政府采购活动时,应当提供由省级以上监狱管理局、戒毒管理局(含新疆生产建设兵团)出具的属于监狱企业的证明文件。

服采购项目的部门、相关试卷印刷项目、免费教科书政府采购等[1];鼓励某些地区结合本地区实际向监狱企业实施预留[2]。

(2)政府优先采购贫困地区农副产品和物业服务制度

为了贯彻《国务院办公厅关于深入开展消费扶贫助力打赢脱贫攻坚战的指导意见》[3],2019 年财政部和国务院扶贫办发布了《关于运用政府采购政策支持脱贫攻坚的通知》[4],财政部、国务院扶贫办和供销合作总社联合发布了《政府采购贫困地区农副产品实施方案》[5]。

这几个规范性文件构建了具备以下特征的政府优先采购贫困地区的农副产品制度:①预留一定预算比例以采购贫困地区农副产品;②同等条件下优先采购贫困地区农副产品;③贫困地区农副产品是指 832 个国家级贫困县域内注册的企业、农民专业合作社、家庭农场等出产的农副产品;④在实施方面主要依托搭建贫困地区农副产品网络销售平台。有关省份扶贫办和贫困县扶贫办在线对供应商身份进行审核把关,对贫困地区农副产品实施采购预留的部分直接在该网络销售平台实施采购活动。

政府优先采购聘用建档立卡贫困人员物业公司提供的物业服务制度则具备以下几个方面的特征:①应当实施优先采购。各级预算单位使用财政性资金采购物业服务的,有条件的应当优先采购注册地在 832 个

---

〔1〕 有制服采购项目的部门,应加强对政府采购预算和计划编制工作的统筹,预留本部门制服采购项目预算总额的 30% 以上,专门面向监狱企业采购。省级以上政府部门组织的公务员考试、招生考试、等级考试、资格考试的试卷印刷项目原则上应当在符合有关资质的监狱企业范围内采购。各地在免费教科书政府采购工作中,应当根据符合教科书印制资质的监狱企业情况,提出由监狱企业印刷的比例要求。

〔2〕 各地区可以结合本地区实际,对监狱企业生产的办公用品、家具用具、车辆维修和提供的保养服务、消防设备等,提出预留份额等政府采购支持措施,加大对监狱企业产品的采购力度。

〔3〕 《国务院办公厅关于深入开展消费扶贫助力打赢脱贫攻坚战的指导意见》(国办发〔2018〕129 号)。

〔4〕 《关于运用政府采购政策支持脱贫攻坚的通知》(财库〔2019〕27 号,已失效)。

〔5〕 《财政部、国务院扶贫办、供销合作总社关于印发〈政府采购贫困地区农副产品实施方案〉的通知》(财库〔2019〕41 号)。

国家级贫困县域内,且聘用建档立卡贫困人员物业公司提供的物业服务。②特定条件下可以变更采购方式。对注册地在 832 个国家级贫困县域内,且聘用建档立卡贫困人员达到公司员工(含服务外包用工)30%以上的物业公司,各级预算单位可根据符合条件的物业公司数量等具体情况,按规定履行有关变更采购方式报批程序后,采用竞争性谈判、竞争性磋商、单一来源等非公开招标采购方式,采购有关物业公司提供的物业服务。

6.2.5.2 与 GPA 的符合性及未来法律调整建议

GPA 第 3 条第 2(d)款一般性地豁免了与残疾人、慈善机构或监狱劳动者提供的货物或服务有关的措施。这为国家通过政府采购实施类似政策提供了空间。

无论是政府采购支持监狱企业发展政策,还是优先采购贫困地区农副产品和物业服务制度,在很大程度上都依赖于"政府采购合同预留"这一措施。在 GPA 的框架下,合同预留措施本身会构成对非特定供应商的歧视,因此 GPA 成员方大都将其在出价过程中排除。例如,GPA 在总注释过程中明确指出,GPA 不适用于本国与扶持不发达地区、扶助弱势群体有关的采购活动。此外,上述政府采购社会政策的实施也依赖于价格优惠措施。如果这部分采购活动并未被排除在 GPA 的适用范围之外,有关价格优惠措施的实施则需要遵守 GPA 的相关要求(详见第 6.1.2.1部分的讨论)。再者,在政府采购促进聘用建档立卡贫困人员提供物业服务制度方面,允许对特定采购项目运用非公开招标采购方式的情形,涉及是否满足 GPA 有关允许适用"有限招标"情形的规定。从 GPA 现行规则来看(详见本书第 4.1.1.2 部分的讨论)[1],其并未规定可以因需要实施相关社会政策而限制采购的竞争性程度。最后,政府采购促进社会政策不一定依赖歧视性政府采购政策(给予特定群体以优惠待遇)。从 GPA 允许实施的政策空间以及其他 GPA 成员方的现有经验

〔1〕 2012GPA 第 13 条。

来看,通过非歧视性的政府采购措施和制度构建也可以促进社会政策的发展。例如,可通过 PPP 模式从产业发展角度助力精准扶贫。

6.3 小结

从 GPA 文本层面的分析可知,GPA 能够从以下几个层面兼容政府采购的政策目标。(1)在加入 GPA 出价过程中将某些政策目标的实施排除在 GPA 的适用范围之外,例如将预留采购项目和研发服务排除在 GPA 的出价范围之外;(2)以发展中国家身份加入 GPA 从而获得某些特殊待遇,如价格优惠计划、特定条件下的补偿等;(3)运用 GPA 规则所允许的实施空间实施政府采购的政策目标,例如在供应商参加条件/资格条件的设置方面,在技术规格的制订方面,在否决异常低价投标书时,在合同履行条件的设置方面,在有限招标的适用方面以及在未受 GPA 规制的采购环节(如需求确定环节)都有实施发展政策的空间。

我国有关利用政府采购促进发展政策的具体制度主要包含绿色政府采购制度、优先采购国货制度、政府采购促进中小企业发展制度、政府采购促进创新发展制度以及政府采购促进社会政策发展制度这五个方面。与 GPA 的规定相比较,这些制度与其要求之间的符合性以及未来制度发展的空间主要体现在以下几个方面:

(1)绿色政府采购制度。

目前,我国绿色政府采购制度的实施主要侧重于通过以下几种方式:①在确定需求和制订技术规格环节实施绿色采购。②在评标环节实施绿色采购。在优先采购的情形下,将是否获得节能或/和环境标志产品认证作为评标因素中的加分项。③在前者的基础之上,在评标阶段,给予超过该基本要求的节能产品以更大程度的优惠幅度,从而体现“优先”采购节能产品的要求。其中运用最多的方式是在技术规格环节考虑节能环保要素,即要么将其作为应当满足的基本需求,要么将其作为加分项。上述三种方式(采购需求的确定、技术规格的制订以及两者的结合)属于GPA规则中允许针对环境和能源政策进行考量的环节。

但值得注意的是,GPA规定了有关运用国际、国内标准等制订技术规格的要求,以及运用标识或标志的要求。我国未来政府采购法律对此需要予以调整:一是中国加入GPA后,如果存在国际标准,应当直接引用相关的国际标准,或者在引用我国标准的同时相应地指出“与之相当的”国际标准也可。二是在运用标识或者标志描述产品的节能环保属性时,应当通过运用“或与之相当”的表述来包容可以满足采购需求的同类货物的投标。

此外,我国还可以利用GPA提供的空间,进一步实施绿色政府采购政策。未来法律调整的范围可以包括以下方面:①在适用绿色公共采购的范围方面,不应当仅局限在货物领域,也可扩展至服务和工程领域。②可以将实施绿色公共采购的环节进行扩展。例如,可以延伸至供应商参加条件或者资格条件和合同履行条件等的环节。③更多地引导采购人从确定采购需求、制订技术规格环节,而非仅从设置评标因素环节来考虑节能环保要素。④可以将对节能环保的要求扩展至作为合同标的货物和服务的生产和流通环节或者制造工艺,从政府采购促进绿色供应链发展的角度促进环保和节能。⑤从产品或服务生命周期的角度考虑货物或服务的环保和节能成本。

(2)优先采购国货制度。

我国的“采购本国货物、服务和工程”实质上已经演变成只针对进口产品的采购施加审查性要求。在中国,政府采购“本国”的政策仅停留在实施一般的限制进口产品政策层面。这与美国等其他GPA成员方所实施的“购买本国货物”政策之间存在较大差距。我国可以借鉴美国做法,在正式加入GPA之后,将优先采购本国货物的政策不适用于纳入GPA涵盖范围的采购活动,而仅适用于未受GPA涵盖的采购活动。这表明,对尚未纳入GPA涵盖部分的采购活动,优先购买国货政策还有实施的空间,并且可以适用更为严格的“国货标准”。

此外，如果中国政府在加入 GPA 的过程中争取到了发展中国家身份并且其他成员方也同意中国在一定期限内运用补偿措施，那么也可以在满足条件的前提下在采购进口产品时运用补偿措施。

(3)促进中小企业发展。

GPA 框架下的要求一方面为促进中小企业参与政府采购市场创设了更为公平的竞争性环境；但从另一方面而言，也限制了仅促进本国中小企业参与政府采购市场的政策。然而，不像其他一些 GPA 国家的中小企业政策，中国中小企业政府采购政策对限制外国供应的消极影响非常有限。具体而言，首先，与美国的中小企业政府采购措施不同，中国的中小企业政府采购政策本身并没有包含歧视外国中小企业的措施。其次，对中国政府采购促进中小企业发展政策的整体实施方式而言，必须更加强调对中小企业的公平竞争和非歧视待遇、分包策略等市场限制较少的措施，才能从整体上增加这一政策的实施效果。这一特点将使中国中小企业项目对 GPA 项下国际贸易市场的限制效果进一步减弱。

我国政府采购促进中小企业发展的政策适用于内资和外资在中国境内设立的中小企业，但是不包括在外国设立的中小企业。这也意味着如果在外国设立的中小企业直接来到中国境内参与政府采购活动，不能享受相关优惠措施。

为此，在加入 GPA 的背景下，首先应当在出价过程中将为了促进中小企业发展而实施的采购活动排除在 GPA 的范围之外，尤其是向中小企业预留的 30% 采购份额。因为即使这部分采购份额向所有来自 GPA 的成员方的中小企业开放，也会构成对大型企业的市场准入障碍。

最后，更加坚持和释放公平竞争和非歧视原则制度特征的政策效果。继续鼓励促进采购的公平竞争和非歧视待遇，例如不得滥用对于注册资本的要求，不得不合理地要求具备以往履约经验等、应当继续鼓励向中小企业进行分包的政策、进一步实施好对中小企业友好的合同拆分和采购包制度。

(4)政府采购促进创新制度的发展。

从现行政府首购和订购制度来看,其主要侧重于对在中国境内具有法人资格的企业和事业单位,并不包含境外企业所生产的产品。在加入 GPA 的背景下,政府首购或订购制度的发展可从以下几个方面进行调整:①在加入 GPA 的出价过程中将政府首购、订购制度排除在 GPA 的适用范围之外。②将政府首购政策实施所依托的首购产品认定扩展至来自所有 GPA 成员方的供应商;将政府订购政策的实施不局限在中国具有法人资格的企业和事业单位,扩展至来自其他 GPA 成员方的企业。③可以依据 GPA 有关"开发的原型或者第一个货物或服务的采购"对现行的订购政策进行调整,且不依据公开招标方式实施采购,而是运用"有限招标"的程序框架实施相关采购活动。

(5)政府采购促进社会政策发展。

无论是政府采购支持监狱企业发展政策,还是优先采购贫困地区农副产品和物业服务制度,在很大程度上都依赖于"政府采购合同预留"这一措施。在 GPA 的框架下,合同预留措施本身会构成对非特定供应商的歧视,因此 GPA 成员方大都将其在出价过程中进行排除。例如,GPA 在总注释过程中明确指出,GPA 不适用于本国与扶持不发达地区、扶助弱势群体有关的采购活动。

7. 结论与建议

本书从制度目标、适用范围的角度比较研究我国政府采购相关法律规则与 GPA 规则之间的相关性，并从程序规则和国内审查制度的角度研究我国政府采购相关法律规则与 GPA 要求之间的符合性，最后探讨我国促进可持续发展政策目标的相关制度与 GPA 要求之间的适应性。

整体而言，加入 GPA 的过程中我国法律调整与我国政府采购制度的深化改革密不可分，两者都需要充分理解和认识我国政府采购法律与 GPA 规则之间的关系，尤其是价值目标和适用范围之间的辩证关系。我国政府采购法律中的绝大部分规则都符合 GPA 的相关要求，但在某些细微方面仍有必要进行调整。此外，GPA 的某些规则肯定了成员方在规制方面的裁量权，因此我国也应当注意到相关裁量权的适用空间，并结合本国实际情况决定是否需要适用相关裁量权。

具体而言，本研究对加入 GPA 背景下我国政法采购法律调整提出了以下几个方面的建议。

7.1 我国政府采购法律改革要满足加入 GPA 的需要,更要满足我国高质量发展的需要

我们需要基于 GPA 与我国政府采购法律价值目标之关系理论,确立我国政府采购法改革开放的国家基本策略。

GPA 的核心价值目标是促进国际贸易自由化和市场准入,而我国政府采购法律的主要目标是"提高政府采购资金的使用效益"这一经济效益目标。GPA 对实现经济效益目标有促进作用,但这种促进作用有限,因为其有关经济效益目标的规定只限于消除任何影响采购决策的歧视行为之所必需。为此,我们有必要认识到 GPA 规则的这一局限性,认识到 GPA 不可能为我国政府采购法律深化改革提供一个完整的范本。此外,GPA 与我国政府采购制度的发展政策目标具有协调和一致性的方面,但是又存在严重冲突的一面。这种矛盾要求我们在 GPA 出价谈判过程中将需要保留的歧视性或保护性采购政策排除在出价范围之外,也需要我们在将 GPA 规定转换成我国政府采购法律时注意研究 GPA 现有规则允许实施政府采购发展政策目标的空间及其可能性,以及借鉴 GPA 现有成员方在 GPA 框架下利用政府采购促进中小企业、环境保护、能源效率、创新和实施包容性政府采购的经验。

基于这一关系理论,我国在加入 GPA 时,一方面要基于 GPA 规则进行法律调整和改革,满足 GPA 确定的最低标准,但更重要的是,我国政府采购法律的改革要立足全面深化我国政府采购制度改革这一现实需要,致力于高质量发展,充分实现政府采购制度物有所值的价值目标。

7.2 基于我国新时代高质量发展和改革开放的需要，完善我国政府采购法律体系

在法律适用范围层面应当注意协调“两法”关系，确保纳入我国 GPA 出价范围的 PPP 项目、国有企业采购活动和军事部门的采购活动符合 GPA 的要求，具体论述如下。

第一，关于“两法”关系的协调。GPA 虽然原则上对参加方是否需要制定一部或多部与政府采购有关的法律态度中立，不持立场，但法律规则清晰并具有一致性是 GPA 的内在要求。“两法”分治问题是 GPA 参加方的一项重要关切，并且已经成为参加方核查清单磋商的一项重要议题。因此可以认为，我国政府采购法制统一是 GPA 的内在要求。为此，在加入 GPA 的背景下，应当更进一步在法律层面协调“两法”关系，为政府采购市场创造一个协调、良好的法治环境。

在具体的协调路径方面，有以下几种模式可供参考：(1)统一立法模式。最理想的模式是“两法”合二为一，真正实现对工程、货物、服务采购法律的统一规制。例如，对所有采购对象适用统一的信息公开标准；统一的救济规则；采购人可以依据采购项目的复杂性和市场竞争状况选择公开招标、选择性招标、有限招标等采购方式。(2)第二种模式可以建立在《招标投标法》与《政府采购法》互为一般法与特别法关系之基础上。在招标投标法律规范的适用上，《招标投标法》为一般法，《政府采购法》为特别法，有关招标投标之规范，特别法的效力优于一般法的效力。在政府采购法律规范的适用上，《政府采购法》为一般法，《招标投标法》为特别法。这样，《政府采购法》可以一般性地适用《招标投标法》下之政府工程采购项目。但《招标投标法》对政府工程采购的特别规定具有优先适用的效力。这似乎是“两法”条例努力的结果和方向。但这种交叉适用仍然会带来很多问题。(3)第三种模式按照工程采购法与货物和服

务采购法完全分离的方式构建。将所有的工程采购划归《招标投标法》规制，并建立完整的采购方法体系；而《政府采购法》仅规制货物和服务的采购。虽然这种模式在理论上是可行的，但是也将导致工程与货物、服务的彻底分别规制，并且也会因为工程和服务之间界定标准不清晰，导致在法律适用层面的不确定性。(4)第四种模式是借鉴欧盟的规制经验，将《招标投标法》发展成为一种规制公用事业部门采购活动的特殊部门采购法。

第二，有关PPP模式纳入采购法的问题。在加入GPA的背景下，我国似乎应考虑是否将PPP模式纳入GPA的出价范围；而如果将其纳入GPA的出价范围，则从我国法律调整的角度来看，应当确保被纳入GPA的出价范围的PPP项目政府采购活动都应当符合GPA的要求。这意味着无论PPP采购活动受到哪部采购法的规制，无论其是否受到某些特殊采购法律的规制，支配其采购活动的规则都必须符合GPA的要求。

对此，我们需要协调《政府采购法》和《招标投标法》在PPP采购适用上的关系，并改革相关规则使其能够为复杂的采购模式提供有效的采购法律。具体而言，可以考虑从以下几个方面完善现行政府采购法律：(1)从本质上把握PPP的特征和类型化，寻求"两法"关系在适用PPP项目采购上的协调和统一，或者单独制定PPP法。(2)确立对采购模式选择的"政策中性"原则，以物有所值的评估和比较的结果确定公共服务采购模式，包括传统采购模式或者PPP模式。(3)提供更符合PPP项目特征的采购法律。一方面，考虑到PPP采购项目的长期性和复杂性需要提供灵活性的规制框架；另一方面，也应当注意灵活性的规制框架只有与适当的透明度、平等对待、非歧视、程序效率等要求相配套时，才能保证竞争机制的有效性和整个法律制度在公平与效率之间的平衡。

第三，国有企业采购纳入采购法的问题。基于GPA之目的，我们需要为目前不受我国政府采购法律规制但将受GPA规制的国有企业采购进行新的采购立法，将这部分国有企业采购纳入我国政府采购法的调整范围。《政府采购法(修订草案征求意见稿)》第17条有关采购人的规定加入了“其他采购实体”。其他采购实体是指实现政府目的，提供公共产品和公共服务的其他实体。适用本法的其他采购实体及其采购项目范围，由国务院确定。这似乎就是为加入 GPA 的国有企业进行新的采购立法了。

然而简单地将国有企业纳入《政府采购法》的调整范围，似乎也存在问题。对此，可以借鉴新西兰、日本和欧盟等 GPA 成员方的一些经验，为我国国有企业加入 GPA 的国内法调整提供不同思路。

一是新西兰的经验。从新西兰加入 GPA 的谈判结果来看，新西兰确实将其政府采购法原本不强制规制的国有企业采购实体纳入了 GPA 的涵盖范围。对这类采购实体，新西兰仅在其国际承诺的范围内对其采购活动进行了最低程度的采购法律规制。新西兰的政府采购法律对这几家国有企业适用不是强制性的。此外，被新西兰纳入附件 3 出价清单的于航空、气象服务、铁路和电力领域运营的 4 家国有企业[1]，在新西兰《政府采购法律》所确定的适用主体清单中被列入“被鼓励参照《政府采购法律》实施采购活动的实体”[2]。这意味着若期望这 4 家国有企业的采购符合 GPA 的规则，则需要其内部采购规则符合 GPA 的要求。[3]

二是借鉴日本的经验。在加入 GPA 的背景下，日本并未对被纳入附件 3 的国有企业采购制定采购法律，而是授权职能部门监督附件 3 实体通过制订必要的会计或内部章程来履行 GPA 项下的义务。可见，相对于新西兰而言，日本对附件 3 实体履行 GPA 要求的实施措施更弱、更具有不确定性。

三是借鉴欧盟经验。欧盟是“国有企业”类实体出价范围最广的

---

〔1〕 分别为 Airways Corporation of New Zealand Limited，Meteorological Service of New Zealand Limited，KiwiRail Holdings Limited and Transpower New Zealand Limited。

〔2〕 值得注意的是新西兰政府采购法律有关实体的分类与其所引用实体清单的分类并不一致。详见：https://www.procurement.govt.nz/about-us/mandate-and-eligibility/eligible-agencies-procurement/。

〔3〕 这提出了一系列 GPA 义务实施及其遵守问题，比如供应商救济问题如何解决，信息披露问题如何解决，GPA 所要求的统计报告义务如何履行等。

GPA 成员方。虽然欧盟公共采购法律中不存在"国有企业"这一术语,但是国有企业有可能被认定为欧盟公共采购法律中的"受公法规制的实体"或者"公共实体"从而受到相应公共采购指令的规制。对国有企业规制的主要原因是,欧盟认为这些国有企业可能受到政府影响而在采购中实施某些歧视措施,从而阻碍欧盟公共采购市场一体化。值得注意的是,欧盟也并未对所有政府拥有全部或者部分所有权的企业进行规制,而是仅规制了其中某些部分。

因此,中国加入 GPA 的过程中应当在战略性层面对国有企业采购的规制问题进行决策:是决定采取新西兰、日本那类相对消极的、最少规制的路径,还是决定采取类似欧盟的主动的、统一规制的路径。在决定是否需要采取主动且统一规制的路径之时,需重要考量的因素之一是我国是否存在对(部分)国有企业采购活动进行统一规制的内因激励,例如基于实现更高经济效益或物有所值的考虑。若确定需要采取统一规制的路径,那么还需进一步结合国有企业改革现状对国有企业进行类型化的划分,从而识别出可能需要受到采购规制的国有企业。例如,可能仅局限于涉及邮政、交通、水务、能源等公用事业领域的国有企业。此外还需注意,国有企业毕竟是从事经营活动的主体,在制定具体采购法律时应当考虑赋予其更多的灵活性和裁量权。实际上 GPA 文本也为附件 3 类实体赋予了相对于附件 1 实体更多的裁量权,日后对纳入 GPA 涵盖采购范围的国有企业进行规制时也可以利用 GPA 赋予的这些裁量权。[1]

第四,国防采购问题。依据 GPA 的规定,凡是被纳入 GPA 规制范围的涵盖采购活动都必须遵守 GPA 的要求。基于这一逻辑,被纳入 GPA

---

〔1〕 例如,GPA 对其附件 2 和附件 3 实体在常用供应商名单方面制定了特殊规则。对国内有关"常用供应商名单"的采购实践进行研究的过程中也发现,某些国有企业也在运用常用供应商名单实施采购活动。虽然,目前国内《政府采购法》并不适用于国有企业,但是这些国有企业可能是受到 GPA 谈判进程的影响,也在主动适用《政府采购法》实施其采购活动。考虑到国有企业的特性,未来在对国有企业采购活动进行规制的过程中,也可以考虑融入 GPA 中该项条款所赋予的灵活性。

涵盖范围的军事部门在实施涵盖采购时所遵循的采购法律也应当符合 GPA 的要求。从我国采购法律调整的角度来看,未来有以下几种可以选择的路径:(1)研究已经被纳入出价范围的军事部门采购所依据的采购法律与 GPA 要求之间的符合性,并对其不符之处进行法律调整;(2)在我国《政府采购法》进行法律调整之时规定,军事部门纳入 GPA 出价范围的采购活动应当遵守《政府采购法》的相关规则。因为此类采购活动一般仅涉及国防通用物资的采购。从 GPA 成员方的规制经验来看,这部分国防军事采购活动也受到一般政府采购法律的规制。

此外,需要在新时代背景下重新认识《政府采购法》与国防和军事采购之间的关系。虽然从立法背景来看,立法机关在立法之初可能未考虑将军事采购纳入《政府采购法》的调整范围,但《政府采购法》第 86 条的规定也意味着,法律仅授予中央军事委员会制定军事法规的权力,而非将军事部门采购排除在其适用范围之外,因而,军事采购仍然需要依据《政府采购法》。同时,从近几年以来我国军事采购制度不断发展的结果也可以观察到,现行军事采购制度也确实体现了《政府采购法》所确立的采购基本原则,如军事物资采购也应当追求公开、公平、公正、规范、阳光和透明等目标;装备采购也应当采用公开招标、邀请招标、竞争性谈判、单一来源采购、询价等《政府采购法》所确立的基本采购方式。总之,我国未来政府采购法律改革,仍然需要考虑国防与军事部门采购的一般性与特殊性问题。

7.3 合同授予程序规则的符合性及法律改革建议

GPA 作为寻求成员方之间公共采购市场开放的国际诸边协议,其绝大部分规则都与采购合同授予程序有关。这些采购程序规则涉及采购方法的选择与适用、合同金额的评估、合同机会的发布、资格条件的设置与资格审查、技术规格的制订、招标文件(制订、发布、澄清和修改)、期限的设置、谈判的开展、电子拍卖、投标书处理、合同授予决定、采购合同信息透明度等方面。在我国政府采购法律法规及其他规范性文件符合性研究的基础上,本书对我国政府采购法律合同授予程序规则方面的改革提出了以下建议。

7.3.1 政府采购方法的选择与适用规则的改革

GPA 对政府采购方法选择与适用的规制是十分灵活的,并不规定具体的采购方法,而是将采购方法划分为三大类:“公开招标”,“选择性招标”和“有限招标”。我国政府采购法中的竞争性采购方式,包括招标、竞争谈判和竞争性磋商,一般属于 GPA 上的公开招标或者选择性招标程序。由于 GPA 没有为公开招标或者选择性招标确定不同的适用条件,因此,我国对竞争性采购方式所确立的适用条件的要求,要符合并高于 GPA 的要求。

GPA 重点限制了有限招标的适用条件。有限招标可以对应于(但不限于)我国的单一来源采购,因为其并不限于单一供应商,甚至也没有限制采购人在有限招标中引入正式的竞争性程序。在一些特定的情形下,我国的邀请招标、竞争性谈判和竞争性磋商程序,可能也符合 GPA 的有限招标情形,这也会造成我国有关这些采购方式下的适用条件与 GPA 有限招标的适用条件不一致。比如,竞争性磋商的 5 类适用情形中有 4 类明确不属于有限招标的适用情形,而只有其中一类情形——“市场竞争不充分的科研项目,以及需要扶持的科技成果转化项目”与 GPA 项下可以适用有限招标的一类情形具有相关性,但需要分析和区别对待。就“市场竞争不充分的科研项目”来说,由于 GPA 成员都在出价附件中将科研项目采购排除在 GPA 规则的适用范围之外,GPA 项下可以适用有限招标的情形并不涵盖此项。因此,如果中国在加入 GPA 时也将科研项目的采购排除在出价范围之外,就不存在不符合 GPA 要求的问题。有关“需要扶持的科技成果转化项目”情形则类似于 GPA 上适用“有限招标”的一种情形,也即“对基于研发合同而开发的原型或第一个货物或服务的采购”，但需要注意的是，GPA 对此种情形的适用设置了严格的限制性条件，例如适用情形不包括为形成商业活力或者收回研发成本而进行的大量生产或者供应。因此，若想与 GPA 保持一致，就需要比照 GPA 的规定对竞争性磋商的此种适用情形进行限制。

7.3.2 采购合同机会发布规则的改革

首先，应当调整我国法律，使凡是运用 GPA 项下公开招标和选择性招标采购方式的采购活动都通过发布公告的方式对外发布合同机会。

对于 GPA 涵盖的采购活动，除适用有限招标方式实施外，即凡是运用公开招标和选择性招标实施的采购活动，采购实体都需要在指定媒介发布一项“采购公告”。在特定情形下，我国政府采购制度所规定的竞争性谈判、竞争性磋商、询价采购方式也可能是 GPA 框架下的公开招标和选择性招标。但目前我国政府采购法律并未要求运用非招标方式的采购通过发布采购公告公开其合同机会，除非采购人选择通过发布公告的方式邀请供应商参与竞争性谈判或询价采购活动；运用非公告方式邀请供应商参与竞争性磋商时，也存在不通过发布采购公告方式对外公开其合同机会的问题。

其次，应当调整有关公开招标公告和资格审查公告的规则。

中国在加入 GPA 之后，对《政府采购法》及《招标投标法》有关发布公开招标公告的内容需要进行以下几个方面的调整：(1)在可能的情况下，发布预估后续拟重复采购通知的时间；(2)提供交付货物或服务的时间或者合同的期限；(3)公告投标书可以使用的语言；(4)如果要求供应商提供与资格条件有关的证明文件或证书，需要在公开招标公告中告知具体要求；(5)如果允许采购人使用选择权，要求采购人在公开招标公告中对该选择权进行描述；(6)对受 GPA 涵盖的采购活动，在公告中应当表明其受 GPA 涵盖。

对我国政府采购法律有关资格审查公告的内容应当作出相应调整，从而产生以下效果：(1)使资格预审公告中应当包括对供应商需要提交的与之相关的特定文件或证书的任何要求;(2)使资格预审公告中包含选择供应商的标准以及在限制参与供应商数量的情形下说明将被允许参与投标的供应商数量;(3)使资格预审公告中对该项采购活动是否受 GPA 涵盖进行说明。

再次,应当对有关发布摘要公告的要求进行相应调整。

第一,如果采购人在发布采购公告时表明该项采购活动受到 GPA 规制,那么采购人应当对这项采购活动再发布一份摘要公告。第二,摘要公告应当以 WTO 官方语言之一发布。鉴于作为 WTO 官方语言之一的英文在我国得到普遍使用,因此在我国法律上要求用英文发布该摘要公告带来的行政成本最小。第三,应当在摘要公告中包含 GPA 要求提供的内容。其中有关采购标的一项,应当尽量地提供采购合同的标的物属性和数量等信息。

最后,未来法律改革可以考虑引入鼓励发布计划采购公告的规定。

未来在对纳入 GPA 出价范围的国有企业进行规制时,可以考虑运用 GPA 项下的裁量权,引入鼓励国有企业发布计划采购公告的规定,这样有利于提高国有企业采购所需的灵活性。目前,这项工作在政府采购领域已经展开[1],但这项要求对提高国有企业采购的效率和灵活性具有特别的价值。

7.3.3 有关资格条件规则的调整

第一,在供应商资格条件的设置方面,《政府采购法》有关法定条件的设置规则符合 GPA 的要求。《政府采购法》有关设置"特定条件"的规则并未对特定条件的设置进行必要限制。为此,应当在我国政府采购法律中澄清,这些特定条件的设置只能围绕供应商的法律、财务、商业和技术能力等方面。此外,无论是对法定基本条件还是对特定条件的规制,我国政府采购法律未明确提出这些资格条件的设置应当以保证供应商

[1] 《财政部关于开展政府采购意向公开工作的通知》(财库〔2020〕10 号)。

具有履行合同的能力所必要的条件为限。我国采购法律应明确澄清资格条件的设置仅限于保证供应商具有履行合同的能力所必要的条件。这样能够使规则更为明晰,也便于阻止采购人设置过高或者与合同履行关系不紧密的条件。

第二,对待供应商以往经验的规制方面,在加入 GPA 之后需要调整我国采购法律,要求采购人在设定资格条件时不得提出这样的要求,也即供应商曾被该 GPA 成员方的一个采购人授予过采购合同,并且采购人只能提出对于满足采购需求所必要的业绩要求。

第三,对评估资格条件的规制方面,我国政府采购法律并未要求"应当根据供应商在采购实体所属 GPA 成员方领土内外的商业活动来评估该供应商的财务、商业和技术能力"。但是中国在加入 GPA 之后我国采购法律也应当要求采购人根据供应商在我国内外的商业活动评估该供应商的财务、商业和技术能力。

第四,在将供应商排除出采购活动的规则上需要在以下方面进行法律调整:(1)《政府采购法》及其实施条例并未提及"拒绝履行合同义务的"情形,但财政部令第 74 号提及了该类情形。该类情形实质上与供应商单方中止或终止合同相似,不过"拒绝履行合同义务"所涵盖的范围很大,既包括了实质性要求或义务,也包括了非实质性要求和义务。但 GPA 只规定了在供应商未履行一项或多项合同项下任何实质性要求或义务并且达到严重或者持续未履行的程度才可以被排除出下次采购活动。为此,应当也对财政部令第 74 号的该条款进行限制性解释。(2)在采购实践中存在因被法院列入"失信被执行人名单",从而被认定为不具有良好的商业信誉,并进而被排除出参加政府采购活动资格的情形。

7.3.4 供应商资格审查规则的调整

第一,在供应商登记制度方面,从 GPA 的要求来看,该制度应当是最为基本的对供应商有关信息进行登记和管理的一种制度。目前,我国各级地方政府所实施的供应商登记制度都具有这种特征。因此,中国在加入 GPA 之后应当保证采购人努力缩小其供应商登记制度之间的差异,如供应商应当提供的信息内容和供应商登记程序之间的差异等。中国地方政府层面实施的供应商登记制度并非以阻碍外国供应商参与我国政府采购市场为目的,而是旨在供应商的管理(尤其是诚信管理),并且目前尚未发现有对外国供应商进行歧视的供应商登记规则。未来在加入 GPA 之后只要对外国供应商依照相关规则进行登记,也不会造成阻碍外国供应商参与我国政府采购市场的效果。

虽然 GPA 并未要求成员方实施全国范围内统一的供应商登记制度。但是从促进政府采购制度发展这一目的以及降低供应商的成本和提高时间效率的角度出发,可以考虑在各省范围内实施统一的供应商登记制度。且考虑到《政府采购法》及其实施条例对于供应商参与政府采购活动提出了应当予以满足的法定基本条件,其为供应商参与政府采购活动提供了统一的基本标准,因此应当对这些基本标准进行明确而详细的解释,从而在全国范围内各省之间有效推广和实施。

第二,在资格审查程序方面,鉴于该程序被包含在评标过程中,且评标程序受到政府采购的结构性规制,因此各采购人所实施的有关资格中审的程序性规则应该差异不大。但是目前尚不能明确采购人实施资格预审和资格后审的具体情况。因此为了满足 GPA 的要求,未来我国政府采购制度的调整可以考虑是否对资格审查程序进行规制并提出统一的程序性要求,并且明确规定不可以运用资格审查程序歧视外国供应商或者造成歧视外国供应商的效果。

第三,在选择性程序中运用资格审查程序的规制方面,GPA 有关资格审查程序的规则适用于所有的公开招标采购程序和选择性招标采购程序。对于前者,GPA 原则上要求采购实体允许所有满足参加条件的供应商参加某一特定采购,但 GPA 也允许对参与采购供应商的数量进行限制,只不过具有约束性条件。GPA 的逻辑在于,如果要限制参与投标的供应商数量,有关采购机会的信息应当与选择供应商参与采购的条件、数量及标准一起向供应商公布。

但是在我国的采购实践中,选择供应商参与政府采购活动的方式并非只有发布资格预审公告并且进行资格预审这一种,除此之外,还存在从供应商库选取候选名单然后再随机抽取、直接从供应商库随机抽取、采购人书面推荐候选名单然后再随机抽取等多种方式。

从目前发布的《政府采购法》及其实施条例和财政部发布的相关部令来看,只有发布资格预审公告这类方式得到了某些规制,而且这些规制又只适用于公开招标和邀请招标。从有关资格预审的具体规则来看,其逻辑是,公布采购机会和供应商参与条件的同时并不公布选择的数量及标准,而是在资格预审公告发布之后的一定期限内在资格预审文件中提供。可见,有关资格预审的规则所要求提供的信息内容符合 GPA 的要求,只不过这些信息是前后发布而非同时发布的,并在本质上也是免费向所有供应商开放的。因此,有必要对这些信息发布的方式,包括信息发布的平台和信息发布的时间进行调整,使其满足 GPA 的要求。

判断以"从供应商库选取候选名单然后再随机抽取""直接从供应商库随机抽取""采购人书面推荐候选名单然后再随机抽取"等多种方式选择供应商参与具体采购活动的实践是否符合 GPA 的要求则比较复杂,因为相关法律条文中并未明确规定其具体如何实施。基于法律规则确定性的考虑,在未来采购法律改革的过程中,应当明确相关规则,例如制订适合于所有采购方式的资格预审程序;要求所有限制参与采购供应商数量的采购项目也对外同时公开合同机会、参与条件以及选择供应商的标准和数量限制。

第四,在常用供应商名单方面,应当进行相应的法律调整。

我国实施的协议供货、定点采购、资格入围采购/招标、作为常用供应商名单使用的供应商库及电子卖场中的供应商征集/承诺入围等都属于 GPA 所规制的"常用供应商名单"范畴。这些"常用供应商名单"被广泛运用于《政府采购法》所适用的采购范围。进一步而言,其不仅适用于采购限额以下的采购项目,也适用于采购限额以上、公开招标限额以下的采购项目。

我国政府采购实践中实施的各类“常用供应商名单”与 GPA 要求之间的符合性在很大程度上与其所适用的采购金额相关。如果采购金额达到 GPA 的门槛价,则它们必须符合 GPA 的相关要求;而如果采购金额在门槛价以下,则不需要符合 GPA 有关常用供应商名单的要求。

如果这些“常用供应商名单”被适用于 GPA 门槛价以上的采购项目,那么目前我国各级政府采购人的相关实践及规范性文件在透明度有关的规则方面符合 GPA 的要求,例如有关名单的公布期限及其可及性,以及有效期限或者展期或终止的方法等。

但是这些“常用供应商名单”制度也需要按照下列要求作出相应调整:(1)在邀请感兴趣的供应商列入常用供应商名单的通知中表明该项采购活动受到 GPA 的规制;(2)在该项通知中说明名单可能适用的货物或服务的类别,以及所涉及的供应商应当满足的条件;(3)应当对这些常用供应商名单进行动态管理,即采购实体应当允许供应商随时申请列入常用名单,并应在合理的较短时间内将所有合格供应商列入名单;(4)在具体单个采购项目的实施过程中,应当允许清单外的供应商在投标截止时间之前申请参与采购活动;(5)采购人不得以没有审查请求的充足时间为由而将该供应商排除在考虑范围之外,除非在特殊情况下由于采购的复杂性,该实体不能在允许提交投标的时限内完成对请求的审查。

在政府采购制度深化改革的背景下,也有必要对各类“常用供应商名单”进行统一规制。在规制过程中应当注意以下几个方面的问题:(1)“常用供应商名单”并不等同于协议供货、框架协议等采购方式本身,而是属于这些采购方式的构成要素之一。(2)“常用供应商名单”可以与多种采购方式或者采购安排相结合。例如,可以将“常用供应商名单”与两阶段招标采购方式相结合。因此,“常用供应商名单”可以体现在一种或者多种采购方式中。例如,既可以被运用于适用于公开招标限额以上的采购方式中,也可以被运用于采购限额以下的采购方式中。(3)应当在中央政府层面对“常用供应商名单”的使用颁布统一的规则。“常用供应商名单”制度涉及采购过程的透明度和非歧视,它不仅是 GPA 的规则规制要点，也应当是我国深化政府采购制度改革、优化政府采购营商法治环境的重点。(4)在采购实体告知其有关资格审查决定方面，我国政府采购法律规定在运用招标采购方式时，并不是依申请提供未通过资格审查的理由，而是采购人主动提供相关理由。为此该规定要高于 GPA 的要求。但值得注意的是，这一要求仅适用于我国采购法中的公开招标和邀请招标采购方式，并不适用于竞争性谈判、竞争性磋商等其他非招标采购方式。

此外，我们也应该注意到，首先，在资格预审的情形下，我国政府采购法律并未对何时作出资格预审决定以及向申请资格审查的供应商告知结果的时效进行规定；其次，也并未有规则明确要求采购人尽快通知申请列入常用名单的供应商有关资格审查的决定；最后，并未有规则明确要求采购人尽快告知拒绝加入常用供应商名单的申请、停止承认某一供应商为合格供应商或者将某一供应商从常用名单中移除的结果，并且应供应商申请书面解释理由。这导致了采购实践中的不同做法，有些采购人在发布入围供应商名单公告时并未说明供应商被拒绝入围的理由，而有些采购人则在这类公告中包含了拒绝供应商入围的理由。其实，这在很大程度上也与对“常用供应商名单”的性质理解有关。实践中往往将“常用供应商名单的征集或者入围”作为一个采购项目对待并且运用公开招标的方式。但《政府采购法》及其实施条例只要求中标和成交公告中应该包含有关中标或者成交供应商名称等信息，并不要求包含未中标供应商的未中标理由，也不会主动告知未入围供应商未入围的理由。为此，有些采购人并未在“常用供应商名单”入围/征集结果公告中包含未入选理由。但如果将“常用供应商名单”入围/征集视为一种资格审查制度，那么依照前述《政府采购货物和服务招标投标管理办法》的规定，采购人应当告知其未通过资格审查的理由。为此，有些采购人会在“常用供应商名单”入围/征集结果公告中也告知未入围的理由。

可即使未有法律规则明确规定采购人应当主动告知未入围供应商其未入围理由，《政府采购法》第 51 条也规定，“供应商对政府采购活动事项有疑问的,可以向采购人提出询问,采购人应当及时作出答复,但答复的内容不得涉及商业秘密”。依据该条款,如果供应商对于采购人作出的有关资格审查程序的决定以及有关入围和征集“常用供应商名单”的决定有疑问,采购人也应当及时作出答复。

综上所述,供应商资格审查制度是GPA重点规制的领域,法律规则完整明细,相反我国政府采购法律在这一重要问题上规制不足,在很多方面不能满足GPA的要求。一是现行法律缺乏非招标采购方式下及时告知资格预审结果的规定,不能够满足GPA的要求;二是现行法律在不再认可供应商资格、基于常用供应商名单的资格审查结果告知及解释等方面缺乏规制,不能够满足GPA的要求;三是对未通过资格预审的原因进行解释的时间,不能满足GPA的要求;四是对非招标方式下是否需要迅速解释未通过资格审查的原因缺乏规制,不能满足GPA的要求。

7.3.5 有关技术规格的规则的改革

我国政府采购法律确立的公平竞争和非歧视等原则也适用于制订技术规格的行为,因而我国有关技术规格的规则也与GPA的要求相一致。但总的来看,我国现行政府采购法律规则对技术规格问题规制不足,需要在今后的法律改革中加以完善,具体表现如下:

第一,关于非歧视与采购国货政策。我国关于采购需求确定和采购标的描述的规则坚持非歧视标准,与GPA的要求相一致。然而,为执行《政府采购法》上采购“本国”的政策,有关“本地”含量的要求会与GPA的非歧视原则相冲突。这需要我国未来加入GPA后,在承诺的范围内进行法律调整。

第二,关于两种类型技术规格的适用。我国政府采购法律没有明确区分确定技术规格的两类方法,并提出了不同的立法政策要求。我国采购法律也要求确定采购标的需实现的功能或者目标。这似乎意味着基于性能或者功能性要求制订技术规格,但在我国采购实践中,对采购标的的描述更多地还是侧重于采购标的的设计或特征。因此,在加入GPA

的背景下，我国应该更加明确地确立依据性能和功能性要求来制订技术规格的法律政策。这也符合我国国内改革的要求。我国最近几年开始的全面预算绩效的要求，也明显有利于或者倾向于基于产出而非投入要素制订技术规格，而且绩效目标不仅要包括产出，还要包括经济效益、社会效益、生态效益、可持续影响和服务对象满意度等绩效指标。[1] 同时，基于性能和功能性要求制订技术规格还有利于发挥政府采购促进创新的政策功能。

第三，关于依据设计或描述特征确定技术规格。在运用设计或描述特征确定技术规格的情形下，我国采购法律未要求在适当时通过运用"或与之相当的"等措辞指明采购人将考虑可以满足其采购需求的与之相当的货物或服务。为了满足 GPA 的要求，我国政府采购法律中应该新增这一要求，并且明确在什么条件下适用该项要求。

第四，关于制订技术规格所依据或参照的标准。根据我国有关政府采购法律，采购需求的描述应当包含采购标的需执行的国家相关标准、行业标准、地方标准或者其他标准、规范。这些标准或规范可能既包含国家强制性标准也包括自愿性标准。我国现行政府采购法律未提及 GPA 所要求的对国际标准的参照——在适当时，如果存在国际标准则技术规格应当依据国际标准；如无国际标准，则技术规格应依据国家技术法规、公认的国家标准或者建筑守则。在加入 GPA 的背景下，可以在 GPA 承诺的范围内提及参照国际标准制订技术规格的要求。

第五，关于《招标投标法》领域技术规格制订的规则。我国《工程建设项目货物招标投标办法》(2013 年修正)第 25 条规定，招标文件规定的各项技术规格应当符合国家技术法规的规定。招标文件中规定的各项技术规格均不得要求或标明某一特定的专利技术、商标、名称、设计、原产地或供应者等，也不得含有倾向或者排斥潜在投标人的其他内容。

---

〔1〕《中共中央、国务院关于全面实施预算绩效管理的意见》(2018 年 9 月 1 日发布和施行)。

如果必须引用某一供应者的技术规格才能准确或清楚地说明拟招标货物的技术规格,则应当在参照后面加上"或相当于"的字样。这一规定符合GPA的要求,但其仅适用于工程建设项目货物招标。未来可以将这一规定扩展至整个政府采购法律的适用范围。这不仅是满足GPA要求的需要,也是我国政府采购法律所要求的公平竞争等原则的需要。

第六,关于技术规格制订中供应商参与的规则。我国政府采购法律允许在确定采购需求的过程中向相关供应商或专家征求意见[1],但不清楚是否可以就采购需求的描述向相关供应商或者专家征求意见。不过一般而言,在征求意见的过程中难以将采购需求的确定和描述进行明显区分。为了满足GPA的要求,我国政府采购制度应当明确考虑到基于这些征求意见所制订的技术规格可能会产生妨碍竞争的效果并对其进行规制。我国政府采购制度应当确定一种机制来保证,一方面鼓励供应商和专家参与采购需求的确定和制订,另一方面又不会导致产生妨碍竞争的效果。

第七,关于运用技术规格促进自然资源保护或者环境保护的规则。GPA明确采购人可以运用技术规格促进自然资源保护或者环境保护,但是该类技术规格的制订、采用或者适用需要符合GPA有关技术规格的要求。目前我国政府采购法律要求在确定采购需求和采购标的时落实政府采购政策。其中有关节能产品和环境标志产品的采购政策应当符合GPA的要求。但在GPA的视野下,通过政府采购实施更广泛的可持续发展政策尚为争议性问题。在加入GPA的背景下,我国可以在GPA的出价中对实施这些政策要求提出例外性排除适用。

7.3.6 制订招标文件的规则的改革

我国有关"招标文件"、"谈判文件"和"询价通知书"内容的规定基

---

[1] 《政府采购法实施条例》(中华人民共和国国务院令第658号)第15条第2款规定,采购人必要时应当就确定采购需求征求相关供应商、专家的意见。

本上符合 GPA 的要求。但我国采购法律仍需强调,招标文件应包含以下几个方面的内容:(1)招标文件不仅需要提供其所适用的评估标准,而且还应包含评估标准的相对重要性;(2)若运用电子方式进行采购,则需要提供任何有关认证和加密的要求,或者与通过电子方式提交信息相关的其他要求;(3)若采购实体举行电子拍卖,则需要提供拍卖据以进行的规则。

此外,我国法律调整也应当注意到 GPA 以下几个方面的要求:(1)GPA要求,采购人在为所采购货物的交付或者服务的提供设置任何日期时,应当考虑采购的复杂性、预期分包程度以及生产、缩减库存和自供货点运输货物或提供服务所需的可行时间等因素。我国政府采购法律并未明确提及类似要求,未来在进行政府采购法律改革时,可以增加一项具体规则,要求采购人在确定货物交付日期或者服务提供日期的过程中进行上述考量,不得确定过短的、不合理的日期。(2)GPA 要求评估标准可以包括价格和其他成本因素、质量、技术优势(technical merit)、环境特征和交付条件等其他因素。这表明,GPA 允许从全生命周期成本的角度进行评标,也允许将质量、技术优势、环境特征和交付条件等作为评标要素进行考量。《政府采购货物和服务招标投标管理办法》第 55 条第 2 款虽然对哪些因素可以作为评审因素进行了规制,但并未明确可以将价格之外的其他成本因素以及环境特征作为评标要素。在促进可持续公共采购发展的时代背景下,我国公共采购法律改革应当考虑从公共采购的评标因素环节促进可持续发展的可能性,并且赋予采购人实施可持续采购这一裁量权。

7.3.7 对期限设置规则的改革

我国有关招标方式采购投标截止期限的调整有两种方案:第一,与 GPA 一样规定在一般情形下,自发布采购公告或投标邀请书之日起投标截止期限不少于 40 日。第二,在自发布采购公告至发布招标文件这段时间,以及自发布投标邀请书至招标文件这段时间中制订最短期限。且一般情形下，这个最短期限也不少于20日。

对非招标方式采购的投标截止期限或者提交响应文件的截止期限，也应当符合GPA有关期限的要求。但是如果将询价采购方式限制性运用于一定金额以下的（尤其是GPA门槛金额以下的）采购合同，那么即使其期限短于GPA所规定的期限，也不违反GPA的要求。

此外，在未来政府采购法律改革的过程中应当运用GPA规则赋予的裁量权，并考虑到有关缩短投标截止期限的需求。例如，对续生合同、紧急状态的采购等特殊情形设置特定期限；在运用电子方式实施政府采购的情形下，允许降低最短投标截止期限的要求；对涉及商业货物、服务的采购以及附件2和附件3实体的采购活动，在设置投标截止期限方面设置特殊的规则。

7.3.8 有关谈判规则的改革

在GPA中，"谈判"并非一种政府采购方式，而是用以指代采购实体与供应商之间所进行的一种讨论。我国政府采购法律有关谈判的规则符合GPA的要求。相对于GPA，我国政府采购法律政策要求更高的透明度，但有可能也会减少采购人通过谈判获得更好资金价值的机会。未来我国政府采购法律改革可以考虑利用GPA提供的这种灵活机制，在"无明显优势投标书的情形"下，允许采购人通过谈判获得更优惠的交易条件，从而确定中标人或者中标候选人。

7.3.9 对电子拍卖进行一定程度上的统一规制

我国大部分有关电子拍卖采购活动的实践缺乏较高层面的法律规制。我国政府采购法律改革的过程中有必要对在采购方式中使用电子拍卖的流程进行规制并且使其在透明度方面符合GPA所规定的基本要求，同时，在满足GPA符合性的基础上，有必要进一步考虑是否可以在运用综合评分法的采购项目中运用电子拍卖方式，尤其是在电子化政府采购迅速发展的背景下，或者仅将电子拍卖方式限制在一定门槛价以下的政府采购项目。

7.3.10 处理投标书规则的改革

一方面,我国政府采购法律应当新增规则,以处理有关因采购人处理不当而造成在投标截止时间之后接收投标书的情形,并要求采购人不得处罚该投标书的投标人,即应当仍然接受该项投标书。另一方面,对更正表格中非故意错误(unintentional errors)的机会问题,应当进一步解释何为"非故意错误",以及"表格"(form)的指代范围。

此外,我国政府采购法律仅对纸质化政府采购活动中的投标、开标和评标进行了规制,而并未规制电子化政府采购背景下电子化投标、开标和评标的情形。因此,在电子化政府采购发展的背景下,我国政府采购法律的深化改革必须考虑到对电子化投标、开标和评标的规制,及其与 GPA 要求之间的符合性。

7.3.11 合同授予环节规则的改革

考虑到中国加入 GPA 之后更好地保护国家利益的要求,以及从"两法"协调的角度来看,在我国政府采购法律改革的过程中应当通过立法利用 GPA 赋予的裁量权,明确允许在合同授予的最后阶段采购人可以基于对国家利益和公共利益的考虑终止采购合同的授予程序。

为了符合 GPA 的要求,需要在我国政府采购法律中新增有关不得运用选择权、通过取消或者修订已经授予的政府采购合同来规避 GPA 项下义务的要求。

7.3.12 采购合同信息透明度规则的改革

第一,有关中标结果的公告和未中标理由的告知。

《政府采购法》及其有关规定符合 GPA 有关告知未中标人未中标理由的规定。但是,政府采购法律在未来改革的过程中,考虑到"两法"的协调统一,应当对中标结果的公告和未中标理由的告知适用统一规则。

第二,有关发布合同授予公告和发布采购合同。

有必要在政府采购法律改革的过程中明确,受《招标投标法》规制的那部分政府采购合同是否应当遵从《政府采购法》有关公告政府采购合同的要求。如若不遵从,则从 GPA 符合性角度出发,应当使这部分采购至少满足 2012GPA 第 16 条第 2 款有关发布合同授予公告的要求。此外,需要注意的是,如果通过电子媒介要求发布政府采购合同授予公告或者政府采购合同,则采购人应当确保这些信息在一定合理期限内可以容易获得。

第三,有关采购文件、报告的保存及电子可追溯性。

在未来政府采购法律改革的过程中,应当在协调“两法”关系时明确适用于《招标投标法》的那部分政府采购活动应当适用《政府采购法》中有关采购文件、报告的保存义务。在电子化政府的采购背景下,我国政府采购活动不仅可以运用电子方式存档采购文件,也需要确保电子化政府采购过程中数据的适当可追溯性。至于什么是“适当”可追溯性,GPA 没有具体规定,GPA 成员方可以在 GPA 框架下自行解释。

7.3.13 单一来源采购规则的改革

我国有关实施单一来源采购方式的规则符合 GPA 的要求。但未来我国政府采购法律改革应当进一步明确:运用单一来源采购方式时,应当在运用技术规格界定采购人需求时遵守 GPA 有关技术规格的规定。此外,鉴于 GPA 成员方负有特别向政府采购委员会报告附件 1 类实体运用有限招标方式授予的受 GPA 涵盖的政府采购合同数量和总金额的义务,我国也应当施加相应的统计要求。

7.3.14 合同金额评估规则的改革

在加入 GPA 的背景下,我国政府采购法律调整的过程中应当关注到合同金额的评估可能对于确定某项采购是否属于 GPA 规制范围的重要性,且在我国政府采购法律中进行相应的合理规制。例如,明确不得以化整为零或者采用特殊评估方法等方式使某项采购活动规避 GPA 的适用;使得“持续一定期限的采购项目”、“因一项采购要求授予多个合同的情形”及“租赁、租购或者分期付款购买货物或服务或者未列明总价的采购合同”情形下的合同评估符合 GPA 的要求。

7.4 政府采购质疑投诉制度的改革

未来中国政府采购法律改革应当统一“两法”有关允许提出质疑投诉的供应商范围。一般而言,对允许提起质疑投诉供应商范围的确定,不能有损质疑投诉制度的有效性。

未来对我国政府采购质疑投诉制度进行改革时应当注意对有关条款进行调整,赋予供应商在 GPA 项下所享有的全部可进行质疑投诉的权利。例如,供应商可对下述问题进行质疑投诉:(1)对政府采购合同条款改变了招标文件的实质性要求提出质疑投诉;(2)对取消采购或者修改已经授予的政府采购合同提出质疑投诉。

应当统一“两法”有关“质疑”“异议”的制度,例如允许提起质疑/异议的范围,处理质疑/异议的主体,以及处理质疑/异议的程序性规则。此外,有关“质疑前置”“异议前置”的要求是否会在一定程度上有损供应商通过行政或者司法审查程序寻求纠正措施的权利值得进一步讨论。

我国政府采购法律有关处理投诉处理机构的规定符合 GPA 的要求。但是,从深化政府采购制度改革的角度来看,为了更好地保证投诉处理的公正性和独立性,在财政监督管理部门之外成立第三方的、中立的、专业的投诉处理机构,可能是一种立法政策选择。

为了更好地满足 GPA 的要求,我国政府采购法律调整的过程中需要规定在询问和质疑阶段,当供应商申请暂停采购活动或中止履行政府采购合同时,采购人若决定不暂停采购活动,应当以书面形式说明其合理理由;同时,在投诉阶段,当供应商申请暂停采购活动时,采购人若决定不暂停采购活动,应当以书面形式说明其合理理由。为了促进我国政府采购救济制度的更进一步发展,可以允许运用更多的快速临时措施(例如,投诉处理机构是否也能要求中止履行合同),并进一步明确在哪些情形下采购人应当或者可以采取这些快速临时措施。

我国政府采购救济制度中有关补偿的规定所适用的范围(可以对哪些违法行为造成的危害进行补偿)并不能涵盖所有违背 GPA 要求的情形,并且有关补偿的规则(如可以对哪些损失进行补偿)也不明确。

7.5 实现我国政府采购的政策功能

7.5.1 进一步完善绿色政府采购制度

GPA 规定了有关运用国际、国内标准等制订技术规格,以及运用标识或标志的要求。我国未来政府采购法律需要予以相应调整。一是中国加入 GPA 后,如果存在国际标准,应当直接引用相关的国际标准,或者在引用我国标准的同时相应地指出"与之相当的"国际标准也可。二是在运用标识或者标志描述产品的节能环保属性时,也应当通过运用"或与之相当"的表述来包容可以满足采购需求的同类货物的投标。

此外,我国还可以利用 GPA 提供的空间,进一步实施绿色政府采购政策。未来法律调整的范围可以包括以下方面:(1)在适用绿色公共采购的范围方面,不应当仅局限在货物领域,也可扩展至服务和工程领域。(2)可以对实施绿色公共采购的环节进行扩展。例如,可以延审至供应商参加条件或者资格条件和合同履行条件等的环节。(3)更多地引导采购人从确定采购需求、制订技术规格的环节而不是仅从设置评标因素的环节来考虑节能环保要素。(4)可以将对节能环保的要求扩展至作为合同标的货物和服务的生产和流通环节或者是制造工艺,从政府采购促进绿色供应链发展的角度促进环保和节能。(5)从产品或服务生命周期的角度考虑货物或服务的环保和节能成本。

7.5.2 完善优先采购国货制度

在中国,一方面政府采购本国货物的政策仅停留在实施一般的限制进口产品政策层面。这与美国等其他 GPA 成员方所实施的“购买本国货物”政策之间存在较大差距。另一方面从一般政府性层面来看,在 GPA 的框架下,这可能对产自 GPA 成员方的货物构成歧视,从而有违 GPA 所要求的国民待遇原则。为此,中国可以借鉴美国的做法,在正式加入 GPA 之后,将优先采购本国货物的政策不适用于纳入 GPA 涵盖范围的采购活动,而仅适用于未受 GPA 涵盖的采购活动。这表明,对尚未纳入 GPA 涵盖部分的采购活动,优先购买国货政策还有实施的空间,并且可以适用更为严格的“国货标准”。

此外,如果中国政府在加入 GPA 的过程中争取到了发展中国家身份并且其他成员方也同意中国在一定期限内运用补偿措施,那么也可以在满足条件的前提下在采购进口产品时运用补偿措施。

7.5.3 完善促进中小企业发展的政府采购制度

GPA 框架下的要求一方面为促进中小企业参与政府采购市场创设了更为公平的竞争性环境;但从另一方面而言,其也限制了仅促进本国中小企业参与政府采购市场的政策。然而,不像其他一些 GPA 国家的中小企业政策,中国中小企业政府采购政策对限制外国供应的消极影响非常有限。首先,与美国的中小企业政府采购措施不同,中国的中小企业政府采购政策本身并没有包含歧视外国中小企业的措施。其次,就中国政府采购促进中小企业发展政策的整体实施方式而言,必须更加强调对中小企业的公平竞争和非歧视待遇、分包策略等这些市场限制较少的措施,才能从整体上增加这一政策的实施效果。这一特点将使中国中小企业项目对 GPA 项下国际贸易市场的限制效果进一步减弱。

我国政府采购促进中小企业发展的政策适用于内资和外资在中国境内设立的中小企业,但不包括在外国设立的中小企业。这也意味着,在外国设立的中小企业如果直接来到中国境内参与政府采购活动,就不能享受给予中小企业的相关优惠措施。

为此,在加入 GPA 的背景下,首先应当在出价过程中将为了促进中小企业发展而实施的采购活动排除在 GPA 的范围之外,尤其是向中小企业预留的 30% 的采购份额。因为即使这部分采购份额向所有来自 GPA 的成员方的中小企业开放,也会构成对大型企业的市场准入障碍。

最后,更加坚持和释放公平竞争和非歧视原则制度特征的政策效果。继续鼓励促进采购的公平竞争和非歧视待遇,例如不得滥用对于注册资本的要求,不得不合理地要求具备以往履约经验等。应当继续鼓励向中小企业进行分包的政策,进一步实施好对中小企业友好的合同拆分和采购包制度。

7.5.4 推动政府采购促进创新制度的发展

现行政府首购和订购制度主要侧重于针对在中国境内具有法人资格的企业和事业单位生产的产品,并不包含境外企业所生产的产品。在加入 GPA 的背景下,政府首购或订购制度的发展可从以下几个方面进行调整:(1)在加入 GPA 的出价过程中将政府首购、订购制度排除出 GPA 的适用范围。(2)将政府首购政策的实施所依托的首购产品认定扩展至来自所有 GPA 成员方的供应商;使政府订购政策的实施也不局限于在中国具有法人资格的企业和事业单位上,而扩展至来自其他 GPA 成员方的企业。(3)可以依据 GPA 有关"开发的原型或者第一个货物或服务的采购"对现行的订购政策进行调整,运用"有限招标"的程序框架实施相关采购活动。

然而,相较于 GPA 要求与政策目标之间的兼容空间,中国目前在政府采购促进创新政策方面并未充分运用 GPA 所允许的空间。为此,未来中国政府采购促进创新制度的发展可以更为注重以下几个方面:(1)构建创新友好的一般采购法律。例如,GPA 允许甚至鼓励从功能的角度评估需求;允许在一定程度上进行市场咨询;允许提供备选投标书;

允许将创新性作为评标因素;加强采购过程中对商业秘密的保护;允许通过有限招标方式采购基于研究开发服务的样品或者原型等。(2)创设一些有利于创新友好的政府采购方式。GPA 对采购方式仅涉及程序框架的规制,其也并不限制采购人与投标人之间展开谈判。为此,我国政府采购制度应当构建适合促进创新或者以促进创新为主要目的的采购方式,例如类似欧盟最新公共采购制度中所包含的"创新性伙伴关系"方式。(3)注重研发服务的采购。目前,无论是政府首购制度还是政府订购制度都关注创新产品的采购,但是利用政府采购研发服务促进创新才是国际社会广泛运用的方式,而且这也是被大多数 GPA 成员方在 GPA 出价范围内排除的采购范围。

7.5.5 政府采购促进社会政策的完善

如果政府采购促进社会政策发展的制度涉及"政府采购合同预留"这一措施,则应当在 GPA 出价过程中进行排除。若涉及价格优惠措施,则应当将相关采购活动也排除出 GPA 的出价范围,或者确保有关价格优惠措施的实施符合 GPA 的相关要求。

此外,从政府采购促进社会政策发展的一般性层面来分析,并不一定要依赖歧视性的政府采购政策而给予特定群体以优惠待遇。从 GPA 允许实施的政策空间以及其他 GPA 成员方的现有经验来看,通过非歧视性的政府采购措施和制度构建也可以促进社会政策的发展。

附件1:GPA中可以适用有限招标的具体情形

适用有限招标的具体情形	简称
A. 若招标文件的要求未被实质性修改(are not substantially modified)	
(i)没有供应商提交投标书或者要求参加投标	无供应商参加
(ii)没有符合招标文件基本要求(essential requirements)的投标书	无符合基本要求的投标书
(iii)没有符合参加条件的供应商	无供应商符合参加条件
(iv)所提交的投标书涉嫌串通投标(the tenders submitted have been collusive)	存在串通投标
B. 若货物和服务仅能由某一特定供应商提供,且由于下列原因之一不存在合理的备选或者替代性货物或服务	
(i)艺术品采购(the requirement is for a work of art)	艺术品的采购
(ii)保护专利、版权或者其他排他性权利	排他性权利(IP等)
(iii)由于技术原因而缺乏竞争	因技术原因缺乏竞争(专有技术)
C. 原采购项目需要增加交付货物或服务	
(i)如果基于经济或技术原因更换此类增加交付的供应商并不可行,例如最初采购所购设备、软件、服务或安装的互换性或互用性要求(requirements of interchangeability or interoperability);并且(ii)如果更换此类货物和服务的供应商会对采购实体造成严重不便或造成成本大幅增加	添购(经济或技术+成本)

续表

适用有限招标的具体情形	简称
D. 在绝对必要的情况下,如由于采购实体未能预见的事件所造成的极为紧急的情况,货物和服务不能使用公开或选择性招标程序及时获得	不可预见的紧急情况
E. 在商品市场(commodity market)上采购的货物	商品市场采购
F. 如一采购实体应其请求在关于研究、实验、考察或原始开发的特定合同执行过程中采购开发的原型或第一个货物或服务。第一个货物或服务的原始开发可包括有限的生产或供应,以便包含实地实验的结果,并证明该货物或服务适宜大量生产或供应,达到可接受的质量标准,但并不包括为形成商业活力或收回研发成本而进行的大量生产或供应	对基于研发合同而开发的原型或货物或服务的首购
G. 对由于财产清算、财务清算或破产等产生的非正常处理等仅在非常短的时间内出现的特别有利的条件下进行的采购,但不是从常规供应商处实施的例行采购	供应商清仓时向其实施的采购
H. 将合同授予设计比赛的获胜者,但条件是:(i)比赛是按与GPA一致的原则组织的,特别是与预定采购通知的公布有关的规定;及(ii)参加者由独立评判委员会进行评判而将设计合同授予比赛获胜者	基于符合条件的设计比赛而授予获胜者的合同

附件2:我国政府采购方式与GPA采购方式框架之对照

中国政府采购法律制度中的采购方法		GPA 三大采购框架
公开招标		
公开招标(不含资格预审)		公开招标
公开招标(含资格预审)		选择性招标
邀请招标		
《政府采购法》层面规定的邀请招标		选择性招标
《政府采购法实施条例》层面规定的邀请招标	通过发布资格预审公告征集	选择性招标
	从供应商库中选取	选择性招标
	采购人书面推荐的方式	有限招标,但可以适用邀请招标的两类情形并不被GPA项下允许适用有限招标的情形涵盖
《招标投标法》及其实施条例层面的邀请招标	通过公布参与条件和选择标准而选择出来的	选择性招标
	采购人自行选择或接洽	有限招标,但是适用邀请招标的情形并不被GPA项下允许适用有限招标的情形涵盖
竞争性谈判		
竞争性谈判1(通过发布公告)	采购公告,允许所有感兴趣的供应商参加	公开招标
	资格预审公告	选择性招标

续表

<table>
<tr><th>中国政府采购法律制度中的采购方法</th><th colspan="2">GPA 三大采购框架</th></tr>
<tr><td>竞争性谈判 2(从供应商库随机抽取)</td><td colspan="2">选择性招标</td></tr>
<tr><td>竞争性谈判 3(采购人和评审专家书面推荐)</td><td colspan="2">有限招标。两种情形是 GPA 允许适用“有限招标”的情形;另外两种情形是 GPA 不允许适用“有限招标”的情形</td></tr>
<tr><td>竞争性谈判 4(公开招标仅有两家提交或者实质响应的情况下转为竞争性谈判)</td><td colspan="2">有限招标,但实践中可能存在不符合有限招标对该类情形所施加的“招标文件未被进行实质性修改”的约束条件</td></tr>
<tr><td>单一来源采购</td><td colspan="2"></td></tr>
<tr><td>因货物或者服务使用不可替代的专利、专有技术,导致只能从某一特定供应商处采购</td><td colspan="2">可以在 GPA 中找到合理依据</td></tr>
<tr><td>因公共服务项目具有特殊要求,导致只能从某一特定供应商处采购</td><td colspan="2">无法在 GPA 中找到合理依据,但是可以在 GPA 出价中进行排除</td></tr>
<tr><td>发生了不可预见的紧急情况不能从其他供应商处采购的</td><td colspan="2">可以在 GPA 中找到合理依据</td></tr>
<tr><td>必须保证原有采购项目一致性或者服务配套的要求,需要继续从原供应商处添购,且添购资金总额不超过原合同采购金额 10% 的</td><td colspan="2">为了符合 GPA 要求,应当将“必须保证原有采购项目一致性和服务配套的要求”限定在——基于经济或技术原因更换供应商并不可行</td></tr>
<tr><td>询价</td><td colspan="2"></td></tr>
<tr><td>《政府采购法》及其实施条例层面的询价</td><td colspan="2">有限招标/但是适用情形无法在 GPA 上找到依据</td></tr>
<tr><td rowspan="2">《政府采购非招标采购方式管理办法》的询价 1(通过发布公告)</td><td>采购公告,允许感兴趣的供应商都参加</td><td>公开招标</td></tr>
<tr><td>资格审查公告</td><td>选择性招标</td></tr>
</table>

续表

中国政府采购法律制度中的采购方法	GPA三大采购框架	
《政府采购非招标采购方式管理办法》的询价2(从供应商库中随机抽取)	选择性招标	
《政府采购非招标采购方式管理办法》的询价3(采购人和评审专家分别书面推荐)	有限招标,但是不能在GPA上找到依据	
竞争性磋商		
竞争性磋商1(通过发布公告)	采购公告,允许感兴趣的供应商都参加	公开招标
	资格预审公告	选择性招标
竞争性磋商2(从供应商库随机抽取)	选择性招标	
竞争性磋商3(采购人和评审专家分别书面推荐)	有限招标,但只有"市场竞争不充分的科研项目,以及需要扶持的科技成果转化项目"这类与GPA项下允许适用有限招标的某类情形具有相关性,但需要分析和区别对待	

附件3:《政府采购法》《招标投标法》有关规则与GPA“采购公告”规则之符合性

GPA“采购公告”的内容	《政府采购货物和服务招标投标管理办法》公开招标公告的内容	《政府采购货物和服务招标投标管理办法》资格预审公告的内容	国家发改委第10号令招标(含公开招标和邀请招标)公告的内容	国家发改委第10号令资格预审公告的内容
(a)采购实体的名称和地址及为了与采购实体联系,获得与采购有关的所有文件所必需的其他信息,[①]及其成本和付款条件(若有)[②]	Y(符合)	Y	Y	Y
(b)对采购的描述,包括拟采购的货物或服务的性质和数量,或者在数量不可知情形下的估计数量	Y	Y	Y	Y
(c)对于延续性项目采购合同(recurring contracts)而言,若可能,预估发布后续采购公告的时间	需要细微调整	不适用	需要细微调整	不适用
(d)关于任何选择权(options)的描述	需要细微调整	不适用	需要细微调整	不适用
(e)交付货物或服务的时限或者合同的期限	需要细微调整	不适用	需要细微调整	不适用

续表

GPA"采购公告"的内容	《政府采购货物和服务招标投标管理办法》公开招标公告的内容	《政府采购货物和服务招标投标管理办法》资格预审公告的内容	国家发改委第 10 号令招标(含公开招标和邀请招标)公告的内容	国家发改委第 10 号令资格预审公告的内容
(f)将要适用的采购方式以及是否将涉及谈判或电子拍卖	Y	Y	Y	Y
(g)若适用,提交参与采购申请的地址和任何截止日期	不适用	Y	不适用	Y
(h)递交投标书的地址和截止日期	Y	不适用	Y	不适用
(i)投标书或参与申请书可以使用的一种或多种语言,如果可以用采购实体所在国官方语言之外的一种语言进行提交	需要细微调整	不适用	需要细微调整	不适用
(j)对供应商任何参加条件的清单和简要描述,包括对供应商需要提交的与之相关的特定文件或证书的任何要求;除非此类要求被包含在招标文件中,并且招标文件与采购公告同一时间可以被所有感兴趣的供应商获取	基本符合,但还需要作相应调整	基本符合,但还需要作相应调整	基本符合,但还需要作相应调整	基本符合,但还需要作相应调整
(k)如果根据第 9 条,一个采购实体拟选择有限数量的合格供应商被邀请投标,则将被用以选择供应商的标准;及若适用,对将被允许参与投标供应商数量的任何限制	不适用	需要细微调整	不适用	需要细微调整

续表

GPA“采购公告”的内容	《政府采购货物和服务招标投标管理办法》公开招标公告的内容	《政府采购货物和服务招标投标管理办法》资格预审公告的内容	国家发改委第10号令招标（含公开招标和邀请招标）公告的内容	国家发改委第10号令资格预审公告的内容
(1)一项关于本采购属于GPA涵盖范围的说明	需要细微调整	需要细微调整	需要细微调整	需要细微调整

①值得注意的是,这里并非要求在“采购公告”中直接公布相关文件,而是只需要提供可以获取相关文件的联络信息,采购实体的名称和地址等。这里的相关文件可以包括技术规格文件等其他采购文件。

②这里的成本和支付方式应当是指获取这些相关采购文件需要支付的成本及支付方式。

附件4：对应GPA选择性招标的我国资格审查程序之符合性

具体的采购方式	公布参加条件	公布选择标准及数量限制	向合格供应商同时提供招标文件
运用资格预审程序实施“邀请招标”	是，但需要提供更为详细的信息	(i)选择标准已经法定； (ii)有关数量限制的信息会发布，但信息发布的方式不符合GPA要求	未明确规定，但政府采购基本原则涵盖其要求
“通过从供应商库选取参与供应商类”邀请招标	确立“长名单”的条件不明确	(i)确立“长名单”的标准和数量并不明确； (ii)最终的选择标准已经法定； (iii)最终被允许参与采购的供应商数量不确定何时公开、在哪里公开	未明确规定，但政府采购基本原则涵盖其要求
“通过采购人书面推荐方式选取参与供应商类”邀请招标	确立“长名单”的条件不明确	(i)确立“长名单”的标准为采购人推荐，数量未事先公开； (ii)最终的选择标准已经法定； (iii)最终被允许参与采购的供应商数量不确定何时公开、在哪里公开	未明确规定，但政府采购基本原则涵盖其要求

续表

具体的采购方式	公布参加条件	公布选择标准及数量限制	向合格供应商同时提供招标文件
包含资格预审的竞争性谈判	是,但需要提供更为详细的信息	不明确	未明确规定,但政府采购基本原则涵盖其要求
通过“从供应商库随机抽取”类的竞争性谈判	参加条件就是加入供应商库应当满足的资格条件;但尚不明确除了发布供应商入库通知之外是否还对具体的采购发布公告并包含有关资格条件的信息	(i)选择方式是随机抽取; (ii)不明确选择供应商的数量是否公开以及何时、何地公开	未明确规定,但政府采购基本原则涵盖其要求
包含资格预审的询价采购方式	是,但需要提供更为详细的信息	不明确	未明确规定,但政府采购基本原则涵盖其要求
通过“从供应商库随机抽取”类的询价采购方式	参加条件就是加入供应商库应当满足的资格条件;但尚不明确除了发布供应商入库通知之外是否还对具体的采购发布公告并包含有关资格条件的信息	(i)选择方式是随机抽取; (ii)不明确选择供应商的数量是否公开以及何时、何地公开	未明确规定,但政府采购基本原则涵盖其要求

附件5:有关招标文件、谈判文件及询价通知书内容的规则之符合性

GPA要求招标文件应当包含的内容	政采—招标文件	政采—谈判文件	政采—询价通知书	招投标—招标文件
对采购标的物属性和数量的描述	Y(符合)	Y	Y	Y
对供应商参加的任何条件的描述(含需提供的文件清单)	Y	Y	Y	Y
实体在授予合同过程中将适用的所有评估标准及其相对重要性	Y	Y	Y	Y
若运用电子方式进行采购,则需要提供任何有关认证和加密的要求,或者与通过电子方式提交信息相关的其他要求	N(不符合)	N	N	Y
如果采购实体举行电子拍卖,则为拍卖据以进行的规则	N	N	不适用	不适用
如将举行公开开标,则为开标的日期、时间和地点,及如果适用,授权参加的人员	Y	不适用	不适用	Y
任何其他条款或条件,包括付款条件及关于投标提交方式的任何限制,如纸质或电子方式	Y	Y	Y	Y
交付货物或提供服务的任何日期	Y	Y	Y	Y